**Erhard Roy Wiehn Martin Buber als Soziolog**

Erhard Roy Wiehn

# Martin Buber als Soziolog

1878-1965-2008

Juden in der Soziologie

Hartung-Gorre Verlag Konstanz

Der Holzschnitt auf der Umschlagtitelseite wurde 1958 von Professor Gedo Dotterweich geschaffen; leider ist es dem Herausgeber nicht gelungen, eine Anschrift des Künstlers zu finden: Sollten er oder seine Familie unseren Abdruck finden, so bitten wir um Kontaktaufnahme, um ggf. ein angemessenes Honorar für dieses bekannte und mehrfach abgedruckte Buber-Bild zu entrichten. Der Herausgeber.
Umschlag-Rückseite: Prospekt aus dem Jahre 1906.-

**Bibliografische Information Der Deutschen Nationalbibliothek**

Die Deutsche Nationalbibliothek verzeichnet diese Publikation in der Deutschen Nationalbibliografie; detaillierte bibliografische Daten sind im Internet über <http://dnb.dnb.de> abrufbar.


2. Auflage 2026, 1. Aufl. 2008
Hartung-Gorre Verlag, Säntisblick 26, 78465 Konstanz,
verlag@hartung-gorre.de
Druck: Libri Plureos GmbH, Friedensallee 273, 22763 Hamburg
ISBN 978-3-86628-204-9 und 3-86628-204-4

# Inhalt

Vorwort: Martin Buber nicht nur als Soziologe ........ 7

**I. Martin Buber als Soziolog** ........ 15

1. Martin Bubers Leben und Werk ........ 15
   1. Zwiesprache ........ 15
   2. Religion ........ 18
   3. Tradition ........ 21
   4. Philosophie ........ 24
   5. Politik ........ 27
   6. Dialog ........ 29

2. Martin Bubers dialogisches Prinzip ........ 35
   1. Krisis ........ 35
   2. Beziehung ........ 36
   3. Sprache ........ 37
   4. Dialog ........ 39
   5. Wirklichkeit ........ 40
   6. Umkehr ........ 41
   7. Erneuerung ........ 42
   8. Vertrauen ........ 44
   9. Erfüllung ........ 45

3. Martin Bubers Sammlung "Die Gesellschaft" ........ 49
   1. Zur Sammlung "Die Gesellschaft" und erste Briefe ........ 49
   2. Das "Geleitwort" zur Sammlung "Die Gesellschaft" ........ 58
   3. Ausgewählte Rezensionen und weitere Korrespondenz ........ 62
   4. Zur Bedeutung der Sammlung "Die Gesellschaft" ........ 70

4. Martin Bubers Soziologie ........ 81
   1. Person und Umgebung ........ 81
   2. Gesellschaft und Soziologie ........ 87
   3. Judentum und Philosophie ........ 92
   4. Kritik und Forderung ........ 98

**II. Juden in der Soziologie** ........ 109

Vorwort und Vorbemerkungen ........ 109
1. Außenseiter: Affinität und Marginalität ........ 114
2. Intellektuelle: Spiritualität und Kreativität ........ 123
3. Nonkonformisten: Innovation und Revolution ........ 131
4. Heilspropheten: Monotheismus und Universalismus ........ 139
5. Sozialkritiker: Humanismus und Messianismus ........ 147
6. Soziologen: Radikalität und Rationalität ........ 155
7. Futurologen: Realität und Potentialität ........ 164
Nachbemerkungen ........ 174

Verfasser ........ 206

***Frau Prof. Dr. Aleida Assmann***
***für ihr couragiertes und verdienstvolles Buber-Engagement (S. 13)***
***mit herzlichem Kól Hakawód***
***gewidmet***

**Erhard Roy Wiehn**

# Martin Buber nicht nur als Soziologe

Mit der vorliegenden Publikation sollen Neugier und Lust auf Martin Bubers (1878-1965) Werke geweckt werden, und auch deshalb gebe ich meiner Einführung einen persönlichen Akzent. Denn ich verdanke Martin Buber viel, und seine Schriften gehören zu denen, die mein Leben direkt beeinflußt haben. Schon vor meiner ersten Israel-Reise im August 1958[1] hatte ich in seinen Werken gelesen, noch als Gymnasiast den berühmten Professor in Jerusalem angeschrieben und mutig um ein Gespräch ersucht, ohne jedoch vor meiner Abreise eine Antwort erhalten zu haben, die ich aber nach meiner Rückkehr vorfand: Prof. Buber sei gerne bereit, mich zu empfangen, schrieb seine Mitarbeiterin Margot Cohn, ich solle mich einfach in der Universität bei ihm melden... Dies war die erste und letzte, wenn auch unwissentlich verpaßte Gelegenheit einer persönlichen Begegnung mit Martin Buber, denn bei meinem nächsten Israel-Besuch im Sommer 1967 war er bereits zwei Jahre tot.

*

Früher wie später hatte ich immer wieder unvermutete (indirekte?) Begegnungen mit Martin Buber, beispielsweise schenkte mir mein Zimmerkollege Norbert Schulte zum Ende unserer Düsseldorf-Neusser Gymnasialzeit im September 1961 Bubers "Ich und Du", und meine damalige rheinische Mentorin Wilma Knips sandte mir im Juni 1962 Bubers "Hinweise - Gesammelte Essays" (Zürich 1953) mit ihrem ausdrücklichen Hinweis auf "Die Forderung des Geistes...", was bis heute unvergessen geblieben ist. - Obwohl ich Martin Buber seit Ende der 1950er Jahre eigentlich immer wieder gelesen hatte, begann ich erst Anfang der 1980er Jahre, mich intensiver mit seinen Schriften zu beschäftigen und war dann im Mai 1985 zu einem Buber-Kongreß der Universität Frankfurt am Main eingeladen, wo ich den mir damals schon bekannten Prof. Schmuel Eisenstadt von der Hebräischen Universität zu Jerusalem als ehemaligen Buber-Assistenten traf, was mir von seinem verbreiteten wissenschaftlichen Profil her sicherlich niemals in den Sinn gekommen wäre. Das Thema seiner Dissertation scheint allerdings noch deutlich nach Buber zu klingen (vielleicht auch nicht), nämlich: "Wesen und Grenzen des Sozialen" (1947). Das Frankfurter Symposium stand indessen unter dem Motto "Martin

[1] Im April 1958 hatte Martin Buber zusammen mit Gelehrten wie Prof. Leo Picard u.a. den renommierten Israel-Preis erhalten; dazu Leo Picard, Vom Bodensee nach Erez Israel - Pionierarbeit für Geologie und Grundwasser seit 1924. Konstanz 1996, S. 139.

Bubers Erbe für unsere Zeit – Anläßlich seines 20. Todestages", und ich referierte damals über "Martin Buber als Soziolog". Dieser Titel samt dem originalen Buber-Begriff "Soziolog" wurde für die vorliegende Publikation übernommen.

Professor Buber hatte in seiner Jerusalemer Antrittsvorlesung[2] (seiner Professur für Sozialphilosophie, d.h. "Allgemeine Soziologie", wie es damals hieß) 1938 unter dem Titel "Die Forderung des Geistes und die geschichtliche Wirklichkeit" unter anderem bemerkt: "Die moderne Soziologie als selbständige Wissenschaft ist als eine kritische und fordernde Wissenschaft entstanden." Das heißt: "Die moderne Soziologie entstammt also der Begegnung des Geistes mit der Krisis der menschlichen Gesellschaft, die er als seine eigene Krisis verstand und durch eine geistige Wendung und Wandlung zu überwinden unternahm; die Einsicht in das Wesen der Krisis, ihre Ursachen und die durch sie gestellten Probleme, der Anfang dieser Wendung und Wandlung sollte eben die Soziologie sein." (M. Buber 1962, S. 1055ff.) Es wäre bestimmt interessant, diese Feststellung (Hypothese?) einmal gründlich mit den soziologischen Kerngedanken der Gründerväter der modernen Soziologie zu vergleichen, also mit Emile Durkheim (1858-1917), Georg Simmel (1859-1918), Max Weber (1864-1920), und anderen, wobei man dann auch fragen könnte, was die heutige Soziologie vielleicht dazu zu sagen hätte. Im Vorlesungsverzeichnis der Hebräischen Universität zu Jerusalem des Jahres 1942 war Professor Buber mit folgenden Forschungsgebieten verzeichnet: "Geschichte sozialen Denkens", "Das Verhältnis zwischen Soziologie und Anthropologie", "Soziale und individuelle Faktoren der Zivilisation", "Die religiöse Gemeinde". Sein Lehrprogramm lautete damals: "Religionssoziologe", "Soziologie der Sitten und Moral", "Sprachsoziologie", "Kunstsoziologie", "Soziologie der Wissenschaft und Technologie", "Erziehungssoziologie".[3] Nicht weniger als 66 Jahre alt, klingen diese Titel auch heute noch erstaunlich aktuell.

Bereits in den 1980er Jahren hatte ich verschiedentlich Seminare über Martin Buber und jüdische Soziologen abgehalten, was seinerzeit manchen meiner Kollegen vielleicht nicht ganz geheuer und eine kleine Novität an der Universität Konstanz gewesen sein mag. Winfried Lieth, ein damaliger Mitarbeiter, hatte sich bald recht intensiv mit Martin Buber befaßt und zwei interessante Publikationen vorgelegt: "Martin Buber und Jürgen Habermas – Krise, Dialog

---

[2] Erstmals in Deutschland veröffentlicht in: Frankfurter Hefte – Zeitschrift für Kultur und Politik, Herausgegeben von Eugen Kogon unter Mitwirkung von Walter Dirks und Clemens Münster, 3. Jahrgang, Heft 2, März 1948, S. 209ff.

[3] The Hebrew University Jerusalem 1942, S. 39f. u. 131.

und Kommunikation" (1988) und "Martin Buber: Dialogsoziale Vergemeinschaftung" (1994)."[4] Mitte Februar 1987 war ich von der Katholischen Akademie Freiburg zum Thema "Martin Buber: Wirkungen" eingeladen, um über "Bubers Soziologie" zu sprechen. Damals war ich an meiner Universität auch einmal an der mündlichen Doktorprüfung einer Chemikerin beteiligt, die als fachfremde These mit mir Aspekte Buberscher Sozialphilosophie diskutierte, wobei ich selbst nichts von Chemie und die Chemikerkollegen nichts von Buber verstanden, eine ebenso interessante wie kuriose Erfahrung. Im Sommersemester 1989 organisierte ich an der Universität Konstanz eine Vortragsreihe über "Juden in der Soziologie",[5] wodurch selbstverständlich auch Martin Buber ins Gespräch kam. Durch den damaligen Landesrabbiner von Baden und vielleicht bekanntesten Rabbiner in Deutschland, Prof. Dr. Nathan Peter Levinson (Heidelberg),[6] hatte ich im Juni 1985 schließlich die schöne Gelegenheit, im Martin-Buber-Haus[7] zu Heppenheim an der Bergstraße in kleinem Kreis mit dem damaligen Bundespräsidenten Dr. Richard von Weizsäcker anläßlich des 20. Todesjahres über Martin Buber zu sprechen.

Um Mitte der 1980er Jahre wurde ich mit Martin Bubers einzigem Sohn Raphael Buber (1900-1990) bekannt, mit dem sich rasch eine ebenso rege wie freundschaftliche Telefon-Kommunikation entwickelte und den ich am 6. Mai 1989 in Jerusalem besuchte. Er hatte mich beauftragt, eine Faksimile-Neuauflage der gesamten mehr als 40 Bände umfassenden Buberschen Sammlung "Die Gesellschaft" (erschienen ab 1906) mit einem einführenden Zusatzband herauszugeben, wofür es mit einem dafür prädestinierten Verlag bereits einen Vertrag gab. Dieser Verlag ging jedoch für uns völlig überraschend leider in Konkurs, als ich nach gründlichen Recherchen im Martin-Buber-Archiv der Hebräischen Universität zu Jerusalem gerade mit den umfangreichen Editionsarbeiten begonnen hatte. Raphael Buber[8] und ich haben das ganz außerordentlich bedauert, denn Martin Bubers Reihe "Die Gesellschaft" ist in der Tat eine Art gesamtgesellschaftlicher Soziologie sui generis der deutschen Gesellschaft

[4] Beide sind im Hartung-Gorre Verlag Konstanz erschienen.

[5] Erhard Roy Wiehn (Hg.), Juden in der Soziologie – Eine öffentliche Vortragsreihe an der Universität Konstanz. Konstanz 1989; siehe hier S. 109ff.

[6] Nathan Peter Levinson, Martin Buber, Ein jüdischer Denker und Humanist. Frankfurt/Main 1966; ders., Ein Ort ist, mit wem du bist. Lebensstationen eines Rabbiners. Berlin 1996.

[7] Dazu hier S. 81.

[8] Dazu auch Berlin-Brandenburgische Akademie der Wissenschaften, "Martin Buber Werkausgabe" im Internet (03.11.2008)

vom Anfang des 20. Jahrhunderts, an der viele der bedeutendsten Köpfe jener Zeit mitgearbeitet hatten, so zum Beispiel Georg Simmel (1858-1918), Werner Sombart (1863-1941) und Lou Andreas-Salome (1967-1937), u.a.

Neben Martin Bubers soziologischen und sozialphilosophischen Schriften hatte ich mich von Anfang an auch für seine diversen theologischen Beiträge interessiert und nicht zuletzt für seine "Chassidischen Geschichten", die ich immer wieder gerne gelesen und vorgelesen habe; so präsentiere ich seit einigen Jahren zum Sedermahl der Jüdischen Gemeinde Kreuzlingen (Schweiz) schon fast traditionell Rabbi Levi Jizchaks Geschichte vom "Seder des Unwissenden". Im Verlauf meiner Kiewer Jahre[9] war ich an Rosch Ha'schaná, dem jüdischen Neujahresfest, Anfang September 1994 in Úman (südlich von Kiew) am Grab des Rabbi Nachman von Bratzlaw,[10] von dem das vielsagende Wort stammen soll: "Ich komme aus Ägypten, und ich gehe nach Jerusalem!" Denkwürdig war am verschneiten Wintertag des 9. Januar 2000 ein Besuch am Grab des berühmten Rabbi Levi Jizchak von Berdítschew in Berdítschew unweit von Schitómir südwestlich von Kiew, dessen von Martin Buber erzählten Geschichten mich bis heute besonders anrühren. Schön war bei meinem ersten Besuch in Czernowitz Anfang Oktober 2002 eine Exkursion zu dem malerischen Ort an einem Bergbach im Wald der Karpaten, wo der "Baál Schem Tov", Israel ben Eliezer (1700-1760), der Begründer des Chassidismus, gebadet haben soll: Angesichts der Wassertemperatur nachträglich: "Chapeau!"

Als ich im Jahre 1997 mit den Editionsarbeiten der Lebenserinnerungen des außergewöhnlichen deutsch-schweizerischen jüdischen Kaufmanns, Kunstsammlers und Weltbürgers Bernhard Mayer (1866-1946) beschäftigt war, begegnete ich erstmals einer anderen Seite Bubers: "In seinem Haus in Hermsdorf traf ich mit Martin Buber und Julius Bab zusammen. Ich kannte viele Bücher Bubers, besonders 'Die Erzählungen der Chassidim', die mir eine ganz neue Welt des jüdischen Mystizismus erschlossen", so Bernhard Mayer, und weiter: "Mit (Gustav) Landauers Frau zusammen hörte ich eine Rede Bubers in einem Saal des preußischen Herrenhauses. Die Rede war so patriotisch und mißfiel mir derart, daß ich Buber nicht mehr sehen wollte. Dr. Magnes, der Rektor der Universität Jerusalem, schrieb in dem Gedenkbuch zu Bubers 50.

[9] Die Universität Konstanz unterhält seit 1990 einen Partnerschaftsvertrag mit der Nationalen Kiewer Wirtschaftsuniversität und seit 1992 einen solchen Vertrag mit der Nationalen Taras Schewtschenko Universität Kiew, die ich organisieren konnte und für die ich seitens meiner Universität viele Jahre verantwortlich war.

[10] Martin Buber, Die Geschichten des Rabbi Nachman. 1906; Erhard Roy Wiehn, "Am Grabe Rabbi Nachmans in Uman", in: ders. Keine Entwarnung. Konstanz 1997, S. 21f.

Geburtstag, daß er Buber damals aus dem gleichen Grunde nicht mehr habe treffen wollen.[11] Nach viele Jahren befreundete ich mich jedoch mit Buber, der dann oft unser Gast in Zürich und Ascona war. Als ich ihn einmal an die Berliner Rede erinnerte, behauptete er, er sei damals mißverstanden worden." Martin Buber schrieb dann nicht nur sehr freundlich zum 70. Geburtstag Bernhard Mayers, sondern auch zu dessen Tod Anfang September 1946.[12]

Nach dem Tod des in den 1950er und 1960er Jahren bekannten P. Dr. theol. Rochus Spiecker OP (Träger des Aachener Ordens "Wider den tierischen Ernst" 1962) hatte ich als Freund dessen dreibändige Leineneinband-Ausgabe (samt plakativem Autogramm des Besitzers) von Bubers *Werken*[13] geerbt, und ich freue mich auch immer wieder an einigen Jugendstil-Erstausgaben meiner Bibliothek, wie etwa Martin Bubers "Drei Reden über das Judentum" und "Der heilige Weg – Ein Wort an die Juden und an die Völker"; Franz Oppenheimers "Der Staat", Werner Sombarts (!), "Das Proletariat" und andere. Anfang des Jahres 2000 war ich der "Martin Buber-Gesellschaft" beigetreten, allerdings ohne dort irgendwie aktiv werden zu können. Martin Buber war für mich immer präsent, ich habe viel von ihm gelernt und nicht zuletzt seine folgende, aus chassidischen Quellen überlieferte Weisheit zu beherzigen versucht: "Es gibt etwas, was man an einem einzigen Ort in der Welt finden kann. Es ist ein großer Schatz, man kann ihn die Erfüllung des Daseins nennen. Und der Ort, an dem dieser Schatz zu finden ist, ist der Ort, wo man steht."[14] Ja, wo auch sonst?

Um den Hanseatischen Goethe-Preis entgegenzunehmen, kam Buber 1951 erstmals von Israel wieder nach Deutschland, nach Westdeutschland, in die

---

[11] Jehuda Magnes (1877-1948) hatte seinerzeit u.a. folgendes geschrieben: "Dann kam die Chanukkahrede während des Krieges – sie war für mich eine große Enttäuschung. Ich lauschte über den Ozean, um von einem Lehrer des Judentums ein wirklich religiöses Wort zu hören, ein Wort, das auch während des Blutvergießens sich unzweideutig gegen das Blutvergießen wendete und au dessus de la mélée wäre. Warum glaubte ich nur, Buber würde dieses große Wort sprechen. Kurz, ich nahm mir vor, nichts mehr von ihm zu lesen, ebenso wie von allen Lehrern, die während des Krieges versagten. ... - Das alles werde ich jetzt nachholen, nachdem ich Buber im letzten Frühjahr in Jerusalem persönlich kennengelernt und gesprochen habe. Seit jenen Gesprächen hege ich ernsthaft den Wunsch, Buber in Jerusalem – etwa an der Universität – wirken zu sehen. Auf dem Lehrstuhl für Religionswissenschaft." In: Der Jude, Sonderheft 5, 1928: "Al Har Hazophím", S. 50. – Zur Gründung der Hebräischen Universität siehe Foto in Leo Picard, a.a.O. Fußnote 1, S, 185.

[12] Bernhard Mayer, Interessante Zeitgenossen – Lebenserinnerungen eines jüdischen Kaufmanns und Weltbürgers 1966-1946. Konstanz 1998, S. 74/75, 155 (Foto von 1927/28), 309, 323, 347f.

[13] Kösel Verlag und Lambert Schneider Verlag, München und Heidelberg 1962.

[14] Martin Buber, Der Weg des Menschen nach der chassidischen Lehre. 15. Auflage, Gütersloh 2006, S. 51.

noch ganz junge Bundesrepublik; sein zweiter Besuch erfolgte zur Verleihung des Friedenspreises des Deutschen Buchhandels im Jahre 1953. Er lehrte bis 1951 und starb im Alter von 87 Jahren, am 13. Juni 1965. Wer war Buber? "Seltsam wertvoller Mensch. Polnischer Jude, Freund von Landauer, atheistischer Zionist", meinte Fritz Mauthner (1849 Horschitz/Böhmen - 1929 Meersburg/Bodensee!) schon früh. Für Gustav Landauer (1870-1919) war er ein "Apostel des Judentums vor der Menschheit", und Gerschom Scholem (1897-1982) bescheinigte ihm eine "fast völlige Einflußlosigkeit in der jüdischen Welt" bei gleichzeitiger großer Anerkennung in der nichtjüdischen Welt. Zwischen 1933 und 1938 galt Buber gleichwohl als die "unbestrittene geistige Führergestalt des deutschen Judentums", obgleich er sich selbst stets als polnischer Jude verstand. Anläßlich seines 100. Geburtstags wurde Buber auch in der Bundesrepublik Deutschland geehrt, sogar mit einer Briefmarke der Deutschen Bundespost.[15]

"Ich habe hier keine vollständige Würdigung des Werkes von Martin Buber zu geben versucht", sagte Prof. Dr. Nathan Peter Levinson auf der Jahresversammlung des Zentralrats der Juden in Deutschland am 27. Juni 1965 nach Bubers Tod, "denn das hätte den Rahmen unserer Feierstunde überschritten. Theologe und Philosoph, Bibelwissenschaftler und Übersetzer, Erzieher und Anthropologe, Psychologe und Soziologe, Geschichtswissenschaftler und Kunsthistoriker, Politiker und Zionist, Sprachschöpfer und Künder der chassidischen Botschaft... Martin Buber war all das und viel mehr... Vor allem war er Mensch." Und weiter: "Buber war kein typischer, er war ein repräsentativer Jude. Er repräsentierte das Beste im Judentum, oft in einsamer Höhe. So sagte auch Ben Gurion in einem Nachruf, Buber sei eine metaphysische Einheit gewesen. 'Ich bewunderte seine geistige Diszipliniertheit, besonders in den Tagen, wo ich seinen politischen Ansichten nicht beistimmen konnte... Buber war eine der großen moralischen Offenbarungen des jüdischen Volkes.' Und Professor Hugo Bergmann[16] fügte hinzu: 'Buber war der größte Jude unserer Zeit und der größte Mann unseres Landes - er war das Gewissen des Staates Israel.'"[17] Dazu hatte sich der Geehrte nun allerdings leider selbst nicht mehr äußern können.

*

[15] Quellen zu diesem Absatz siehe hier Seite 86, Briefmarke S. 34.

[16] Samuel Hugo Bergmann (1883-1975), Philosoph und Schriftsteller.

[17] Nathan Peter Levinson, Martin Buber. Ein jüdischer Denker und Humanist. Frankfurt/M. 1966, S. 22f.; dazu auch Zentralrat der Juden in Deutschland (Hg.), Martin Buber - Reden und Aufsätze zum 80. Geburtstag. Düsseldorf 1958.

Die Idee einer Wiederveröffentlichung einiger meiner früheren Schriften über Martin Buber[18] kam mir spontan, als ich am 22. Oktober 2008 "Ein schmählicher Vorgang"[19] unserer Konstanzer Professorin Dr. Aleida Assmann las, worin sie gegen den abrupten Abbruch der Finanzierung der Martin-Buber-Werkausgabe protestiert: "Mit dieser Situation möchte man sich nicht so leicht abfinden. Bubers Werk, das in den fünfziger und sechziger Jahren im Zentrum der Diskussion stand, gilt es heute wiederzuentdecken. Eine neue Auseinandersetzung mit seinen Schriften ist überfällig... Buber war kein hermetischer Systembildner, sondern ein origineller und originärer Denker von zeitüberdauerndem Anregungspotential. ... Er war ein begnadeter Brückenbauer nicht nur zwischen den Disziplinen, sondern auch zwischen den Kulturen; er hat wichtige Beiträge geleistet im Dialog zwischen Christentum und Judentum, deutscher und jüdischer Kultur, der Welt der Israelis und der Palästinenser."[20]

Die vorliegende Veröffentlichung[21] einiger (unveränderter) Schriften[22] über Martin Buber wird vom Herausgeber privat finanziert, soll eine Art präventiver Protest sui generis gegen die mögliche Einstellung der Finanzierung der Buber-Werkausgabe sein, zugleich mein spontaner, bescheidener Beitrag zu Prof. Assmanns Aufruf zu einer neuen Auseinandersetzung mit seinen Schriften sowie einmal mehr ein persönlicher posthumer Dank an Martin Buber, nicht zuletzt aber auch eine Hommage für einen "Erzjuden"[23] in seinem 130.

[18] Etwas versteckt in: Erhard Roy Wiehn, Schriften zur Schoáh und Judaica. Konstanz 1992, S. 437-506; der 22.10.2008 war der 68. Jahrestag der Deportationen nach Gurs 1940.

[19] Aleida Assmann, "Ein schmählicher Vorgang - Die Ausgabe der Werke Martin Bubers steht vor dem Aus. Die Deutsche Forschungsgemeinschaft will sie nicht mehr fördern", in: Frankfurter Allgemeine Zeitung, Nr. 247, 22. Oktober 2008, S. N 3.

[20] Darauf hat Prof. Dr. Matthias Kleiner als Präsident der Deutschen Forschungsgemeinschaft derart heftig reagiert, daß man eigentlich fast schon sicher sein kann oder jedenfalls hoffen darf, seine erstaunliche Replik - "Bedingungslose Förderung ist unsere Sache nicht - Die Martin-Buber-Edition, eine historische Pflichtaufgabe? Eine Antwort der Deutschen Forschungsgemeinschaft", in: Frankfurter Allgemeine Zeitung, Nr. 253, 29. Oktober 2008, S. N 3 - werde weder die couragierte und verdienstvolle Kollegin noch die wichtige Buber-Werkausgabe diskreditieren, sondern genau das Gegenteil bewirken.

[21] Wolfgang Hartung-Gorre vom gleichnamigen Verlag (Konstanz) wird herzlich für sein großes Engagement bei den Editionsarbeiten gedankt, der Fa. Bookstation (Sipplingen/Bodensee) für drucktechnische Feinarbeit, Mirjam Wiehn für das Korrekturlesen der Einleitung und Gabriela Kruse-Niermann M.A. (Universität Konstanz) einmal mehr für ihre ebenso freundliche wie kompetente PC-Assistenz.

[22] Dadurch, daß es sich um ursprünglich eigenständige Vorträge handelt, sind im vorliegenden parallelen Abdruck einige Wiederholungen leider unvermeidlich, aber wohl auch nicht unbedingt schädlich.

[23] Martin Buber, "Das echte Gespräch und die Möglichkeit des Friedens", in: Börsenverein deutscher Verleger- und Buchhändlerverbände (Hg.), Fünf Ansprachen anläßlich der Verleihung des Friedenspreises des deutschen Buchhandels (1953). Frankfurt/M. 1953, S. 35;

Geburtsjahr, der uns neben vielem anderen teils zusammen mit Franz Rosenzweig[24] das großartige Geschenk der "Fünf Bücher der Weisung" (Heidelberg 1981) und der Psalmen im "Buch der Preisungen" (Köln 1963) in deutscher Sprache hinterließ: "Es ist eine einzigartige Übersetzung", so Nathan Peter Levinson, "unübertroffen an Schönheit und literarischer Kraft."[25]

Nicht zuletzt: "Ich muß es noch einmal sagen: Ich habe keine Lehre. Ich zeige nur etwas. Ich zeige Wirklichkeit, ich zeige etwas an der Wirklichkeit, was nicht oder zu wenig gesehen worden ist. Ich nehme ihn, der mir zuhört, an der Hand und führe ihn zum Fenster. Ich stoße das Fenster auf und zeige hinaus. Ich habe keine Lehre, aber ich führe ein Gespräch", bekannte Buber in seiner "Philosophischen Rechenschaft".[26] Die folgenden, aus biblischem Geist inspirierten Worte Martin Bubers sind als sein unverwechselbarer Hinweis höchst aktuell geblieben: "Eintracht und nicht Zwietracht ist das Ziel der Schöpfung. Unser Ziel ist der Bau des großen Friedens. Die Menschenwelt ist bestimmt, ein einziger Leib zu werden und dies durch das Tun und Lassen der Menschen selber."[27] Und "Die Hoffnung für diese Stunde ist auf die Hoffnung selber, auf uns selber gestellt..."[28] Fast prophetisch klingt heute[29] Martin Bubers letzter Satz seiner Frankfurter Rede vom Herbst 1953,[30] gesprochen also vor 55 Jahren: "Unterfangen wir uns, trotz allem, zu vertrauen!" Amén – "Sichronó le'wrachá! – Gesegnet sei die Erinnerung!" - 4. November 2008 – 70 Jahre davor und zum 9. November 1938 siehe hier S. 81.

---

hier S. 16. - Nach jüdischem Brauch wünscht man einem Mann "bis 120!" (wie Mose) und einer Frau "bis 127!" (sie Sara); siehe auch Wolfgang Zink (Hg.), Martin Buber 1878/1978. Bonn 1978; Deutscher Koordinierungsrat der Gesellschaften für Christlich-Jüdische Zusammenarbeit e.V. (Hg.), Martin Buber 1878-1978 – Leben, Werk und Wirkung. Eine Ausstellung. O.O. 1978; Jüdische National- und Universitätsbibliothek Jerusalem (Hg.), Martin Buber 1878-1978. Ausstellung. Jerusalem 1978.

[24] Franz Rosenzweigs Sohn Rafael Rosenzweig s.A. und seine Frau Ursula Hava Rosenzweig haben in überaus angenehmer Zusammenarbeit mit mir die Schriften unseres verstorbenen Freundes Rabbiner Prof. Israel A. Ben Yosef s.A. bearbeitet, die ich unter dem Titel "Lebendiges Judentum II – Predigten und Betrachtungen eines Rabbiners 1990-1995" 1999 im Hartung-Gorre Verlag Konstanz herausgeben konnte.

[25] Nathan Peter Levinson, Martin Buber. Ein jüdischer Denker und Humanist. Frankfurt/M. 1966, S. 20.

[26] Martin Buber, Werke. Erster Band – Schriften zur Philosophie. München u. Heidelberg 1962, S. 1114.

[27] Börsenverein deutscher Verleger- und Buchhändlerverbände (Hg.), Fünf Ansprachen anläßlich der Verleihung des Friedenspreises des deutschen Buchhandels (1953). Frankfurt/M. 1953, S. 11.

[28] Vgl. dazu hier Seite 103.

[29] Angesichts der weltweiten Finanz- und Wirtschaftskrise als Vertrauenskrise!

[30] Börsenverein, a.a.O., S. 41.

# I. Martin Buber als Soziolog

## 1. Martin Bubers Leben und Werk

für Robert Wieler

### 1. Zwiesprache

"Die große Tat Israels ist es nicht, daß es den einen wirklichen Gott lehrte, der Ursprung und Ziel alles Wesens ist, sondern daß es die Anredbarkeit dieses Gottes als Wirklichkeit zeigte, das Du-sagen zu ihm, das Mit-ihm-Angesicht-in-Angesicht-stehn, den Umgang mit ihm ..., erst Israel hat das Leben als ein Angesprochenwerden und Antworten, Ansprechen und Antwortempfangen verstanden, vielmehr eben gelebt ... Gott in aller Konkretheit als Sprecher, die Schöpfung als Sprache: Anruf ins Nichts und Antwort der Dinge durch ihr Entstehn, die Schöpfungssprache dauernd im Leben aller Kreaturen, das Leben jedes Geschöpfs als Zwiegespräch, die Welt als Wort, - das kundzugeben war Israel da."[1]

In diesen Sätzen Martin Bubers findet sich die ganze Breite und Tiefe dessen angelegt, was "Zwiesprache" mit ihm meint: "Zwiesprache mit Martin Buber" im Sinne einer versuchsweisen Zwiesprache mit ihm, miteinander, darüber, was er damit meinte und was er uns heute damit sagen kann. Denn "Zwiesprache" ist für Martin Buber das besondere Schlüsselwort, womit sich uns sein Grundproblem und seine Grundlösung erschließen kann: "Zwiesprache" bedeutet im Grunde "Schöpfungssprache", Sprache des jüdischen Schöpfer-Gottes im Akte der Schöpfung mit seinen dadurch geschaffenen Geschöpfen. Zwiesprache als Urphänomen wird damit zur bleibenden Möglichkeit einer besonderen Beziehung der Geschöpfe zu ihrem Schöpfer-Gott, und diese Urbeziehung wird zugleich zum Vorbild der Grundbeziehung unter den Menschen: Zwiesprache als genutzte oder ungenutzte Möglichkeit jedweder sozialen Beziehung, der Schaffung neuer Beziehungen, der Erhaltung oder Veränderung bestehender Beziehungen. Zwiesprache, dialogische Begegnung als Ursprung des Sozialen und Erfüllung des Menschen; monologische Vergegnung zumindest als Gefahr eines Ursprungs des Asozialen, des Nicht-Sozialen, des Verlustes des Menschen. So weist die Zwiesprache über die Begegnung den konstruktiven Weg zu sozialen Beziehungen, zum Netz des Sinnes, der uns als einzelne mit anderen in Gesell-

* In: Alfred G. Frei u. Jens Runge (Hg.), Erinnern, Bedenken, Lernen - Das Schicksal von Juden, Zwangsarbeitern und Kriegsgefangenen zwischen Hochrhein und Bodensee in den Jahren 1933-1945. Sigmaringen 1990, S. 173-253.

schaft und Welt einbindet und verbindet. Und sie weist in ihrer Negation als einsamer Monolog über die Vergegnung den destruktiven Weg zur asozialen Beziehungslosigkeit, zur Leere der Sinnlosigkeit, in welcher vereinsamte Einzelne gegen andere in Ungesellschaft und Anomie entzweit sind.

Bubers besondere Lösung wird also gerade hier verständlich als Hinweis auf das Grundproblem, mit dem sich alle Großen mindestens in den letzten 200 Jahren befaßt haben, das Problem der sich mühsam restrukturierenden modernen Gesellschaft, der Krisis des Menschen, die wir als "Krisis des Zwischen" zu erkennen begonnen haben[2], als Krise eben des Sozialen. Denn Friede oder Unfriede in und zwischen Gesellschaften beginnen schließlich in kleinsten Bezirken, was Buber einfach so formuliert hat: Der Mensch solle zuerst selbst erkennen, daß die Konfliktsituationen zwischen ihm und den anderen nur Auswirkungen der Konfliktsituation in seiner eigenen Seele sind, und "der Ursprung allen Konfliktes zwischen mir und meinen Mitmenschen ist, daß ich nicht sage, was ich meine, und daß ich nicht tue, was ich sage".[3] Zwiesprache als mögliche Grundlösung des Konfliktes und der Krise des Menschen?

"Eines Menschen innewerden heißt also im besonderen seine Ganzheit als vom Geist bestimmte Person wahrnehmen", schrieb Buber einmal in seinen 'Elementen des Zwischenmenschlichen', "die dynamische Mitte wahrnehmen, die all seiner Äußerung, Handlung und Haltung das erfaßbare Zeichen der Einzigkeit aufprägt".[4] Vielleicht können wir Martin Bubers gerade über die "Zwiesprache" innewerden: In ihr spiegelt sich nicht nur "dynamische Mitte" des Grundes seines Schaffens, nämlich seine tiefe jüdische Religiosität, sondern auch sein daraus erwachsendes ganzes Werk: (1) seine Schriften zur Bibel, (2) seine Schriften zum Chassidismus, (3) seine Schriften zur Philosophie und Sozialphilosophie und (4) seine Schriften zur Politik. In dieser Abfolge soll im folgenden auch Zwiesprache mit Martin Buber versucht werden, der hier weder als Denker, Schreiber, Dialogiker, Redner, noch als Theologe, Mystiker, Philosoph oder Soziologe vorgestellt wird, auch nicht als "der deutsche Jude"[5], sondern allenfalls, mit seinem Wort, als "Erzjude"[6], als Mensch, der sich an Menschen wandte und von sich sagte, er habe keine Lehre, aber er führe ein Gespräch, er weise hin. Und mehr als Hinweise können auch hier nicht gegeben werden, Hinweise indessen auf das exemplarische Leben eines erstaunlichen Menschen dieses Jahrhunderts.

Erinnern wir uns wenigstens kurz seiner Lebensdaten, mit denen er selbst so zurückhaltend umzugehen pflegte, überzeugt, alles Wichtige müsse aus dem Werk selber sprechen[7]: Martin Buber wird 1878 im kaiserlichen Wien geboren, wächst infolge der Trennung seiner Eltern im Hause des Großvaters, des Midrasch-Gelehrten und Bankdirektors Salomon Buber, in Lemberg (Lwów) auf, erfährt dort gelebten Chassidismus, zumindest Spätformen jener jüdischen religiösen Bewegung, von der noch die Rede sein wird; er beginnt 1896 sein Studium in Wien, in dem Jahre, als Theodor Herzls 'Judenstaat' erscheint. Er studiert später in Leipzig, Berlin und Zürich, nimmt als Delegierter an zionistischen Kongressen in Basel teil; er wird Mitbegründer eines jüdischen Verlags, promoviert 1904 in Wien, beginnt schon 1902 sich intensiv mit jüdischer Überlieferung, besonders mit dem Chassidismus zu beschäftigen; er beginnt zugleich eine reiche wissenschaftliche und publizistische Tätigkeit; er arbeitet seit 1919 am Jüdischen Lehrhaus in Frankfurt, erhält 1923 einen Lehrauftrag an der Universität Frankfurt, 1930 eine Honorarprofessur für Religionswissenschaft und jüdische Ethik; 1933, noch vor der offiziellen Entziehung durch die nationalsozialistischen Machthaber,legt er diese Professur nieder; 1935 wird ihm jede öffentliche Betätigung verboten; 1938 verläßt Buber im Alter von 60 Jahren das nationalsozialistische Deutschland und geht ins damalige Palästina, wo er in Jerusalem eine Professur für Sozialphilosophie übernimmt. Buber kommt 1951 zur Verleihung des Hansischen Goethe-Preises wieder nach Deutschland, ebenso 1953 zur Verleihung des Friedenspreises des Deutschen Buchhandels in die Frankfurter Paulskirche; er setzt seine publizistische Tätigkeit in Israel und auf zahlreichen Auslandsreisen fort; Martin Buber stirbt 1965 im Alter von 87 Jahren in Jerusalem.[8]

Er habe keinerlei Neigung, sich mit seiner Person als "Gegenstand" zu befassen, und er fühle sich auch keineswegs dazu verpflichtet; er möchte die Welt beeinflussen, aber er möchte nicht, daß sie sich von ihm beeinflußt fühle, schreibt Buber als 74jähriger: "Ich bin, wenn ich das sagen darf, beauftragt, den Menschen Wirklichkeiten zu zeigen, und ich suche das so getreu wie möglich zu tun."[9] Hier muß man zunächst verstehen, daß wirkliche Wirklichkeit ja stets das Nicht-Hinterfragte, weil Nicht-Hinterfragbare ist, das Unbezweifelte, weil Unbezweifelbare, die grundlegende Gewißheit unseres Lebens ist, die nicht wir selbst, die vielmehr uns aufrechterhält, in der wir uns bewegen, leben und sind.[10] Was ist nun diese Wirklichkeit als biblische, als chassidische, als sozialphilosophische, als politische Wirklichkeit?

## 2. Religion

Die religiöse Wirklichkeit erwächst Martin Buber aus der jüdischen Bibel (also dem "Alten Testament" der Christenheit), und er weist selber immer wieder darauf hin, daß der Glaube Israels nur dann in seiner Wirklichkeit begriffen werden könne, wenn man sich die doppelte Gotteserfahrung dieses Volkes in aller Konkretheit vergegenwärtige: "Die eine Erfahrung, die es als Volk macht, ist die der Wandernden: unser Gott geht uns voran, wir gehen ihm nach, der Weg ist sein Weg, es ist an uns, ihm auf seinen Wegen zu folgen ... Die zweite, von dieser freilich unablösbare Erfahrung macht das Volk in seinen Einzelnen, in den 'Kündern': den Künder, den Nabi, redet sein Gott an, redet durch ihn das Volk an."[11] Gerade Moses, Mosche, ist nur "vom Boden einer elementaren Einheit von Religion und Gesellschaft aus zu verstehen": Er habe das paradoxe Geschäft einer Herausführung der hebräischen Stämme aus Ägypten nur unternommen, weil er in seiner unmittelbaren Erfahrung von der Gewißheit überwältigt worden sei, "dies sei der Wille Gottes, der diese Stämme sein Volk nennt". - "Gottesherrschaft über das Volk und innerer Zusammenhalt des Volkes sind Mose nur zwei Seiten derselben Wirklichkeit" eines Glaubens.[12]

Nach Buber gibt es letztlich nur zwei idealtypische Glaubensweisen, beide ließen sich durch schlichte Tatsachen des Alltagslebens anschaulich machen: Denn die eine Glaubensweise besteht darin, zu jemanden Vertrauen zu haben, ohne dieses Vertrauen hinlänglich begründen zu können, das klassische Beispiel aus der Frühzeit des Volkes Israel; die andere Glaubensweise besteht darin, einen Sachverhalt als wahr anzuerkennen, ebenfalls ohne dies zulänglich begründen zu können, das klassische Beispiel der Frühzeit der Christenheit.[13] Die Glaubensweise Israels in der doppelten Gotteserfahrung erscheint erstmals und exemplarisch im Buche Exodus[14], wo, "aus dem brennenden Dornbusch redend, der Gott von diesem Volke als von dem seinen spricht". Darin ist "dem Geheimnis von Wesen und Auftrag Israels sein einfachster Ausdruck gegeben", hier beginnt "das große Zwiegespräch" zwischen Gott und dem Menschen.[15] Vernehmen wir dieses Zwiegespräch in der Verdeutschung Bubers: "Er (Mosche) sah: da, der Dornbusch brennt im Feuer, doch der Dornbusch bleibt unverzehrt. Mosche sprach: Ich will doch hintreten und ansehn dieses große Gesicht - warum der Dornbusch nicht verbrennt. Als ER aber sah, daß er hintrat, um anzusehn, rief Gott ihn mitten aus dem Dornbusch an, er sprach: Mosche! Mosche! Er (Mosche) sprach: Da bin ich. Er aber sprach: Nahe nicht herzu, streife deine Schuhe von deinen Füßen, denn der Ort, darauf du stehst, Boden der Heiligung ists. Und sprach: Ich bin der Gott deines Vaters, der Gott Abrahams, der Gott Jizchaks, der Gott Jaakobs ... - nun geh, ich schicke dich zu Pharao, führe mein Volk, die Söhne Jisraels aus Ägypten! Mosche sprach zu Gott: Wer bin ich, daß ich zu Pharao gehe, daß ich die Söhne Jisraels aus Ägypten führe! Er aber sprach: Wohl, ich werde dasein bei dir... Mosche sprach zu Gott: Da komme ich denn zu den Söhnen Jisraels, ich spreche zu ihnen: Der Gott eurer Väter schickt mich zu euch, sie werden zu mir sprechen: Was ists um seinen Namen? - was spreche ich dann zu ihnen? Gott sprach zu Mosche: Ich werde dasein, als der ich dasein werde. - ... Und weiter sprach Gott zu Mosche: So sollst du zu den Söhnen Jisraels sprechen: ER, der Gott eurer Väter, der Gott Abrahams, der Gott Jizchaks, der Gott Jaakobs, schickt mich zu euch. Das ist mein Name in Weltzeit..."[16]

"Ich werde dasein" ist aber kein Name, denn man könnte Gott nicht so benennen; vielmehr ist es jemand, der steten Beistand, ständige Gegenwart verspricht, der sich aber nicht auf bestimmte Erscheinungsformen festlegen läßt[17], und auf diesen einzigen, gänzlich gegenwärtigen Gott der Väter richtet sich der Glaube des einzelnen im Glauben des Volkes, im Sinne der Glaubensweise des Vertrauens vor allem, weshalb Buber sagen kann: Der Gottesglaube Israels kennzeichne sich letztlich dadurch, daß das Glaubensverhältnis seinem Wesen nach für das ganze Leben gelten und in das ganze wirken wolle: "Wer zu seinem König und Gott dieses inbrünstig singularische Du spricht, kann nicht dazwischen sich in Bezirken aufhalten, für die jener nicht zuständig wäre: er muß sie alle dem Einen unterwerfen." Die Einzigartigkeit in diesem "Monotheismus" sei also nicht die eines "Exemplars", sondern sie sei die des Du in der Ich-Du-Beziehung, sofern diese an der Ganzheit des gelebten Lebens nicht verleugnet werde.[18]

Bubers Bericht von einer "Bekehrung" gibt Kunde, wie sehr sich seine Religiosität zunehmend darauf gründete: Er berichtet, daß ihm in jüngeren Jahren das "Religiöse" die Ausnahme gewesen sei, als Stunden, die aus dem Gang der Dinge herausgenommen waren; die "religiöse Erfahrung" sei die Erfahrung einer Anderheit gewesen, die in den Zusammenhang des Lebens nicht "einstand". Doch die Folgen einer "Vergegnung" mit einem Menschen habe Bekehrung bewirkt: "Seither habe ich jenes 'Religiöse', das nichts als Ausnahme ist, Herausnahme, Heraustritt, Ekstasis, aufgegeben oder es hat mich aufgegeben. Ich besitze nichts mehr als den Alltag, aus dem ich nie genommen werde. ... Ich kenne keine Fülle mehr als die Fülle jener sterblichen Stunden an Anspruch und

Verantwortung. Weit entfernt ihr gewachsen zu sein, weiß ich doch, daß ich im Anspruch angesprochen werde und in der Verantwortung antworten darf, und ich weiß, wer spricht und Antwort heischt. Viel mehr weiß ich nicht. Wenn das Religion ist, so ist sie einfach alles, das schlichte gelebte Alles in seiner Möglichkeit der Zwiesprache."[19]

Buber hat sich sein Leben lang mit der jüdischen Bibel befaßt (allerdings auch mit dem christlichen "Neuen Testament"), er hat immer wieder ihr Grundthema hervorgehoben und in vielen Kommentaren kommentiert: Die Begegnung der Menschen und des Volkes mit dem Namenlosen, "den sie, seine Ansprache erfahrend, und ihn anredend, zu benennen wagten..."[20]; denn alles Geschehene geschieht mit menschlichen Menschen, im Volk, in seiner Geschichte, in der Welt, und der Spruch der traditionellen jüdischen Exegese, "die Thora rede die Sprache der Menschenkinder", darf nach Buber dahin verstanden werden, "daß das Unsagbare nur so, wie es hier in der Sprache der Menschenkinder gesagt wird, gesagt werden *kann*".[21]

Martin Buber hat diese hebräische Bibel, teilweise zusammen mit Franz Rosenzweig, in vielen Jahren auf neue Weise verdeutscht. Er hat aus der Bibel wieder die "Bücher der Weisung" gemacht, er hat "Thora", Weisung, wieder aufscheinen lassen, indem er von Grund auf übersetzte, die deutsche Sprache gewissermaßen bis zu den Wurzeln aufrauhte. In der Tat, die alten Texte, die Psalmen, alles erhält einen gänzlich neuen Klang. Und sie wollen gesprochen werden: "Denn alle Schrift ist erhärtete Sprache"[22]: Der jüdische Gott schuf, indem er sprach, und "daß wir Du sagen können, erklärt sich daraus, daß auch zu uns Du gesagt wird".[23] So hat Hans Kohn in seiner Buber-Biographie schreiben können: In diesem Sinne sei die Bibel das große Dokument der Weltgeschichte, der Bericht vom Versuch des dialogischen Lebens, von der Begegnung von Gott und Mensch, deren Ort die Welt sei. Gott als das große Du, hat Israel zuerst gelehrt: den wirklichen Gott als den Anredbaren, weil anredenden Gott.[24]

Genau darin kann Buber sein dialogisches Prinzip verankern, denn: "Die verlängerten Linien der Beziehung schneiden sich im ewigen Du", und jedes geeinzelte Du sei ein Durchblick zu ihm; dieses verwirkliche sich in jeder Beziehung und vollende sich in keiner: "Es vollendet sich einzig in der unmittelbaren Beziehung zu dem Du, das seinem Wesen nach nicht Es werden kann." Auch wer gottlos zu sein wähne, spreche Gott an, wenn er mit seinem ganzen hingebenden Wesen das Du seines Lebens anspreche.[25] Gott umfasse das All und sei es nicht; so aber auch umfasse Gott mein Selbst und sei es nicht: "Um dieses Unsprechbaren willen kann ich in meiner Sprache, wie jegliches in seiner, Du sagen; um dieses willen gibt es Ich und Du, gibt es Zwiesprache, gibt es Sprache, gibt es den Geist, dessen Urakt sie ist, gibt es in Ewigkeit das Wort."[26] Gleichwohl ist die Beziehung von Mensch zu Mensch das eigentliche Gleichnis der Beziehung zu Gott, und nichts sei so sehr ein Dienst an der Zwiesprache zwischen Gott und Mensch, schreibt Buber einmal, "wie solch ein unsentimentaler und unromantischer Blicktausch zwischen zwei Menschen im Fremdraum".[27] Das gilt um so mehr, wo das "Gegenüber zur vollen Wirklichkeit des Du erblüht" ist. Denn: "Der Einzelne entspricht Gott, wenn er, wie Gott seine Schöpfung göttlich, das ihm zugereichte Stück Welt menschlich umfängt. Er verwirklicht das Bild, wenn er, soviel er personhaft vermag, zu den ihn umlebenden Wesen mit seinem Wesen Du sagt."[28]

Daher konnte Walter B. Goldstein einmal schreiben: Der Gott Bubers sei nicht ein Gott der Asketen, der Frauenfeinde, der Säulenheiligen und Eremiten; er sei ein Gott, der sich buchstäblich auch im "brennenden Dornbusch", das heißt in der Irdischkeit offenbare.[29] So stehe der eminenten Glaubenskraft Martin Bubers eine fast völlige Negierung der religiösen Form gegenüber[30], weshalb es schließlich auch nach Bubers Ansiedlung in Jerusalem ein orthodoxes Veto dagegen gab, daß ihm etwas anvertraut wurde, was mit Religion zusammenhing.[31] Buber hatte die orthodox-jüdische Lebensform (Halacha) niemals angenommen. Der aufschlußreichste Kommentar dazu stammt von ihm selbst: "Die Thora hat gewarnt, sagte ... Rabi Mendel von Kozk, sich aus Gottes Gebot ein Götzenbild zu machen. Was hätte ich solchen Worten hinzuzufügen!"[32] Es ist übrigens auch ein fundamentales Mißverständnis, Bubers Werk in der Nähe des Christentums zu sehen; Buber bekennt zwar, das "Neue Testament" sei nahezu 50 Jahre Hauptgegenstand seiner Studien gewesen und er habe Jesus von Jugend auf als seinen "großen Bruder" empfunden. Aber die jüdische Geschichte Jesu muß dort enden, wo die Geschichte des Christus beginnt.[33] Und er meinte, daß diese Verschiedenheit andauern werde, bis das Menschengeschlecht aus den Exilen der "Religionen" in das Königtum Gottes eingesammelt werde.[34]

### 3. Tradition

Martin Buber sagte von sich, daß er "zum Dienst an der Bibel erst habe reifen müssen"[35]; mit der jüdischen Tradition war er zwar früh in Berührung gekommen, blieb dem Chassidismus jedoch zunächst ebenso entfremdet wie dem ganzen Judentum.[36] Erster Anstoß zur Umkehr war ihm der Zionismus, "die Wiederherstellung des Zusammenhangs, die erneute Einwurzelung in die Gemeinschaft", und von daher führte der Weg zur Beschäftigung mit dem Chassidismus[37], jener großen mystisch-religiösen Bewegung, die um die Mitte des 18. Jahrhunderts im osteuropäischen Judentum entstand: Die Chassidim sind die Frommen und, "Ihnen allen ist gemeinsam, daß sie mit ihrer Frömmigkeit, mit ihrer Beziehung zum Göttlichen im irdischen Leben ernst machen wollen; daß sie sich nicht mit gepredigter Gotteslehre und geübtem Gottesdienst begnügen, sondern das Miteinanderleben der Menschen auf der Grundlage der göttlichen Wahrheit aufzurichten versuchten".[38] Die Lehre des Chassidismus läßt sich in einem Satz zusammenfassen: "Gott ist in jedem Ding zu schauen und durch jede reine Tat zu erreichen. ... Nicht darin besteht das Heil des Menschen, daß er sich vom Weltlichen fernhalte, sondern daß er es heilige, es dem göttlichen Sinn weihe... Hier ist keine Trennung zwischen Glauben und Wirken, zwischen Wahrheit und Bewährung, in heutiger Sprache zwischen Moral und Politik; hier ist alles Ein Reich, Ein Geist, Eine Wirklichkeit."[39] Seit er die Arbeit am chassidischen Schrifttum begonnen habe, sei es ihm um die Lehre und den Weg zu tun gewesen, und er habe erfahren, daß die Lehre zum Lernen und der Weg zum Gehen da ist. Auf dem Wege des ostjüdischen Chassidismus und eben nicht in Gestalt der orthodoxen Thora- und Talmudfrömmigkeit ging "Urjüdisches" in ihm auf, eine "Glut urjüdischer Spiritualität"[40], die sich noch heute in den von Buber überlieferten 'Erzählungen der Chassidim', in seiner chassidischen Chronik 'Gog und Magog', in seinem 'Weg des Menschen nach der chassidischen Lehre' und in zahlreichen anderen Schriften spiegelt.

Die Frage nach Möglichkeit und Wirklichkeit eines dialogischen Verhältnisses zwischen Mensch und Gott, also freien Partnertums des Menschen in einem Gespräch zwischen Himmel und Erde, dessen Sprache in Rede und Antwort das Geschehen selber sei, das Geschehen von oben nach unten und das Geschehen von unten nach oben, habe ihn schon in seiner Jugend angefordert: Insbesondere seit die chassidische Überlieferung ihm zum Grund seines eigenen Denkens gedieh, waren ihm jene Fragen zu innersten Fragen geworden, und über die chassidische Überlieferung ist ihm auch die Lösung erwachsen; denn "Die Legende ist der Mythos des Ich und Du, des Berufenen und des Berufenden, des Endlichen, der ins Unendliche eingeht, und des Unendlichen, der des Endlichen bedarf."[41] In seiner Deutung des Chassidismus wird die jüdische Lehre als "ganz auf die doppelgerichtete Beziehung von Menschen-Ich und Gott-Du, auf die Gegenseitigkeit, auf Begegnung gestellt" gekennzeichnet.[42]

Der Weg des Menschen nach der chassidischen Lehre beginnt mit der Selbstbesinnung: "Die entscheidende Selbstbesinnung ist der Beginn des Wegs im Leben des Menschen, immer wieder der Beginn des menschlichen Wegs", der oft genug Umkehr voraussetzt.[43] Alsdann geht es darum, daß der Mensch seinen besonderen Weg finde, denn "es geht nicht an, dem Menschen zu sagen, welchen Weg er gehen soll. Denn da ist ein Weg, Gott zu dienen durch Lehre, und da, durch Gebet, da, durch Fasten, und da, durch Essen. Jedermann soll wohl achten, zu welchem Weg ihn sein Herz zieht, und dann soll er sich diesen mit ganzer Kraft erwählen."[44] Der Chassidismus lehrt ja, "daß die Freude an der Welt, wenn wir sie mit unserem ganzen Wesen heiligen", zur Freude an Gott führe.[45] Dazu gehört aber Entschlossenheit; es geht um ein Leben aus einem Guß, welches eine geeinte Seele, das heißt "der ganze Mensch, Leib und Geist miteinander", voraussetzt, wenn diese auch nicht endgültig sein kann.[46]

Man muß indessen bei sich beginnen, denn die chassidische Lehre verweist stets von der Problematik des äußeren Lebens auf die des inneren Lebens, wobei gleichwohl immer der ganze Mensch gemeint bleibt.[47] "Der Mensch soll zuerst selbst erkennen, daß die Konfliktsituation zwischen ihm und den andern nur Auswirkungen der Konfliktsituation in seiner eigenen Seele sind, und dann soll er diesen seinen inneren Konflikt zu überwinden suchen, um nunmehr als ein Gewandelter, Befriedeter zu seinen Mitmenschen auszugehen und neue, gewandelte Beziehungen zu ihnen eingehen."[48] Hier wird also gelehrt, daß die Umkehr des einzelnen durchaus zur Wandlung der Welt helfe, und zwar sehr entschieden: Es komme einzig darauf an, bei sich zu beginnen, "und in diesem Augenblick habe ich mich um nichts anderes in der Welt als um diesen Beginn zu kümmern". Denn "Der archimedische Punkt, von dem aus ich an meinem Ort die Welt bewegen kann, ist die Wandlung meiner selbst."[49] Dennoch soll man "sich nicht mit sich befassen". Vielmehr "Bei sich beginnen, aber nicht bei sich enden; von sich ausgehen, aber nicht auf sich abzielen; sich erfassen, aber sich nicht mit sich befassen."[50]

Hier ist zu vergegenwärtigen, daß die "Umkehr" im Mittelpunkt der jüdischen Auffassung vom Weg des Menschen steht.[51] Umkehr ist Erneuerung und Wandel, wobei es niemals um das eigene Seelenheil geht, nein, man solle sich vergessen und die Welt im Sinne haben, die es als Ganzes zu heiligen gilt.[52] Deshalb ist einzig wichtig, "hier wo man steht"[53]: Es geht um das Bewußtsein, an erfülltem Dasein möglicherweise vorbeizuleben; schließlich wird oft genug ein Mangel gespürt, und jeder bemüht sich zu finden, was ihm fehlt, meist irgendwo, nur nicht da, wo man steht, und gerade da und nur da ist die Erfüllung zu finden: "Die Umwelt, die ich als die natürliche empfinde, die Situation, die mir schicksalhaft zugeteilt ist, was mir Tag um Tag begegnet, was mich Tag um Tag anfordert, hier ist meine wesentliche Aufgabe und hier die Erfüllung des Daseins, die mir offen steht."[54] In mehrfachem Sinne steht hierfür eine der schönsten chassidischen Überlieferungen, das "Lied vom Du"; Rabi Levi Jizchak von Berditschew pflegte ein Lied zu singen, in dem es heißt: "Wo ich gehe - du! Wo ich stehe - du! Nur du, wieder du, immer du! Ergeht's mir gut - du! Wenn's weh mir tut - du! Nur du, wieder du, immer du! Himmel - du, Erde - du, oben - du, unten - du, Wohin ich mich wende, an jedem Ende nur du, wieder du, immer du!"[55]

Dazu muß man wissen, daß im Judentum stets die Tendenz mächtig war, "der Vollkommenheit eine irdische Stätte zu schaffen. Die große messianische Konzeption einer kommenden Vollendung auf Erden, an deren Bereitung jedermann tätigen Anteil nehmen kann, vermochte trotz ihrer Macht über die Seelen dem persönlichen Leben nicht jene stete und unüberwindliche begeisterte Freude am Dasein zu schenken, die eben nur aus einer in sich erfüllten Gegenwart, nicht aus der Hoffnung auf eine künftige Erfüllung, quellen kann." Ohne die messianische Hoffnung abzuschwächen, habe die chassidische Bewegung sowohl in den geistigen wie in den "einfachen" Menschen, die ihr anhingen, eine Freude erregt an der Welt, wie sie ist, am Leben, wie es ist, an jeder Stunde in der Welt, wie diese Stunde ist.[56]

**4. Philosophie**

"Ich und Du", Bubers "Zwiesprache", Kernstück der Philosophie, Sprach- und Geschichtsphilosophie, alle in seiner Sozialphilsophie zu umgreifen, beruhen auf seinem Verständnis des Grundthemas der hebräischen Bibel und sind in starker Weise beeinflußt vom Geist dieser chassidischen Lehre; es sind Lösungsversuche im Hinblick auf das Problem der Moderne, das Zusammenleben der Menschen angesichts ihrer eigenen Krisis.

Mit vielen anderen sozialsensitiven Zeitgenossen sieht Buber den fortschreitenden Zerfall der alten Formen direkten menschlichen Zusammenlebens; ihr Zerfall war der Preis, der für die politische Freimachung des Menschen in der Französischen Revolution und für die dadurch begründete Entstehung der bürgerlichen Gesellschaft habe bezahlt werden müssen; damit kam aber zugleich eine neue Steigerung der menschlichen Einsamkeit auf: "Für den Menschen der Neuzeit, der, wie wir sahen, das Gefühl der Behaustheit in der Welt, die kosmologische Sicherheit verloren hat, boten die organischen Gemeinschaftsformen eine Heimatlichkeit des Lebens, ein Ruhen in der direkten Verbundenheit mit ihresgleichen."[57] Unser Zeitalter habe ein Erlahmen und Versagen des Menschen nacheinander in drei Bereichen erlebt: Im Bereich der Technik, insofern der Mensch mehr und mehr zur Peripherie und zum Appendix der Maschine geriet; im Bereich der Wirtschaft, sofern die Produktion zwar ins Ungeheure, aber auch Unsinnige gesteigert wurde, gleichwohl die Bedürfnisse großer Teile der Menschheit nicht befriedigt; im Bereich der Politik, sofern die Menschen schon im Ersten Weltkrieg unfaßlichen Mächten ausgeliefert waren, abgesehen von dem, was seither geschehen ist und was sich erst noch anbahnen mag.[58]

Alles dies läßt sich auch zusammenfassen als das Problem der zunehmenden Verflüchtigung von Gesellschaftshaltigkeit, die mit der Verflüchtigung von Sinn, zumindest des gewesenen Sinnes alter Gewißheiten zusammenhängt. Wie aber ist eine Restrukturierung der Gesellschaft möglich? Seit mindestens zweihundert Jahren haben sich alle bedeutenden Sozialphilosophen und Soziologen genau mit dieser Frage befaßt, mit der Frage der Erneuerung der Gesellschaft. Und eben diese Erneuerung der Gesellschaft kann nur über die Erneuerung des Menschen führen, genauer über die Erneuerung des "Zwischenmenschlichen", welches letztlich mit dem Gesellschaftlichen identisch ist.

Die Erneuerung des Menschen bedeutet Erneuerung seines Geistes im Sinne der Umkehr, der Einung der Seele, und darin bestünde zugleich die Erneuerung des Zwischenmenschlichen und der Gesellschaft selbst. Entscheidend hierfür wäre zunächst eben die Erneuerung der sozialen Grundbeziehung, der Zwiesprache zwischen Ich und Du, also das, was heute Herstellung repressionsfreien Dialogs genannt wird. Denn "Es gibt kein Ich an sich, sondern nur das Ich des Grundwortes Ich-Du und das Ich des Grundwortes Ich-Es."[59] Wichtig ist hier das Grundwort Ich-Du: "Stehe ich einem Menschen als meinem Du gegenüber, spreche das Grundwort Ich-Du zu ihm, ist er kein Ding unter Dingen..."[60]; "Das Du begegnet mir... Das Grundwort Ich-Du kann nur mit dem ganzen Wesen gesprochen werden. Die Einsammlung und Verschmelzung zum ganzen Wesen kann nie durch mich, kann nie ohne mich geschehen. Ich werde am Du; ich werdend spreche ich Du. Alles wirkliche Leben ist Begegnung."[61] Und Gemeinde entsteht nach Buber eben daraus und darin, daß Menschen untereinander "in lebendig gegenseitiger Beziehung stehen".[62]

Redet der Redende zu spät? Kann er seiner Rede noch glauben?[63] Das einzige, was den Menschen zum Verhängnis werden könne, sei der Glaube an das Verhängnis; er halte die Bewegung der Umkehr nieder, hält Buber entgegen: "Das Ereignis aber, dessen Weltseite Umkehr heißt, dessen Gottesseite heißt Erlösung."[64]

Ein dialogisches Leben als Leben erneuerter Grundbeziehungen ist nicht eines, "in dem man viel mit Menschen zu tun hat, sondern eines, in dem man mit den Menschen, mit denen man zu tun hat, wirklich zu tun hat".[65] Gemeinschaft aber, werdende Gemeinschaft, sei "das Nichtmehr-nebeneinander-, sondern Beieinandersein einer Vielheit von Personen, die, ob sie auch mitsammen sich auf ein Ziel zubewege, überall ein Aufeinanderzu, ein dynamisches Gegenüber, ein Fluten von Ich zu Du erfahre.[66] Und was hier wichtig ist: Das Dialogische ist für Buber nicht Vorrecht der Geistigkeit wie etwa das Dialektische; es fange nicht "im oberen Stockwerk in der Menschheit an"; Begabte und Unbegabte gebe es hier nicht, nur "Sichhergebende und Sichvorenthaltende": "Zwiesprache ist keine Angelegenheit des geistigen Luxus und der geistigen luxure, sie ist eine Sache der Schöpfung, des Geschöpfs, und das ist er, der Mensch, von dem ich rede, der Mensch, von dem wir reden, Geschöpf, triviale Unersetzlichkeit."[67] Und das wäre die Konsequenz: Der Sinn findet sich nicht in den Dingen, er wird auch nicht hineingelegt, "aber zwischen uns und den Dingen kann er sich begeben".[68] Denn "Echte Gemeinschaft und echtes Gemeinwesen werden sich nur in eben dem Maße verwirklichen, in dem die Einzelnen wirklich werden, aus deren verantwortendem Dasein sich das öffentliche Wesen erneut."[69]

In seiner "philosophischen Rechenschaft" schrieb Buber einmal, das Thema, sein Thema, sei nicht geeignet gewesen, zum umfassenden System ausgebaut zu werden. Es sei ihm um die große Voraussetzung für den Beginn des Philosophierens und seinen Fortgang, um die Dualität der Ich-Du- und Ich-Es-Grundworte gegangen, auf diese Dualität habe hingezeigt werden müssen: Obgleich sie der Grundverhalt im Leben jedes Menschen sei, achte man ihrer kaum: "Es mußte auf sie hingezeigt, sie mußte in den Grundfesten des Daseins aufgezeigt werden. Eine vernachlässigte, verdunkelte Urwirklichkeit war sichtbar zu machen. Das Denken, das Lehren mußte von der Aufgabe des Zeigens bestimmt sein... Ich sage zu dem, der mich hört: 'Es ist deine Erfahrung, besinne dich auf sie, und worauf du dich nicht besinnen kannst, wage, es als Erfahrung zu erlangen.'"[70] Die Forderung der Stunde besteht in der "Erneuerung der dialogischen Unmittelbarkeit zwischen den Menschen". Das soziale Ideal des zu erneuernden

Menschen in einer zu erneuernden Gesellschaft kann daher nur aus solcher Unmittelbarkeit von Mensch zu Mensch erwachsen.[71]

## 5. Politik

Über den politischen Zionismus hatte Martin Buber früh zum Erbe des Judentums zurückgefunden, also über einen politischen Kontext. Nach Jahren gelehrter und wissenschaftlicher Tätigkeit wurde er in den Bereich der Politik zurückgeholt, als nämlich die Nationalsozialisten in Deutschland begannen, das Leben der Juden und des jüdischen Volkes zu bedrohen. Damals ging es Buber um eine Politik aus dem Glauben. Das Volks sollte durch seinen Glauben neu konstituiert werden. Um zu überleben, sollte es wieder zu dem werden, was es früher einmal war: Elementare Einheit von Individuum, Gesellschaft, Land und Religion, das heißt Gesellschaft in einem Land durch seine Rückbeziehung zu seinem Gott, nachdem seine Existenz in der Gola, in der Fremde unter den Gojim, den Völkern, endgültig gescheitert war bis auf den Tod. Denn: "Der Glaube Israels an die Erlösung der Welt bedeutet nicht, daß diese Welt durch eine andere abgelöst werde, sondern es ist der Glaube an eine neue Welt *auf dieser Erde*."[72] Darin verbirgt sich übrigens eine so tiefe, menschliche, exemplarische Hoffnung, daß man sie selbst in den entstellten Gestalten der Werke eines Karl Marx und in der gleichsam verstellten Gestalt des Werkes eines Ernst Bloch deutlich wiederzuerkennen vermag.

Jenseits und Diesseits gibt es nicht in der hebräischen Welt: Diese die ganze Welt einschließende Hoffnung bedeute, so sagt Martin Buber, daß wir nicht mit Gott reden können, wenn wir die Welt sich selber überlassen: "Wir können nur mit Gott reden, wenn wir unsere Arme, so gut wir können, um die Welt legen, das heißt, wenn wir Gottes Wahrheit und Gerechtigkeit in alles hineintragen."[73]

Nach seinem frühen politisch-zionistischen Engagement und nach Jahren der gelehrsamen, politisch enthaltsamen Zurückgezogenheit reagiert Buber in den dreißiger Jahren, in der Zeit der offensichtlich werdenden Grausamkeiten der Nationalsozialisten, mit verstärkter religiös-politischer Tätigkeit, nachdem die Brutalität der "Nürnberger Gesetze" die Judendheit insgesamt getroffen hatte.[74] Er wollte für seine Person versuchen, für die Gemeinschaft etwas zustandezubringen, und er wollte solange als irgend möglich dableiben und nach Kräften an der Errichtung eines "jüdischen Bildungswesen-Notbaus" mitwirken.[75]

Es gibt eine makabre Anekdote aus dieser finsteren Zeit, die von Schalom Ben-Chorin berichtet wird: Am 1. April 1933, als jüdische Geschäfte, Anwaltskanzleien und ärztliche Praxisräume bewacht wurden, sei auch in Bubers Haus in Heppenheim ein SA-Mann erschienen, habe die Hand zum "deutschen Gruß" gehoben und Buber zackig gemeldet: "Boykottposten vor dem Haus aufmarschiert!" Dann soll er Buber gefragt haben: "Herr Professor, wir haben verschiedene Schilder: 'Jüdisches Geschäft', 'Jüdische Anwaltskanzlei', 'Jüdischer Arzt'..., aber keines will bei Ihnen so recht passen; welches sollen wir nun ins Fenster stellen?" - Buber meinte lakonisch, er habe überhaupt kein Schild bestellt. - Darauf soll sich der SA-Mann mit kritischem Blick umgesehen und die eindrucksvolle Bibliothek bemerkt haben: "'Ich hab's', rief er beglückt aus und zog aus seiner Mappe ein Schild 'Jüdische Buchhandlung' heraus. 'Das stellen wir ins Fenster...', entschied er, und so geschah es."[76] Der berühmte Professor blieb vor krassen Übergriffen verschont, und er sei gerade in diesen ersten Jahren des Nationalsozialismus nach Albrecht Goes für viele "der Beistand" gewesen, seit 1933 als Leiter der "Mittelstelle für jüdische Erwachsenenbildung", aber auch einfach als Mensch. Gerade in dieser Situation mußte es ihm darum gehen, "auf eine innere Wiedergeburt des jüdischen Menschen hinzuarbeiten".[77]

In der Tat konnte sich Buber auf eine fast in Vergessenheit geratene jüdische Tradition politischer Philosophie berufen; denn bereits zweihundert Jahre vor der Französischen Revolution waren die Grundrechte der Völker in einigen lapidaren Sätzen ausgesprochen worden, die seither an Kraft und Klarheit kaum übertroffen worden sind. Sie besagen, daß kein Volk einem anderen untertan sein dürfe, "daß jedes Volk seinen natürlichen Ort hat und einen Anspruch, da zu leben, und daß es jedem Volk gewährt sein muß, sich seinen Gott nach seinen eigenen Gedanken zu wählen". Es war der "Hohe Rabbi Loew" von Prag, von dem diese Sätze überliefert sind: "Es ist nicht geziemend, daß ein Volk ein anderes sich unterwerfe, ihm sein Joch aufzuladen."[78] In diesem Sinne ist Buber dann auch im damaligen Palästina für einen friedlichen Ausgleich zwischen Arabern und Juden eingetreten, eine seinerzeit und für die folgenden Jahrzehnte aussichtslos erscheinende Position, die aber vielleicht doch eines Tages Wirklichkeit werden wird.

Schon früh war Buber in Opposition zu Theodor Herzl getreten, dessen ausschließlich politischer Weg ihm nicht genug war. Aber das war eben keine Absage an die Politik: Buber habe vielmehr immer wieder auf seine Weise Anschluß an die Politik gesucht, berichtet Schalom Ben-Chorin, doch sie sei seine unglückliche Liebe geblieben. Umgeben von einem sehr kleinen Kreis durchaus bedeutender Menschen, sei er in Israel politisch isoliert gewesen. Politische Parteien hätten sogar oft um ihn geworben, aber er habe sich keiner verschreiben können.[79] Seine politische Ethik lautete: "Das Gebot, dem Geiste zu dienen, muß von nun an in diesem Staate und von ihm aus erfüllt werden. Freilich, wer dem Geiste wirklich und mit ganzem Herzen dienen will, dem obliegt es, sich um die Verbesserung dessen zu bemühen, was bisher verdorben wurde; es obliegt ihm, den Weg zu bahnen, zu einer Verständigung mit dem arabischen Volk..."[80] Bubers politische Moral war von dem durchdrungen, was er "hebräischen Humanismus" nannte.

Auch seine frühen Reisen in das Nachkriegsdeutschland lassen sich von daher verstehen, und er sagte 1953 in der Frankfurter Paulskirche: "Kundgebungen wie die Erteilung des Hansischen Goethepreises und des Friedenspreises des Deutschen Buchhandels an einen überlebenden Erzjuden wollen in diesem Zusammenhang verstanden werden. Auch sie sind Momente im Ringen des Menschengeistes gegen die Dämonie des Untermenschlichen und Widermenschlichen. Der Überlebende, an dem sich solche Kundgebungen vollziehen, ist in die hohe Pflicht der Querfront-Solidarität genommen: Solidarität aller Teilscharen in dem entbrennenden Kampf um das Werden einer Menschheit."[81]

## 6. Dialog

Martin Buber hat verschiedentlich gesagt, er habe keine Lehre, vielmehr habe er die Funktion, auf Wirklichkeiten hinzuzeigen: "Es will mir jedoch scheinen, daß es in unserer Weltstunde überhaupt nicht darauf ankommt, feste Lehre zu besitzen, sondern darauf, ewige Wirklichkeit zu erkennen und aus ihrer Kraft gegenwärtiger Wirklichkeit standzuhalten." Es sei in dieser Wüstennacht kein Weg zu zeigen; es sei indessen zu helfen, mit bereiter Seele zu beharren, bis der Morgen dämmere und ein Weg sichtbar werde, wo niemand ihn ahnte.[82] Also nicht den Weg selbst hat Buber zeigen wollen, bleibende Wegzeichen aber hat er durch den hebräischen Humanismus seines Werkes gesetzt, durch seine wertvolle Bibelübersetzung und seine geistreichen Bibelkommentare, durch den Schatz seiner chassidischen Überlieferung, durch seine Philosophie des Dialogs und durch seine Politik der Verständigung.

Was ist zu tun? Fragen wir mit Buber, und er antwortet: "'Du sollst dich nicht vorenthalten'. Die alte ewige Antwort! Aber ihre Wahrheit ist wieder einmal neu und unberührt. ... 'Du sollst dich nicht vorenthalten. ... Du sollst helfen. Jeder Mensch, der dir begegnet, bedarf der Seelenhilfe, jeder bedarf deiner Hilfe. Das ist das tausendfältige Ereignis jedes Augenblicks, daß Hilfsbedürftigkeit und Hilfsfähigkeit einander ausweichen... Wer das helfende Wort in sich aufruft, erfährt das Wort. Wer Halt gewährt, verstärkt in sich den Halt. Wer Trost spendet, vertieft in sich den Trost. Wer Heil wirkt, dem offenbart sich das Heil.'"[83]

Für Buber sind die drei Prinzipien der Französischen Revolution längst auseinandergebrochen: "Dort waren die Abstrakta Freiheit und Gleichheit durch die konkretere Brüderlichkeit zusammengehalten; denn nur wenn Menschen sich als Brüder fühlen, können sie einer echten Freiheit voneinander und einer echten Gleichheit miteinander teilhaftig werden. Als dem Losungswort der Brüderlichkeit sein Wirklichkeitsgehalt entzogen wurde, konnte jedes der beiden übrigen sich gegen das andere etablieren, um dabei immer weiter von seiner Wahrheit abzukommen und sich immer gründlicher mit fremden Elementen der Machtsucht und Besitzgier zu vermischen..."[84]

Fragen wir mit Buber nach der Hoffnung dieser Stunde, so antwortet er: Der unmittelbare, rückhaltlose Dialog werde zwar immer schwerer, immer unbarmherziger drohten die Abgründe zwischen Mensch und Mensch unüberbrückbar zu werden: "Seither habe ich unablässig darauf hingewiesen, daß die Zukunft des Menschen als Menschen von einer Wiedergeburt des Dialogs abhängt." Dafür bestehe jedoch eine wesentliche Voraussetzung: Es gelte, das massive Mißtrauen im anderen zu überwinden, aber auch in uns selbst: "Ich meine das universale Mißtrauen unseres Zeitalters." Nichts stehe dem Aufstieg einer Kultur des Dialogs so sehr im Wege wie die dämonische Macht, die unsere Welt regiere, die Dämonie des grundsätzlichen Mißtrauens.[85]

Aber der Mensch wolle vom Menschen bestätigt werden als der, der er ist, und "echte Bestätigung gibt es nur in der Gegenseitigkeit. ... Die Hoffnung für diese Stunde ist auf die Hoffenden selber, auf uns selber gestellt. ... Die Hoffnung für diese Stunde geht auf eine Erneuerung der dialogischen Unmittelbarkeit zwischen den Menschen. ... Im Innersten des Widerstreits von Mißtrauen und Vertrauen zum Menschen birgt sich der Widerstreit zwischen Mißtrauen und Vertrauen zur Ewigkeit. Gerät es unserem Munde, wahrhaft Du zu sagen, dann haben wir, nach langem Schweigen und Stammeln, unser ewiges Du von neuem angesprochen. Versöhnung wirkt Versöhnung."[86]

Der Mensch in der Krise, das sei der Mensch, der seine Sache nicht mehr dem

Gespräch anvertraue, womit ihm eben dessen Voraussetzung, das Vertrauen, verlorengegangen sei; denn im wahren Sinn zu einem sprechen kann ich nur, "wenn ich erwarten darf, daß er mein Wort wahrhaft aufnehme". Buber glaubte gleichwohl, daß Gespräche zwischen Menschen und zwischen Völkern möglich sind, Gespräche, in denen die Partner einander wahrnehmen, bejahen und bestätigen, auch im Gegensatz, der auf diese Weise ausgetragen und der Überwindung zugeführt werden kann: "Unterfangen wir uns, trotz allem zu vertrauen!", ruft Buber uns zu.[87]

Das Leben wieder als ein Angesprochenwerden und Antworten, Ansprechen und Antwortempfangen zu verstehen, die Schöpfungssprache dauernd im Leben aller Kreaturen zu vernehmen, "das Leben jedes Geschöpfs als Zwiegespräch, die Welt als Wort" zu begreifen, diese dialogische Urbeziehung als ständige Grundbeziehung zwischen den Menschen, als Möglichkeit der Erneuerung von Mensch und Gesellschaft, als Chance der Erfüllung menschlichen Lebens in der Welt, dies hat Buber wieder bewußt und lebendig machen wollen: "Auf eins nur kommt es an: daß ich mein Ohr für die Situation, wie sie sich mir dartut, als für das Wort an mich öffne bis auf den Grund, wo das Hören ins Sein verfließt, und vernehme, was zu vernehmen ist, und auf das Vernommene antworte."[88]

Vernehmen wir in diesem Zwiegespräch von Martin Buber zuletzt noch einmal in seinen Worten, daß es etwas gibt, was wir nirgends in der Welt finden können, und daß es doch einen Ort gibt, wo wir es finden können: "Es ist ein großer Schatz, man kann ihn die Erfüllung des Daseins nennen. Und der Ort, an dem dieser Schatz zu finden ist, ist der Ort, wo man steht. ... Die Umwelt, die ich als die natürliche empfinde, die Situation, die mir schicksalhaft zugeteilt ist, was mir Tag um Tag begegnet, was mich Tag um Tag anfordert, hier ist meine wesentliche Aufgabe und hier die Erfüllung des Daseins, die mir offen steht."[89] Hier, heute, jetzt.

## Fußnoten

1 Martin Buber, Werke III, Schriften zum Chassidismus (München und Heidelberg 1963), S. 742f.

2 Vgl. Martin Buber, Die Schriften über das dialogische Prinzip (Heidelberg 1954), S. 266.

3 Martin Buber, Der Weg des Menschen nach der chassidischen Lehre, 7. Auflage (Heidelberg 1977), S. 32/34.

4 Buber (wie Anm. 2), S. 270.

5 Gerhard Wehr, Der deutsche Jude Martin Buber (München 1977), S. 270.

6 Vgl. Martin Buber, Nachlese (Heidelberg 1966), S. 222.

7 Vgl. Wehr (wie Anm. 5), S. 11.

8 Vgl. Gerhard Wehr, Martin Buber in Selbstzeugnissen und Bilddokumenten (Reinbek 1968).

9 Vgl. Wehr (wie Anm. 5), S. 11.

10 Vgl. José Ortega y Gasset, Über das römische Imperium (Stuttgart 1955), S. 15f. und Paul Watzlawick, Wie wirklich ist die Wirklichkeit? Wahn - Täuschung - Verstehen, 13. Auflage (München und Zürich 1988).

11 Martin Buber, Werke II, Schriften zur Bibel (München und Heidelberg 1964), S. 235.

12 Ebd., S. 155.

13 Vgl. Martin Buber, Werke I, Schriften zur Philosophie (München und Heidelberg 1962), S. 653ff.

14 Vgl. Martin Buber/Franz Rosenzweig, Die fünf Bücher der Weisung, fünf Bücher des Moses (Köln und Olten 1954), S. 157f. (7. Auflage, Heidelberg 1979).

15 Vgl. Buber, Werke II, S. 39/55.

16 Buber/Rosenzweig, Fünf Bücher (wie Anm. 14), S. 157ff.

17 Vgl. Buber, Werke II, S. 63.

18 Vgl. ebd., S. 629.

19 Buber, Das dialogische Prinzip (wie Anm. 2), S. 143/145.

20 Buber, Werke II, S. 849f.

21 Ebd., S. 858.

22 Hans Kohn, Martin Buber: Sein Werk und seine Zeit, 3. Auflage (Köln 1961), S. 239.

23 Vgl. ebd., S. 242.

24 Vgl. ebd., S. 272.

25 Vgl. Buber, Das dialogische Prinzip (wie Anm. 2), S. 76f.

26 Ebd., S. 96f.

27 Ebd., S. 104/179.

28 Ebd., S. 211.

29 Vgl. Walter B. Goldstein, Der Glaube Martin Bubers (Jerusalem 1969), S. 27.

30 Vgl. ebd., S. 51.

31 Vgl. Robert Weltsch, Nachwort 1930-1960, in: Kohn (wie Anm. 22), S. 450.

32 Ebd., S. 477. Vgl. Martin Buber, Zwischen Zeit und Ewigkeit, Gog und Magog. Eine Chronik (Frankfurt und Hamburg 1957), S. 234.

33 Vgl. Wehr, Der deutsche Jude (wie Anm. 5), S. 148 und Schalom Ben-Chorin, Bruder Jesus. Der Nazarener aus jüdischer Sicht (München 1977), S. 186ff.

34 Vgl. Wehr, Der deutsche Jude (wie Anm. 5), S. 149.

35 Vgl. Buber, Werke II, "Vorwort".

36 Vgl. Buber, Werke III, S. 965.

37 Vgl. ebd., S. 965ff.

38 Ebd., S. 961.

39 Ebd., S. 962.

40 Wehr, Selbstzeugnisse (wie Anm. 8), S. 40.

41 Buber, Das dialogische Prinzip (wie Anm. 2), S. 292ff.

42 Ebd., S. 294.

43 Buber, Chassidische Lehre (wie Anm. 3), S. 7/12f.

44 Ebd., S. 14.

45 Vgl. ebd., S. 19.

46 Vgl. ebd., S. 22ff.

47 Vgl. ebd., S. 29ff.

48 Ebd., S. 31f.

49 Ebd., S. 32f.

50 Ebd., S. 37.

51 Vgl. ebd., S. 37f.

52 Vgl. ebd., S. 39f.

53 Vgl. ebd., S. 43ff.

54 Ebd., S. 45.

55 Martin Buber, Erzählungen der Chassidim (Zürich 1949), S. 342.

56 Vgl. ebd., S. 17f.

57 Buber, Werke I, S. 352.

58 Ebd., S. 352ff.

59 Vgl. Buber, Das dialogische Prinzip (wie Anm. 2), S. 8f.

60 Ebd., S. 12.

61 Ebd., S. 15.

62 Ebd., S. 47.

63 Vgl. ebd., S. 50.

64 Ebd., S. 121.

65 Ebd., S. 153.

66 Vgl. ebd., S. 171.

67 Ebd., S. 177.

68 Ebd., S. 178.

69 Ebd., S. 253.

70 Vgl. Buber, Werke I, S. 1113f.

71 Vgl. Kohn (wie Anm. 22), S. 455.

72 Buber, Nachlese (wie Anm. 6), S. 195.

73 Ebd., S. 195.

74 Vgl. Wehr, Der deutsche Jude (wie Anm. 5), S. 164.

75 Vgl. ebd., S. 165.

76 Schalom Ben-Chorin, Zwiesprache mit Martin Buber. Erinnerung an einen großen Zeitgenossen (Gerlingen 1978 [1966]), S. 24f. Vgl. Wehr, Der deutsche Jude (wie Anm. 5), S. 166f.

77 Ebd., S. 169. Vgl. Börsenverein des Deutschen Buchhandels (Hg.), Friedenspreis des Deutschen Buchhandels, Reden und Würdigungen 1951-1960 (Frankfurt/M. 1961, $^{2}$1967), S. 59.

78 Martin Buber, Israel und Palästina. Zur Geschichte einer Idee (München 1968 [1950]), S. 83ff.

79 Vgl. Ben-Chorin, Zwiesprache (wie Anm. 76), S. 82f.

80 Wehr, Der deutsche Jude (wie Anm. 5), S. 221.

81 Buber, Nachlese (wie Anm. 6), S. 222.

82 Vgl. Buber, Zwischen Zeit und Ewigkeit (wie Anm. 32), S. 235.

83 Martin Buber, Hinweise (Zürich 1953), S. 291f.

84 Ebd., S. 314f.

85 Vgl. ebd., S. 316.

86 Ebd., S. 320/325f.

87 Vgl. Buber, Nachlese (wie Anm. 6), S. 226ff.

88 Ebd., S. 236.

89 Buber, Der Weg des Menschen (wie Anm. 3), S. 45. Vgl. Erhard R. Wiehn, Martin Buber als Soziolog, in: Wiehn, Gesammelte Schriften zur Soziologie I (Konstanz 1986), S. 727-760.

# 2. Martin Bubers Dialogprinzip*

## Soziologische Analyse und Gesellschaftsethik

Rafael Buber gewidmet

### 1. Krisis

Martin Bubers (Wien 1878 - Jerusalem 1965) Dialog-Konzept im Kontext seiner Anthropologie und Soziologie und darüber hinaus vielleicht sogar sein Lebenswerk insgesamt ist nichts weniger als ein grandioser Versuch der Analyse und Lösung des Problems der Moderne, des Menschen in Gesellschaft, des Zusammenlebens der Menschen in einer fraglich gewordenen Welt.

Wie viele andere Zeitgenossen sah er den fortschreitenden Zerfall der alten Formen direkten menschlichen Zusammenlebens als Preis, der für die politische Befreiung des Menschen in der bürgerlichen Revolution und für die Entstehung der bürgerlichen Gesellschaft bezahlt werden mußte, was zu einer neuen Steigerung menschlicher Einsamkeit führte: "Für den Menschen der Neuzeit, der ... das Gefühl der Behaustheit in der Welt, die kosmologische Sicherheit verloren hat, boten die organischen Gemeinschaftsformen eine Heimatlichkeit des Lebens, ein Ruhen in der direkten Verbundenheit mit ihresgleichen." (M. Buber 1962, S. 352)

Für Buber waren die drei Grundwerte der Französischen Revolution, wenn sie überhaupt je zusammenhielten, längst auseinandergebrochen: Im Prinzip fand er "die Abstrakta Freiheit und Gleichheit durch die konkrete Brüderlichkeit zusammengehalten; denn nur wenn Menschen sich als Brüder fühlen, können sie einer echten Freiheit voneinander und einer echten Gleichheit miteinander teilhaftig werden. Als dem Losungswort der Brüderlichkeit sein Wirklichkeitsgehalt entzogen wurde, konnte jedes der beiden übrigen sich gegen das andere etablieren, um dabei immer weiter von seiner Wahrheit abzukommen und sich immer gründlicher mit fremden Elementen der Machtsucht und Besitzgier zu vermischen..." (M. Buber 1953, S. 314f.).

Unser Zeitalter habe nun ein Erlahmen und Versagen des Menschen nacheinander in drei Bereichen erlebt: Im Bereich der Technik, insofern der Mensch mehr und mehr zur Peripherie und zum Appendix der Maschine geriet; im Bereich der

---

* In: Norderstedter Hefte für Philosophie und Pädagogik, 4.Jahrgang, 1989, Heft 1, S.3-20.

Wirtschaft, sofern die Produktion zwar ins Ungeheure, aber auch Unsinnige gesteigert wurde, gleichwohl die Bedürfnisse großer Teile der Menschheit nicht befriedigt; im Bereich der Politik, sofern die Menschen schon im ersten Weltkrieg unfaßlichen Mächten ausgeliefert waren, abgesehen von dem, was seither geschehen ist und was sich erst noch anbahnen mag (M. Buber 1962, S. 353f.).

Schon seit mindestens zweihundert Jahren haben sich alle bedeutenden Sozialphilosophen und Soziologen mit der Frage der Erneuerung der Gesellschaft befaßt, deren Problematik Buber mit der Krisis des Menschen identisch sah. Die Erneuerung der Gesellschaft konnte für ihn somit nur über die Umkehr des Menschen führen, und zwar als fundamentale Erneuerung des 'Zwischenmenschlichen', ohne dabei die Renovation der Institutionen zu vergessen. Seine Kritik, Forderung und Hoffnung, seine kritische Analyse und gesellschaftsethische Lösung also, sind dabei in einer subtilen Verbindung sowohl in der jüdischen als auch in der soziologischen Ursprungstradition verankert, was unter den Aspekten von Beziehung, Sprache, Dialog, Wirklichkeit, Umkehr, Erneuerung, Vertrauen und Erfüllung in den folgenden acht Abschnitten versuchsweise verdeutlicht werden soll.

## 2. Beziehung

Die "Wissenschaft von den Formen des Zwischenmenschlichen" war für Buber die Soziologie, so jedenfalls in seinem "Geleitwort" zum ersten Band seiner Schriftenreihe 'Die Gesellschaft' zu Werner Sombarts Schrift über 'Das Proletariat' aus dem Jahre 1906: Das Zwischenmenschliche sei das, "was zwischen den Menschen geschieht, woran sie als einem unpersönlichen Prozesse teilnehmen, was der Einzelne wohl als sein Tun und Leiden erlebt, aber diesem nicht restlos zurechnen kann. Es kann nur als die Synthese des ineinander verschlungenen, aneinander Gegensatz und Ausgleich findenden Tuns und Leidens zweier oder mehrerer Menschen begriffen und analysiert werden. Zwei oder mehrere Menschen leben miteinander; das heißt: sie stehen zueinander in Wechselbeziehung, in Wechselwirkung." Jede Wechselbeziehung, Wechselwirkung zweier oder mehrerer Menschen könne Sozietät oder Gesellschaft genannt werden. Die Funktion der Sozietät sei das Soziale oder richtiger das Zwischenmenschliche, das sich in bestimmten Formen ereigne und bestimmte Gebilde erzeuge. Als Formen des Zwischenmenschlichen erscheinen Über- und Unterordnungen, Kooperationen und Kontr(a)operationen, Gruppen, Schichten, Klassen, Organisationen, alle natürlichen und normativen, wirtschaftlichen und kulturellen Arten des Zusammenschlusses (M. Buber 1906, S. Xf.; vgl. L. von Wiese 1964, S. 5f.).

Das "Zwischenmenschliche" war nun für Buber die zentrale Problemzone und Problemstellung, von der er fand, daß sie nicht so sehr auf einem neuen Stoffgebiet beruhe, sondern auf einer neuen Anschauungsweise, um neue Seiten des Daseins zu zeigen, um die Wirklichkeit zu bereichern, um der Erhöhung der Kultur und des Lebens zu dienen (M. Buber 1906, S. VIIIf.). Mit Grete Schaeder ist darauf hinzuweisen, daß der Begriff des "Zwischenmenschlichen" hier noch ganz im Sinne von "sozial" Verwendung findet, während später damit die "Sonderdimension" der "personhaften Beziehung zwischen einzelnen Menschen" bezeichnet wird. Aber nicht nur Bubers soziologische Betrachtung als solche ist von Georg Simmel (1858-1918) beeinflußt, auch der Begriff des "Zwischenmenschlichen" erscheint als persönliche Fassung dessen, was jener unter "Vergesellschaftung" verstand (G. Schaeder 1966, S. 32f. u. 149).

Den Soziologen sieht Buber nun als einen Menschen, "der erkennen will, was zu ändern ist", und er verstehe sich nur dann richtig, wenn er seine Wissenschaft als den zu Wort gekommenen Widerspruch der geschichtlich-gesellschaftlichen Wirklichkeit selbst begreife, wenn er Partner der Wirklichkeit bleibe und sich auf sein Amt besinne, an der Wandlung des Geistes, an seiner eigenen Wandlung zu arbeiten. Der Geist, von dem hier die Rede ist, war nun nicht eine der Potenzen oder Funktionen des Menschen, "sondern dessen konzentrierte Totalität". Der Mensch selbst müsse sich in ebendem Maße ändern, als die Einrichtungen geändert würden, damit sie die ihnen zugedachte Wirkung tun könnten. Mit den Ordnungen des Miteinanderlebens müsse zugleich also das Wesen des Miteinanderlebens selber eine Wandlung erfahren, wenn das neue Haus, das die Hoffnung der Menschen errichten wolle, nicht seine Grabkammer werden solle. Daher müsse der Soziologe auch soziologisch erziehen, miteinanderlebende Menschen erziehen, den Menschen erziehen, der mit dem Menschen leben könne (M. Buber 1962, S. 1056f.). Aber wie?

### 3. Sprache

Nach der eher instrumentellen Verankerung Bubers in der Ursprungstradition der Soziologie seiner Zeit kommt hier seine essentielle Verankerung in jüdischen Urtraditionen in den Blick; denn er hat sich sein Leben lang mit der hebräischen Bibel befaßt, immer wieder ihr Grundthema hervorgehoben und in vielen Kommentaren interpretiert: Die Begegnung des jüdischen Volkes mit dem Namenlosen, "den sie, seine Ansprache erfahrend, und ihn anredend, zu benennen wagten..." (M. Buber 1964, S. 849f.). Der jüdische Gott schuf ja die Welt, indem er sprach, und "daß wir Du sagen können, erklärt sich daraus, daß auch zu uns Du gesagt wird". Daher konnte Buber die Bibel als das große Dokument der Geschichte, der Weltgeschichte betrachten, als den Bericht vom Versuch dialogischen Lebens: Gott als das große Du habe Israel zuerst gelehrt, den wirklichen Gott als den Anredbaren, weil anredenden Gott (vgl. H. Kohn 1961, S. 242 u. 272). Der Gott Bubers ist kein Gott der Asketen, Frauenfeinde, Säulenheiligen und Eremiten, vielmehr ein Gott, der sich buchstäblich auch im "brennenden Dornbusch", also in der Irdischkeit offenbart (vgl. W.B. Goldstein 1969, S. 27; M. Buber u. F. Rosenzweig 1954, S. 157f.).

"Die große Tat Israels ist es nicht, daß es den einen wirklichen Gott lehrte, der Ursprung und Ziel alles Wesens ist, sondern daß es die Anredbarkeit dieses Gottes als Wirklichkeit zeigte, das Du-sagen zu ihm, das Mit-ihm-Angesicht-in-Angesicht-stehn, den Umgang mit ihm. ... erst Israel hat das Leben als ein Angesprochenwerden und Antworten, Ansprechen und Antwortempfangen verstanden, vielmehr eben gelebt. ... Gott in aller Konkretheit als Sprecher, die Schöpfung als Sprache: Anruf ins Nichts und Antwort der Dinge durch ihr Entstehn, die Schöpfungssprache dauernd im Leben aller Kreaturen, das Leben jedes Geschöpfs als Zwiegespräch, die Welt als Wort, - das kundzugeben war Israel da." (M. Buber 1963, S. 742f.)

Daher hatte Buber jenes 'Religiöse', das nichts als Ausnahme ist, Herausnahme, Heraustritt, Ekstasis, aufgegeben oder es hatte ihn aufgegeben: "Ich besitze nichts mehr als den Alltag, aus dem ich nie genommen werde... Ich kenne keine Fülle mehr als die Fülle jener sterblichen Stunden an Anspruch und Verantwortung. Weit entfernt ihr gewachsen zu sein, weiß ich doch, daß ich im Anspruch angesprochen werde und in der Verantwortung antworten darf, und ich weiß, wer spricht und Antwort heischt. Viel mehr weiß ich nicht. Wenn das Religion ist, so ist sie einfach alles, das schlichte gelebte Alles in seiner Möglichkeit der Zwiesprache." (M. Buber 1954, S. 143 u. 145) Genau in diesem Verständnis von 'Religion' und der Grundthematik der hebräischen Bibel ist das 'dialogische Prinzip' begründet, das Kernstück seiner sozialphilosophischen Soziologie, und zwar im Sinne eines kritischen, analytischen und konstruktiven Konzeptes zugleich.

## 4. Dialog

Das "dialogische Prinzip" ist tatsächlich fundamental in dieser glaubensgewißlichen Wirklichkeit verankert; denn die Einzigartigkeit des jüdischen Monotheismus war für Buber eben die des Du, die in jeder Ich-Du-Beziehung enthalten sein könne. - Jede Ich-Du-Beziehung beruhe auf einer prinzipiellen Gegenseitigkeit, Offenheit, Direktheit, Gegenwärtigkeit, durch deren Abhandenkommen und Abwesenheit aus der ganz persönlichen eine sächliche Ich-Es-Beziehung entstehe. In der Ich-Du-Beziehung befinden sich gleiche Partner in einem freien Dialog, der folglich immer dann mißraten muß, wenn sie sich nicht als Gleiche verhalten, sondern als Mittel zum Zweck benutzen. - Wenn man will, so kann man darin leicht auch die Wertetriade wiedererkennen, wie sie in der Französischen Revolution proklamiert wurde; denn der Ich-Du-Dialog setzt freie und gleiche Partner voraus und ist oder schafft zugleich auch Verbundenheit. - Aber Ich und Du verwirklichen sich in jeder Beziehung und vollenden sich in keiner: Sie vollenden sich "einzig in der unmittelbaren Beziehung zu dem Du, das seinem Wesen nach nicht Es werden kann". Auch wer gottlos zu sein wähne, spreche Gott an, wenn er mit seinem ganzen hingebenden Wesen das Du seines Lebens anspreche (M. Buber 1954, S. 76f., 143, 145, 211; 1962, S. 79-170 u. 171-214).

Doch auch beim besten Willen kann die ideale Ich-Du-Beziehung nicht unbegrenzt aufrechterhalten werden, ihre Temporalität ist unvermeidlich, jedes Du wird unweigerlich zum Es, zeitweise oder für immer, was jedoch keineswegs von Übel sein muß. Ich-Du-Beziehungen, die zu Ich-Es-Beziehungen geworden sind, können vielmehr in Wissen und Kunst ihren Ausdruck finden und zu neuen Ich-Du-Beziehungen führen. Im Sinne Kants glaubte Buber nicht an eine objektive Erkenntnis der Welt, vielmehr nur an jene, die wir mit unseren eigenen Kategorien gewinnen können.

Entscheidend wäre jedenfalls zunächst die Erneuerung der sozialen Grundbeziehung zwischen Ich und Du und somit die Überwindung des Ich. Denn "Es gibt kein Ich an sich, sondern nur das Ich des Grundworts Ich-Du und das Ich des Grundworts Ich-Es." Wichtig ist hier das Grundwort Ich-Du: "Stehe ich einem Menschen als meinem Du gegenüber, spreche (ich) das Grundwort Ich-Du zu ihm, ist er kein Ding unter Dingen..." und kann folglich auch nicht mehr als Ding behandelt werden: "Das Du begegnet mir... Ich werde am Du; Ich werdend spreche ich Du. - Alles wirkliche Leben ist Begegnung." (M. Buber 1954, S. 8f.,

12, 15) - In Bubers "dialogischem Prinzip" ist "Zwiesprache" der Schlüsselbegriff und bedeutet ursprünglich "Schöpfungssprache": Die Sprache des Gottes der Bibel im Akte der Schöpfung als Urphänomen erscheint als bleibende Möglichkeit der Grundbeziehung unter Menschen: Dialogische Begegnung als konstruktiver Weg zu sinnvollen sozialen Beziehungen, welche die Einzelnen in Gemeinschaft und Gesellschaft verbinden, monologische Vergegnung als destruktiver Weg zur asozialen, sinnleeren Beziehungslosigkeit vereinsamter Einzelner, die in Gemeinschaftslosigkeit und Ungesellschaft entzweit sind. In diesem Sinne ist das dialogische Prinzip ein konstruktives Sozialprinzip und vielleicht sogar ein analytisches Prinzip der Soziologie.

## 5. Wirklichkeit

Martin Buber hielt die Ich-Du-Beziehung für besonders ausgezeichnet, um die Wirklichkeit des "Zwischenmenschlichen" nicht nur zu verstehen, sondern gegebenenfalls verbessernd zu verändern. In einer gewissen sozialen Rückbindung auf den biblischen Ausgangspunkt heißt das: Anspruch und Verantwortung, Religion als "das schlichte gelebte Alles in seiner Möglichkeit der Zwiesprache". Denn: "Der Einzelne entspricht Gott, wenn er, wie Gott seine Schöpfung göttlich, das ihm zugereichte Stück Welt menschlich umfängt. Er verwirklicht das Bild, wenn er, soviel er personhaft vermag, zu den ihn umlebenden Wesen mit seinem ganzen Wesen Du sagt." (M. Buber 1954, S. 76f., 143, 145, 211; 1962, S. 79-170 u. 171-214)

Man kann diese Formulierungen für religiöse Lyrik halten, sich zugleich aber auch wieder an Georg Simmel erinnern, der die Kategorie des "Du" für "ein Urphänomen des menschlichen Geistes" hielt, so "wie das Sehen und das Hören, das Denken und das Fühlen, oder wie Objektivität überhaupt, wie Raum und Zeit, wie das Ich; es ist die transzendentale Grundlage dafür, daß der Mensch ein zoón politikón ist." - Für Buber sind "Ich und Du" jedoch keine Grundbegriffe, sondern "Grundverhaltensweisen", und "die Ich-Du-Beziehung ist ihm vor allem ein Weg ins Leben und nicht ein philosophisches Grundprinzip" (G. Schaeder 1966, S. 32 u. 141, vgl. G. Simmel 1970). - Michael Theunissen hat darauf hingewiesen, das Ich-Es- und das Ich-Du-Verhältnis seien Haltungen, in denen man sich intentional auf etwas richte; alle ihre Gegensätzlichkeiten ruhten auf dem Grunde dieser Gemeinsamkeit. Das Es-Ich, welches Buber gegen das Du-Ich ins Feld führe, begreife er indessen "als weltkonstituierendes Subjekt". - "Wirklichkeit" sei für ihn das "Wirkliche Leben". Und: "Der Ort, an dem allein ich dieser Wirklichkeit ansichtig werde, ist die Beziehung zum Du: 'hier ist die Wiege des Wirklichen Lebens'" (M. Theunissen 1977, S. 279, 247, 325).

Was es aber mit der "Wirklichkeit" oder dem "Wirklichen Leben" auf sich hat, fand Michael Theunissen zurecht, umschreibe Buber am deutlichsten, wenn er sage: "'Wer in der Beziehung steht, nimmt an einer Wirklichkeit teil, das heißt: an einem Sein, das nicht bloß an ihm und nicht bloß außer ihm ist. Alle Wirklichkeit ist ein Wirken, an dem ich teilnehme, ohne es mir eignen zu können. Wo keine Teilnahme ist, ist keine Wirklichkeit. Wo Selbstzueignung ist, ist keine Wirklichkeit. Die Teilnahme ist um so vollkommener, je unmittelbarer die Berührung des Du ist'." Als "ein" Wirken sei die Wirklichkeit, wiewohl zunächst als die Wirklichkeit des Anderen erfahren, im Ursprung weder mein Wirken noch das des Anderen: "Sie ist vielmehr die Wirklichkeit des Zwischen als das reine Geschehen der Begegnung. Die wiederum ist die Wirklichkeit schlechthin oder das 'Sein selber'. So ist die Teilnahme an der Wirklichkeit des Anderen in der tiefsten Wurzel 'Partizipation am Sein' selbst." (M. Theunissen 1977, S. 325f.)

## 6. Umkehr

"Zwiesprache" muß man im übrigen bei sich beginnen; denn "Der Mensch soll zuerst selbst erkennen, daß die Konfliktsituationen zwischen ihm und den anderen nur Auswirkungen der Konfliktsituationen in seiner eigenen Seele sind, und dann soll er diesen seinen inneren Konflikt zu überwinden suchen, um nunmehr als ein Gewandelter, Befriedeter zu seinen Mitmenschen auszugehen und neue, gewandelte Beziehungen zu ihnen eingehen" (womit zugleich auf den 'Jom Kippur', den jährlichen Versöhnungstag und wichtigsten jüdischen Feiertag hingewiesen ist). Hier wird also nichts Geringeres gelehrt, als daß die Umkehr des einzelnen durchaus zur Wandlung der Welt wirke, und zwar als überhaupt einzige Möglichkeit dazu. Denn: "Der archimedische Punkt, von dem aus ich an meinem Orte die Welt bewegen kann, ist die Wandlung meiner selbst...". Das heißt: "Bei sich beginnen, aber nicht bei sich enden; von sich ausgehen, aber nicht auf sich abzielen; sich erfassen, aber sich nicht mit sich befassen." Und: "Die Umwelt, die ich als die natürliche empfinde, die Situation, die mir schicksalhaft zugeteilt ist, was mir Tag um Tag begegnet, was mich Tag um Tag anfordert, hier ist meine wesentliche Aufgabe und hier die Erfüllung des Daseins, die mir offen steht." (M. Buber 1981, S. 29-33, 37f., 45; 1949, S. 342)

Gerade darin wird nun nicht zuletzt jene mächtige Tendenz sichtbar, die das Judentum schon immer so einmalig charakterisiert, nämlich der Vollkommenheit eine irdische Stätte zu schaffen. Es handelt sich um die "große messianische Konzeption einer kommenden Vollendung auf Erden, an deren Bereitung jedermann tätigen Anteil nehmen kann...". Denn "Der Glaube Israels an die Erlösung der Welt bedeutet nicht, daß diese Welt durch eine andere abgelöst werde, sondern es ist der Glaube an eine neue Welt auf dieser Erde. Jenseits und Diesseits gibt es nicht im Hebräischen." Es gibt nur eine Welt: Diese die ganze Welt einschließende Hoffnung bedeutet nach Buber, daß wir nicht mit Gott reden können, wenn wir die Welt sich selber überlassen: "Wir können nur mit Gott reden, wenn wir unsere Arme, so gut wir können, um die Welt legen, das heißt, wenn wir Gottes Wahrheit und Gerechtigkeit in alles hineintragen." (M. Buber 1965, S. 195)

In der hebräisch-biblischen Tradition schuf Gott diese Welt, indem er sprach: "Anruf ins Nichts und Antwort der Dinge durch ihr Erstehn, die Schöpfungssprache dauernd im Leben aller Kreaturen, das Leben jedes Geschöpfs als Zwiegespräch, die Welt als Wort...". Dieses jüdische Erbe hieß für Buber nicht nur, daß "das Wort vor allen andern die Gestalt des Schaffens" war, vielmehr, daß die neue, bessere Welt durch die tätige Anteilnahme aller geschaffen werden muß, und zwar "hier wo man steht" (M. Buber 1977, S. 31ff., 37, 43ff.; 1949, S. 17f.; 1965, S. 195; 1963, S. 742f.). Und wenn die Juden gelegentlich als "Volk der Geschichte" bezeichnet werden, als Volk, das "Geschichte gemacht" oder vielleicht sogar die Geschichte erfunden hat (vgl. E. Wiesel 1979, S. 21), so bedeutet das eben zugleich auch, daß die Welt als veränderliche und veränderbare erfahren wird, ja sie ist geradezu da, um verändert zu werden, sie muß verändert und verbessert werden, und zwar nach biblischer Weisung. - Das einzige, was den Menschen zum Verhängnis werden könne, sei der Glaube an das Verhängnis, da er die Bewegung der Umkehr niederhalte: "Das Ereignis aber, dessen Weltseite Umkehr heißt, dessen Gottesseite heißt Erlösung." (M. Buber 1954, S. 121)

## 7. Erneuerung

Ein dialogisches Leben als Leben erneuerter Grundbeziehungen ist nicht eines, "in dem man viel mit Menschen zu tun hat, sondern eines, in dem man mit den

Menschen, mit denen man zu tun hat, wirklich zu tun hat." Gemeinschaft aber, werdende Gemeinschaft, sei das "Nichtmehr-nebeneinander-, sondern Beieinandersein einer Vielheit von Personen, die, ob sie auch mitsammen sich auf ein Ziel zubewege, überall ein Aufeinanderzu, ein dynamisches Gegenüber, ein Fluten von Ich zu Du" erfahre. Das Dialogische ist für Buber also nicht Vorrecht der "Geistigkeit" wie etwa das Dialektische; es fange nicht "im oberen Stockwerk in der Menschheit an"; Begabte und Unbegabte gebe es hier nicht, nur "Sichhergebende und Sichvorenthaltende". Das heißt: "Zwiesprache ist keine Angelegenheit des geistigen Luxus und der geistigen luxure, sie ist eine Sache der Schöpfung, des Geschöpfs, und das ist er, der Mensch, von dem ich rede, der Mensch, von dem wir reden, Geschöpf, triviale Unersetzlichkeit." Und das wäre die Konsequenz: Der Sinn findet sich nicht in den Dingen, er wird auch nicht hineingelegt, "aber zwischen uns und den Dingen kann er sich begeben". Denn "Echte Gemeinschaft und echtes Gemeinwesen werden sich nur in ebendem Maße verwirklichen, in dem die Einzelnen wirklich werden, aus deren verantwortendem Dasein sich das öffentliche Wesen erneut." (M. Buber 1954, S. 153, 171, 177f., 253)

In seiner "philosophischen Rechenschaft" schrieb Buber einmal, sein Thema sei nicht geeignet gewesen, zum umfassenden System ausgebaut zu werden. Vielmehr sei es ihm um die große Voraussetzung für den Beginn des Philosophierens und seinen Fortgang, um die Dualität der Ich-Du- und Ich-Es-Grundwerte gegangen, und auf diese Dualität habe hingezeigt werden müssen: Obgleich sie der Grundverhalt im Leben jedes Menschen sei, achte man ihrer kaum: "Es mußte auf sie hingezeigt, sie mußte in den Grundfesten des Daseins aufgezeigt werden. Eine vernachlässigte, verdunkelte Urwirklichkeit war sichtbar zu machen. Das Denken, das Lehren mußte von der Aufgabe des Zeigens bestimmt sein; ... Ich sage zu dem, der mich hört: 'Es ist deine Erfahrung, besinne dich auf sie, und worauf du dich nicht besinnen kannst, wage, es als Erfahrung zu erlangen.'" (M. Buber 1962, S. 1113f.)

Für Buber entstammte auch die moderne Soziologie überhaupt der Begegnung des Geistes mit der Krisis der menschlichen Gesellschaft, die eben der Geist als seine eigene Krisis verstanden habe und durch eine geistige Wandlung zu überwinden hoffte: "die Einsicht in das Wesen der Krisis, ihre Ursachen und die durch sie gestellten Probleme, der Anfang dieser Wendung und Wandlung sollte eben die Soziologie sein." Es handelte und handelt sich also darum, "eine Welt in der Krisis" zu erkennen, und der erkennende Geist wisse, daß er selbst in der

Krisis stehe: "Nicht als ob er bloß ein Stück der gesellschaftlichen Wirklichkeit wäre. Er ist vielmehr ihr Partner, dazu bestimmt, von ihr zu lernen, was ist, und hinwieder ihr zu weisen, was sein soll - und die Krisis umfängt sie beide mitsammen. In dem neuen soziologischen Blick, den er erwerben muß, um zu erkennen, was hier zu erkennen ist, gewinnt der Soziolog zugleich ein neues Lebensverhältnis, in dem er auf eine neue Art mit der Wirklichkeit verbunden wird, ohne in ihr unterzutauchen. Er gewinnt eine neue dialogische Relation..." (M. Buber 1962, S. 1056).

## 8. Vertrauen

Die Hoffnung der Stunde richtete sich für Buber auf diese "Erneuerung der dialogischen Unmittelbarkeit zwischen den Menschen", und sein Ideal eines erneuerten Menschen in einer erneuerten Gesellschaft konnte sich nur in der Unmittelbarkeit von Mensch zu Mensch realisieren: "Echte Gemeinschaft und echtes Gemeinwesen werden sich nur in ebendem Maße verwirklichen, in dem die Einzelnen wirklich werden, aus deren verantwortendem Dasein sich das öffentliche Wesen erneut." Denn "Die Urhoffnung der Geschichte geht auf eine echte, somit durchaus gemeinschaftshaltige Gemeinschaft des Menschengeschlechts." Eine echte und zu dauern bestimmte Neuordnung der Gesellschaft von innen her werde jedoch nur durch die Vereinigung der Produzenten mit den Konsumenten, jeder von beiden Parteien in selbständigen und wesenseigenen kooperativen Einheiten konstituiert, geraten können, eine Vereinigung, deren sozialistische Kraft und Lebendigkeit nur durch eine Fülle zusammenwirkender Vollgenossenschaften verbürgt werden könne (M. Buber 1953, S. 320 u. 325; 1954, S. 253; 1962, S. 998; S. 74, vgl. auch 1962, S. 204ff., 352, 850f., 925ff., 993ff., 1006ff.; 1967, S. 118 u. 135f.).

Der Mensch wolle vom Menschen bestätigt werden als der, der er ist, und "echte Bestätigung gibt es nur in der Gegenseitigkeit... Die Hoffnung für diese Stunde ist auf die Hoffenden selber, auf uns selber gestellt. ... Die Hoffnung für diese Stunde geht auf eine Erneuerung der dialogischen Unmittelbarkeit zwischen den Menschen. ... Im Innersten des Widerstreits von Mißtrauen und Vertrauen zum Menschen birgt sich der Widerstreit zwischen Mißtrauen und Vertrauen zur Ewigkeit. Gerät es unserem Munde, wahrhaft Du zu sagen, dann haben wir, nach langem Schweigen und Stammeln, unser ewiges Du von neuem angesprochen. Versöhnung wirkt Versöhnung." (M. Buber 1953, S. 320 u. 325f.)

Der unmittelbare, rückhaltlose Dialog werde zwar immer schwerer; immer unbarmherziger drohten die Abgründe zwischen Mensch und Mensch unüberbrückbar zu werden: "Seither habe ich unablässig darauf hingewiesen, daß die Zukunft des Menschen als Menschen von einer Wiedergeburt des Dialogs abhängt." Dafür bestehe jedoch eine wesentliche Voraussetzung, insofern es gelte, das massive Mißtrauen im anderen zu überwinden, aber auch in uns selbst: "Ich meine das universale Mißtrauen unseres Zeitalters." Nichts stehe dem Aufstieg einer Kultur des Dialogs so sehr im Wege wie die dämonische Macht, die unsere Welt regiere, die Dämonie des grundsätzlichen Mißtrauens (M. Buber 1953, S. 316).

Der Mensch in der Krise, das sei der Mensch, der seine Sache nicht mehr dem Gespräch anvertraue, womit ihm eben dessen Voraussetzung, das Vertrauen verlorengegangen sei; denn im wahren Sinn zu einem sprechen kann ich nur, "wenn ich erwarten darf, daß er mein Wort wahrhaft aufnehme". Buber glaubte gleichwohl, daß Gespräche zwischen Menschen und zwischen Völkern möglich sind, Gespräche, in denen die Partner einander wahrnehmen, bejahen und bestätigen, auch im Gegensatz, der auf diese Weise ausgetragen und der Überwindung zugeführt werden kann: "Unterfangen wir uns, trotz allem zu vertrauen!" (M. Buber 1965, S. 226ff. u. 230)

## 9. Erfüllung

"Ich habe keine Lehre. Ich zeige nur etwas. Ich zeige Wirklichkeit, ich zeige etwas an der Wirklichkeit, was nicht oder zu wenig gesehen ist. Ich nehme ihn, der mir zuhört, an der Hand und führe ihn zum Fenster. Ich stoße das Fenster auf und zeige hinaus. - Ich habe keine Lehre, aber ich führe ein Gespräch", so Martin Buber zu seiner persönlichen Position (M. Buber 1962, S. 1114): "Es will mir jedoch scheinen, daß es in unserer Weltstunde überhaupt nicht darauf ankommt, feste Lehre zu besitzen, sondern darauf, ewige Wirklichkeit zu erkennen und aus ihrer Kraft gegenwärtiger Wirklichkeit standzuhalten." Auf eins nur komme es an: "Daß ich mein Ohr für die Situation, wie sie sich mir dartut, als für das Wort an mich öffne bis auf den Grund, wo das Hören ins Sein verfließt, und vernehme, was zu vernehmen ist, und auf das Vernommene antworte." (M. Buber 1962, S. 1114; 1957, S. 235; 1965, S. 236)

Es sei in dieser Wüstennacht kein Weg zu zeigen, aber indessen zu helfen, mit bereiter Seele zu harren, bis der Morgen dämmere und ein Weg sichtbar werde, wo niemand ihn ahnte (M. Buber 1957, S. 235). Also nicht den Weg selbst hat Buber zeigen wollen, bleibende Wegzeichen aber hat er durch den hebräischen Humanismus seines Werkes gesetzt: Das Leben wieder als ein Ansprechen und Angesprochenwerden, Antworten und Antwortempfangen zu verstehen, die Schöpfungssprache im Leben aller Kreaturen wieder zu vernehmen, das Leben jedes Geschöpfs als Zwiegespräch zu begreifen, die dialogische Urbeziehung als mögliche konstruktive Grundbeziehung zwischen den Menschen, als Chance der Erneuerung von Mensch und Gesellschaft auch in Beziehung zur Natur, als Möglichkeit der Erfüllung menschlichen Lebens in der Einheit der Welt, dies ist die Botschaft von Martin Bubers dialogischem Prinzip als Sozialprinzip.

Vernehmen wir in diesem Zwiegespräch von Martin Buber zuletzt noch einmal in seinen Worten, daß es etwas gibt, was wir nirgends in der Welt finden können, und daß es doch einen Ort gibt, wo wir es finden können: "Es ist ein großer Schatz, man kann ihn die Erfüllung des Daseins nennen. Und der Ort, an dem dieser Schatz zu finden ist, ist der Ort, wo man steht. ... Die Umwelt, die ich als die natürliche empfinde, die Situation, die mir schicksalhaft zugeteilt ist, was mir Tag um Tag begegnet, was mich Tag um Tag anfordert, hier ist meine wesentliche Aufgabe und hier die Erfüllung des Daseins, die mir offen steht." (M. Buber 1977, S. 45) - Jetzt, immerzu jetzt.

## Literatur

M. Buber, "Geleitwort zur Sammlung." In: W. Sombart, Das Proletariat. Frankfurt 1906, S. V-XIV.

M. Buber, Hinweise. Zürich 1953.

M. Buber, Die Schriften über das dialogische Prinzip. Heidelberg 1954.

M. Buber, Gog und Magog. Eine Chronik. Frankfurt u. Hamburg 1957.

M. Buber, Werke, Erster Band, Schriften zur Philosophie. München u. Heidelberg 1962.

M. Buber, Werke, Dritter Band, Schriften zum Chassidismus. München u. Heidelberg 1963.

M. Buber, Der Jude und sein Judentum. Köln 1963a.

M. Buber, Werke, Zweiter Band, Schriften zur Bibel. München u. Heidelberg 1964.

M. Buber, Nachlese. Heidelberg 1965.

M. Buber, Der utopische Sozialismus. Köln 1967.

M. Buber, Der Weg des Menschen nach der chassidischen Lehre. Heidelberg $^{7}$1977 u. $^{8}$1981.

M. Buber, Das Problem des Menschen. Heidelberg $^{5}$1982.

M. Buber u. F. Rosenzweig, Die fünf Bücher der Weisung. Fünf Bücher Moses. Köln u. Olten 1954.

W.B. Goldstein, Der Glaube Martin Bubers. Jerusalem 1969.

W. Licharz (Hg.), Martin Bubers Erbe für unsere Zeit. Frankfurt 1985.

H. Kohn, Martin Buber, Sein Werk und seine Zeit. Köln $^{4}$1961.

W. Lieth, Martin Buber und Jürgen Habermas. Krise, Dialog und Kommunikation. Konstanz 1988.

G. Schaeder, Martin Buber. Göttingen 1966.

P.A. Schilpp u. M. Friedman, Martin Buber. Stuttgart 1963.

G. Simmel, Grundfragen der Soziologie. (1917) Berlin $^{3}$1970.

M. Theunissen, Der Andere. (1965) Berlin $^{2}$1977.

E.R. Wiehn, "Martin Buber als Soziolog." In: E.R. Wiehn, Gesammelte Schriften zur Soziologie. Konstanz 1986, S. 729-760; hier Nr. 9.

E.R. Wiehn, "Juden als Soziologen." In: E.R. Wiehn (Hg.), Juden in der Soziologie. Konstanz 1989, S. 13-93; hier Nr. 12.

L. von Wiese, Soziologie. (1926) Berlin $^{7}$1964.

E. Wiesel, "Die Massenvernichtung als literarische Inspiration." In: E. Kogon u. J.B. Metz (Hg.), Gott nach Auschwitz. Freiburg 1979, S. 21-50.

## Schöne Bücher / Von Hermann Hesse

(Schluß)

Eine sehr klug angelegte und durchgeführte Sammlung kleiner Monographien ist „Die Gesellschaft", die Martin Buber in der literarischen Anstalt Rütten und Löning in Frankfurt herausgibt. Die Kollektion enthält eine große Reihe von flotten, zumeist nicht unpopulären, doch meist über dem Feuilleton stehenden Darstellungen moderner Lebensgebiete, deren viele ganz glänzend sind. Aus eigener Lektüre habe ich den hier schon angezeigten „Schriftsteller" von Wilhelm Schäfer in bester Erinnerung, ebenso die „Sprache" von Mauthner, den „Arzt" von Schweninger, den „Weltverkehr" von Wirth, die „Kirche" von Bonus. Weiter hat Göhre über das Warenhaus, Ostwald über Erfinder und Entdecker, Lou Andreas über Erotik, Bernstein über den Streik geschrieben, und in der ganzen Sammlung von bald vierzig Bändchen ist mir noch nichts Geringwertiges begegnet. Die billigen, sehr gut gedruckten Büchlein können manches Gute wirken mit ihren frischen, zum Teil kräftig persönlich gefärbten Darstellungen, die alle einen frohen freien Geist von heute atmen.

März, Heft 48

Die Gesellschaft
Herausgegeben
von
Martin Buber
Das Proletariat
von
Werner Sombart
Literarische Anstalt
Rütten u. Loening
Frankfurt a. M.

# 3. Martin Bubers 'Gesellschaft'*

**Eine fast vergessene soziologische Sammlung**

Professor Ralf Dahrendorf gewidmet

## 1. Zur Sammlung 'Die Gesellschaft' und erste Briefe

In der von Martin Buber (1878-1965) initiierten und herausgegebenen 'Sammlung sozialpsychologischer Monographien' mit dem Titel 'Die Gesellschaft' sind im Verlag der Literarischen Anstalt Rütten & Loening in Frankfurt am Main zwischen 1906 und 1912 insgesamt 40 Bändchen erschienen, darunter vier hierbei mitgezählte Doppelbände, "Jeder Band ca. 100 Seiten in handlichem Oktavformat, biegsam kartoniert" oder "in Leinwand" gebunden, wie es in einer damaligen Buchanzeige hieß, die meisten übrigens von Peter Behrens und Hermann Kirchmayr als bedeutenden Vertretern des Jugendstil mit Ornamenten und Initialen ausgeschmückt (vgl. P. Mendes-Flohr 1979, S. 111f.).

Im ersten handschriftlichen Verlagsvertrag zwischen Dr. Martin Buber und der Literarischen Anstalt Rütten & Loening zu Frankfurt a.M. vom 11.4.1905 heißt es u.a.: "... Herr Dr. Buber läßt im Verlag der Literarischen Anstalt eine Sammlung von Monographien soziologischen Charakters erscheinen. - Ein genauer Titel der Sammlung ist noch nicht festgesetzt; doch ist der Titel 'Die moderne Gesellschaft' oder 'Das Leben der Gesellschaft' in Aussicht genommen. - Der Eigentümer der Idee ist Herr Dr. Buber ... Herr Dr. Buber wird es sich angelegen sein lassen, für alle in Frage kommenden Themen erstklassige Mitarbeiter zu gewinnen. - Als Redakteur (eventuell auch als Herausgeber) des Unternehmens fungiert Herr Dr. Buber und erhält für die Herausgabe von jährlich 12 - 16 Bändchen..." (Privatarchiv Rafael Buber)** , - eine Jahresproduktion, die keinesfalls jemals erreicht werden sollte.

In Bubers wohl erster, vermutlich von Anfang 1905 stammender handschriftlicher Themenliste, in der bereits einzelne Namen verzeichnet sind, findet sich

---

* Auszugsweise vorgetragen am 14.2.1990 in der Universität Konstanz; Erstveröffentlichung in: Jahrbuch für Soziologiegeschichte 1991, hrsg. von C. Klingemann et al., Opladen 1992, S. 183-207.

** Soweit nicht anders angegeben befinden sich alle zitierten Dokumente im 'Martin Buber Archiv' des 'Department of Manuscripts & Archives' der 'Jewish National & University Library' in Jerusalem und werden hier mit der dankenswerten Erlaubnis des Archivs verwendet; der Verfasser dankt Margot Cohn sehr herzlich für ihre freundliche Hilfsbereitschaft und Rafael Buber s.A. für sein freundschaftliches Vertrauen, von dem auch dieser Beitrag mit motiviert ist.

folgende Reihenfolge: Die Industrie, Der Gelehrte (Lasswitz), Der Künstler (Klinger, Mann), Der Schauspieler (Bang, Frisch), Die Technik, Die Fabrik, Die Armee, Der Krieg, Der Bauer (Schäfer), Der Dichter (Ernst), Der Handwerker, Die Stadt (Preuss), Der Priester, Das Kloster, Die Erziehung (Otto), Das Kind (Scharrelmann), Die Universität (Harnack, Joel), Der Student, Das Gefängnis, Die Bank, Das Geld, Die Presse, Der Journalismus, Die Rasse, Die Geselligkeit (Keyserling), Das Genie, Die Frau (Simmel), Das Recht, Die Weltwirtschaft, Die Polizei, Die Regierung, Der Monarch, Die Prostitution, Die Mode, Die Kritik, Das Publikum, Das Museum (Tschudi, Bode), Die Arbeiterbewegung, Der Anarchismus (Koigen), Die Kultur, Die Auswanderung, Die Kunst (Wölfflin).

Verschiedene möglicherweise nach Mitte April 1905 zu datierende Listen, teilweise schon unter dem Sammlungs-Titel 'Die Gesellschaft', enthalten nun u. a. folgende Namen und Titel: Lou Andreas-Salomé (Der erotische Affekt), Georg Bernhard (Die Bank), H.St. Chamberlain, Sigmund Freud ('Die Hysterie'), Maximilian Harden (Die Diplomatie), Hugo von Hofmannsthal, Eduard v. Keyserling, Karl Lamprecht (Die Universität), Walther Rathenau, Georg Simmel (Die Geschlechter), Hermann Stehr (Das Dorf), Ernst Troeltsch (Die Sekte), Jakob Wassermann (Die Literatur), Alfred Weber (Die Industrie). - In weiteren Aufzeichnungen mit insgesamt 47 bezifferten Namen und Titeln finden sich unter anderen: 1. A. Falkenberg, Die Post, 2. Otto Flake, Die Bohème, 3. Samuel Lublinski, Soziologie und Kultur, 21. Robert Michels, Das soziale Italien, 24. Otto Neurath, Der Krieg, Die Ehre, 26. Erich Mühsam, Der Künstler - sowie etwa die Namen Hermann Hesse und Rainer Maria Rilke, im folgenden Briefwechsel übrigens auch Walther Rathenau und Friedrich Naumann.

Die erste erhaltene handschriftliche und zugleich inhaltlich bedeutsame Anfrage Bubers, - erstmals mit dem Briefkopf 'Die Gesellschaft - Herausgeber: Dr. Martin Buber, Hermsdorf bei Berlin' sowie dem Verlagsnamen -, ist am 20.5.1905 in Hermsdorf (Mark) datiert und an den Volksschullehrer und schlesischen Dichter Hermann Stehr (1864-1940) gerichtet: "Sehr verehrter Herr - Unter dem Gesamttitel 'Die Gesellschaft' gedenke ich eine Sammlung von Studien zur sozialen Psychologie herauszugeben. Ich verstehe darunter nicht eine berufliche fachwissenschaftliche Erörterung, so sehr ich den sachlichen und positiven Charakter dem Ganzen gewahrt wissen möchte, sondern eine Darstellung der seelischen Wirklichkeiten, die aus dem Zusammenwirken von Menschen entstehen. Ueberall da, wo durch Wechselbeziehungen mehrerer Individuen neue, in keinem isolierten Individuum mögliche Werte, neue psychische Tatsachen geschaffen werden, scheint mir ein Gegenstand gegeben zu sein, der der sozialpsychologischen Betrachtung unterworfen ist. Diese psychischen Tatsachen werden selbstverständlich nur im Einzelmenschen vorgefunden, aber durch ihre Entstehung und ihren Zusammenhang gehören sie einer über den Einzelnen hinausgreifenden, überindividuellen Ordnung an. Wenn irgendwo der nachschaffenden Darstellung seelischen Geschehens eine Aufgabe gestellt ist, die nur durch den tiefsten Erkenntnisblick und die höchste Macht der Gestaltung gelöst werden kann, so ist es diese. Ich muß daher darauf bedacht sein, neben jenen wenigen Wissenschaftlern, die genügende Freiheit und genügend künstlerisches Können besitzen, diejenigen Schriftsteller heranzuziehen, die das Miteinanderleben und Aufeinanderwirken von Menschen zum Gegenstande ihres dichterischen Werkes gemacht haben. Von jenen ist es mir bisher (ich beginne erst, Mitarbeiter anzuwerben) gelungen, Werner Sombart, Georg Simmel, Eduard Bernstein, Franz Oppenheimer heranzuziehen. Von diesen möchte ich mich in erster Reihe, wie es ja selbstverständlich ist, an Sie wenden und Sie bitten, *Das Dorf*, diese eigentümliche und bisher noch so wenig verstandene soziale Gruppierung, von diesem Gesichtspunkte aus zu behandeln. - Die einzelnen Bändchen sollen etwa 100 Seiten eines 17 x 13 1/2 cm grossen Formates, Satzspiegel 15 x 12, mittelgrosse Type, umfassen und 1 - 1 1/2 Mark (gebunden) kosten. Unser Honorar beträgt für die erste Auflage 600 Mark. - ... Die ersten Bändchen sollen im Oktober gesetzt werden und Anfang Januar erscheinen, die nächsten die Monate darauf. - Das ganze bitte ich vorläufig - bis zur Veröffentlichung unseres Prospektes - diskretionell zu behandeln. - Mit dem Ausdruck ausgezeichneter Wertschätzung - Dr. Martin Buber" (Vgl. Teilabdruck des Briefes in: M. Buber 1972, S. 230f.; vgl. auch S. 582).

Die erste erhaltene Antwort auf Bubers 'Berufungs-Schreiben' stammt pikanterweise von Houston Stewart Chamberlain (1855-1927), Schwiegersohn Richard Wagners und Vertreter der 'Kulturüberlegenheit der nordischen Rasse', der am 28.5.1905 aus Leipzig schreibt: "Sehr geehrter Herr - verbindlichen Dank für Ihre fr. Zuschrift vom 23. d.M. und für die ehrende Aufforderung. - Versprechen und nicht halten ist eine Sünde, in die ich in den letzten Jahren öfters verfallen bin; daher bin ich sehr vorsichtig geworden. Ihr Vorhaben ist ein sehr interessantes und innerhalb dieses Rahmens könnte mehr als ein Thema mich zur Behandlung reizen; doch ob ich bei der Fülle der Arbeit, die der Erledigung harrt, in absehbarer Zeit dazu kommen könnte, etwas für Ihre Sammlung zu schreiben: das wage ich nicht im Augenblick unbestimmt zu bejahen. - Ich möchte Sie daher bitten, sich vorderhand mit meiner grundsätzlichen Zustimmung zu begnügen, will aber hiermit keine bindende Zusage gegeben haben. - Vielleicht gibt ein zusammenfassender Überblick über die Rassenfrage, die ich für eine Enzyklopädie versprochen habe, Anlaß zu einem entsprechenden Beitrag. - In vorzüglicher Hochachtung - Ihr sehr ergebener Houston Stewart Chamberlain" - Es ist bei dieser Zustimmung geblieben, aus einem Beitrag zur 'Gesellschaft' ist nichts geworden.

Daß es gewisse Verständnisprobleme im Hinblick auf die Zielsetzung gab, die Buber mit seiner ' Gesellschaft ' verfolgte, zeigt ein Brief des in Frankreich lebenden belletristischen und politischen Schriftstellers Alexander Ular vom 1.6.1905: "Verehrter Herr Doktor, ich erhielt gestern Ihren freundlichen Brief, den ich mit größtem Interesse gelesen habe. Sie pflastern mir den Weg allerdings mit so zahlreichen Apfelsinenschalen der Lobeserhebung, daß ich darüber fast zu Fall gekommen wäre. Ausgezeichnetes Gleitmittel. Aber doch nur, wenn es bergab geht. Ihr Unternehmen führt aber doch prachtvoll in die Höhe, und da ich lieber vorwärts gehe als umdrehe, schleiche ich denn behutsam um das Trügerische herum. - Selbstverständlich können Sie für ein so schönes Werk auf mich rechnen. Ich glaube es giebt augenblicklich überhaupt keine höheren Probleme mehr als die, welche, soweit ich aus Ihrem Briefe schließen kann, in Ihrem Sammelwerk dargestellt, oder vielmehr durch die abenteuerlichen Dschungel der Sozialpsychologie bis in ihre Urnester verfolgt werden sollen. Und es ist mir, aufrichtig, eine große Freude, daß Sie mich zu dieser Treibjagd einladen. Obwohl ich, im einzelnen, nicht recht verstanden habe, wie sie vorzugehen beabsichtigen, muß ich Sie doch a priori dazu beglückwünschen, daß Sie von sogenannten Fachmännern weniger erwarten, als von Leuten, die, wenn ich so sagen darf, viele Fächer zu ihrer Verfügung haben. Es scheint mir aus Ihrem Brief hervorzugehen, daß Sie Sozialpsychologie ganz im allgemeinen treiben wollen. So schlagen Sie mir die Themata 'Weltverkehr' oder 'Politik' vor; die mir übrigens beide gut liegen. Aber sind die Probleme auf diese Weise zu erschöpfen? Ich nehme nur ein Beispiel. Ich denke mir etwa, Sombart entwickle das Sozialpsychologische im 'Handel' u. er ziehe prächtige Schlüsse auf gegenwärtige Kulturmöglichkeiten. Wie nun aber, was für mich z. B. außer Frage steht, wenn dieses Element in der chinesischen Kultur nicht nur andere Erscheinungsformen zeigt, sondern auch eine andere Bedeutung annimmt? Soll das eine nun dem anderen geopfert, d. h. übergangen werden; oder wollen Sie alles in einen Band zusammen drücken? - Bei der Behandlung der 'Politik' würden sich analoge Schwierigkeiten einstellen. Ich schreibe Ihnen dieses nur, um Ihnen zu zeigen, in welcher Hinsicht ich noch der Aufklärung bedarf. Und dieser sehe ich mit Ungeduld entgegen. ... "(Vgl. M. Buber 1972, S. 237).

Buber scheint dieser Bitte um Aufklärung relativ rasch nachgekommen zu sein, denn schon am 5.7.1905 schreibt Alexander Ular: "Sehr verehrter Herr, herzlichen Dank für Ihren Brief, den ich heute erhalten habe. Ich verstehe jetzt, glaube ich, so ziemlich die innere Struktur des Sammelwerkes. Ich werde mit Vergnügen den Band über 'Politik' schreiben. Da im letzten Grunde Politik immer Weltpolitik ist - nur der Umfang der jeweiligen 'Welt' wechselt - ist der Titel 'Politik' sicher vorzuziehen. Vielleicht werden Sie sich aber entsetzen, wenn ich Ihnen verrate, daß ich in dem Bändchen nicht bloß von fälschlich sogenannten Ariern reden werde, sondern auch von Hettitern, Assyrern, Indern, Tolteken, ..., Mongolen, Chinesen und, horribile dictu! selbst vom Papst und vom Dalai Lama. ... "

Wie weit alsdann Buber entsprechend seiner früheren Aufzeichnungen tatsächlich den Kreis der Autoren zu ziehen gedachte, zeigt ein Antwortbrief Hugo von Hofmannsthals (1874-1929) vom 17.7.1905: "Sehr geehrter Herr, ich bin auf Waffenübung, überdies nicht wohl und muß daher bitten, die äußerste Kürze zu entschuldigen. Ihr Unternehmen und besonders die Zusammenstellung der Mitarbeiter und die Verteilung der Themata interessiert und fesselt mich ungemein. Ich werde sicherlich jede dieser Monographien mit größtem Interesse lesen. Ob ich eine schreiben kann, weiß ich im Augenblick nicht. Ich bin durch diese Dienstübung in meinen Arbeitsplänen (denn meine eigentliche Arbeitszeit sind die Sommermonate) aufs empfindlichste behindert, und zunächst schwindelt mir bei dem Gedanken, was alles unfertig daliegt, und es wäre gewissenlos, im Augenblick noch etwas zu versprechen. Aber ich verspreche Ihnen, die Sache nicht zu vergessen; ... " (M. Buber 1972, S. 232 u. 575f.). Zu einer Mitarbeit Hugo von Hofmannsthals sollte es freilich doch nicht kommen.

Franz Oppenheimer (1864-1943) kommt in seinem Brief vom 9.11.1905 durchaus gleich zur Sache: "Lieber Herr Buber! - Grundsätzlich bin ich - vorbehaltlich der Honorarabrede - einverstanden, und auch das Thema 'Der Staat' liegt mir gut. Aber ausführen - vorläufig keine Rede! Die Siedlungsgenossenschaft (in Wenigenlupnitz bei Eisenach) est en marche und macht mir kolossale Arbeit. Im März, wenn ich nach Schloß Neuscharfenberg in Eisenach übergesiedelt bin, hoffe ich wieder wissenschaftliche Muße zu finden. - Übrigens kostet mich Ihr Brief 40 Pf. Strafporto. Der alte Buber! Kein Mann der Details!" (M. Buber 1972, S. 233 u. 579, vgl. dazu F. Oppenheimer 1931) Offensichtlich wurde das Problem der "Honorarabrede " gelöst; denn Franz Oppenheimers 'Der Staat' erschien bereits 1907 als Doppelband 14/15 in der Sammlung 'Die Gesellschaft'.

"geehrter herr doktor", antwortet Georg Simmel (1858-1918) - als Anhänger Stefan Georges in Kleinschrift - am 20.11.1905 auf eine offensichtlich bemerkenswerte Anfrage Bubers, "- ich danke ihnen für ihr freundliches schreiben. das anerbieten, das es enthält, kann ich aber leider nicht annehmen. es sind im lauf der zeit mancherlei antraege verwandter art an mich gekommen u. ich habe sie durchgaengig abgelehnt, weil es voellig ausserhalb meiner neigung u. meiner faehigkeit liegt, die verantwortung fuer dinge, welche nicht meine eignen sind, auf mich zu nehmen - mir fehlt eben nichts weniger als alles zum redakteur. uebernaehme ich in irgend einer form, u. selbst unter den groessten kautelen, die herausgabe ihrer sammlung, so truege ich vor dem publikum eine verantwortung, die mich, wie ich nun einmal beschaffen bin, ein ganz unverhaeltnismaessiges quantum von zeit u. gedanken kosten wuerde; es giebt kein arrangement, das mir dies abnehmen koennte. dagegen bin ich nach wie vor gern bereit, hinter den kulissen fuer ihr unternehmen zu wirken. - ich bitte sie, dies ihrem verleger mitzuteilen u. ihm zu sagen, dass, wenn ihm irgend daran laege, mit mir einmal muendlich ueber die interessen des unternehmens zu verhandeln, mich sein besuch sehr freuen wird. uebrigens komme ich zu neujahr nach frankfurt u. koennte ihn ev. dort aufsuchen, wenn er rechtzeitig mir den wunsch danach zu erkennen giebt. - wir haben hier einen tristen herbst vorgefunden. hoffentlich bewahrt ihnen florenz noch recht lange seine volle schoenheit. - mit freundlichem gruss - ergebenst - Simmel" (M. Buber 1972, S. 234 u. 581). - Es ist nicht bekannt, daß Buber sonst jemandem die Herausgeberschaft der 'Gesellschaft' angetragen hat, woran man ersehen kann, wie hoch er Georg Simmel geschätzt und wie nahe er sich ihm bezüglich der Thematik dieser Sammlung gefühlt haben muß. Aber wenn auch Simmel bei seiner Ablehnung dieser Herausgeberschaft blieb, so war er mit seinem Band II 'Die Religion' dann doch gleich nach Werner Sombart schon 1906 in Bubers Sammlung vertreten.

Der weitere Briefwechsel zwischen Buber und Hugo von Hofmannsthal (24.2. 1906 u. 11.3.1906) belegt, daß dieser noch immer daran interessiert war, jenen als Autor zu gewinnen, der seinerseits "darauf rechnen" zu können hoffte, daß er "alles gleich sehen werde was erscheint ", worauf ihm am 15.3.1906 geantwortet wird: "... Die ersten Bände der 'Gesellschaft' werden Ihnen selbstverständlich immer gleich nach Erscheinen zugeschickt werden. Von den ersten vier kann ich aber nur Simmels 'Religion' und Ulars 'Politik' als wirklich lesenswert bezeichnen; Eduard Bernsteins 'Streik' hat das Material nicht überwunden und Sombarts

Arbeit sagt mir in ihrer schnell zusammenfassenden, unterschiedsblinden Art recht wenig zu. So habe ich bisher keine rechte Freude daran; aber die zweite Reihe wird voraussichtlich gleichmäßigeren Wert haben. ... " (M. Buber 1972, S. 235ff.) Die ersten Bände sollten zwar erst im Oktober 1906 erscheinen, deren Manuskripte lagen jedoch offensichtlich schon vor, wobei es angesichts ihrer Einschätzung erstaunlich sein mag, daß Werner Sombart und nicht etwa Georg Simmel die Sammlung eröffnete.

Indessen bemüht sich Buber um weitere Autoren, so am 24.4.1906 aus Florenz: "Sehr verehrter Herr Mauthner - Ich möchte Sie zur Mitarbeit an einer Sammlung sozialpsychologischer Monographien oder viel mehr Essays einladen, die ich unter dem Gesamttitel 'Die Gesellschaft' herausgebe. Ich meine damit eine Darstellung der einzelnen Gebilde menschlichen Zusammenlebens und Aufeinanderwirkens in ihrem seelischen Ursprung und ihrem seelischen Ergebnis. - Ich weiß, daß ich Sie mit dieser Bitte in wesentlicher Arbeit störe, und ich habe daher lange gezögert. Aber die Sache läßt mit sich nicht reden: sie *braucht* Sie, braucht Sie mehr als irgend einen Anderen, - und so komme ich zu Ihnen und tue meine Bitte. Nun sehe ich ja, wie Sie schon jetzt im Sinne haben, mich mit einem freundlichen Nein zu bedenken (Weg damit, sagen Sie sich). Aber ich bitte Sie, trotz allem, was für das Nein spricht, es nicht so ohne weiteres zu dekretieren. Es gibt Themen, die auf Sie warten, und wenn Sie nicht kommen, - weiter warten werden: immer auf Sie, weil es für sie keinen Anderen gibt; Themen, um die es schade ist. Ich möchte nur Eines nennen: --- die Sprache. Natürlich ist Ihr großes Werk zu einem erheblichen Teile soziale Psychologie; aber eine Zusammenfassung dessen, was Sie von dieser Seite aus noch zu der Sache zu sagen haben, wäre, so scheint es mir, eine bedeutsame Ergänzung. Also: ich richte an Sie das Ersuchen, sich mit der Geschichte zunächst einmal wenigstens 'grundsätzlich' zu befreunden. ... " (M. Buber 1972, S. 238f. u. 578).

"Verehrter Herr Buber!", antwortet Fritz Mauthner (1849-1923) bereits am 26.4.1906: "Vor allem Dank für das Ehrende in Ihrer Aufforderung. Sie haben mich psychologisch ganz richtig beurteilt. Ich bin mit der schweren Arbeit der II. Auflage meiner Sprachkritik so überaus in Anspruch genommen, auch in dem, was man Nerven nennt, daß meine erste Empfindung ein sehr energisches Nein war. Dann kam mir zum Bewußtsein, daß Sie mir eigentlich etwas sehr Schönes vorschlagen: In bester Gesellschaft einen bestimmten Punkt aus meinem Gedankengange noch einmal genauer durchzudenken. Ich kann Sie also nur bitten, Ihr Versprechen zu halten und mich in etwa 4 Wochen zu besuchen. Ich hoffe dann bestimmt, die schwerste Arbeit hinter mir zu haben und Ihnen das Ergebnis meines Nachdenkens mitteilen zu können. Es wird sich natürlich nur darum handeln auszuführen, was in meinem Kapitel ' Sprache und Sozialismus ' schon angedeutet ist. ... " (M. Buber 1972, S. 239f.).

Am 28.4.1906 wirbt Buber aus Florenz um den österreichischen Dichter, Kritiker und Schriftsteller Hermann Bahr (1863-1934): "Sehr verehrter Herr - Ich möchte mir erlauben, Sie zur Mitarbeit an einer Sammlung von sozialpsychologischen Monographien einzuladen, die ich unter dem Gesamttitel 'Die Gesellschaft' ... herausgebe. Es sollen darin die verschiedenen Formen des Zusammenlebens und Aufeinanderwirkens von Menschen, die mannigfachen Gebilde gesellschaftlicher Schichtung und Differenzierung vornehmlich ihrem seelischen Gehalte nach dargestellt und untersucht werden. Bei aller angestrebten Gemeinverständlichkeit soll die Sammlung einen durchaus positiven Charakter haben. Beiträge oder Zusagen sind mir bisher zugekommen von Eduard Bernstein ('Der Streik'), Kurt Breysig, Hellmuth von Gerlach, Paul Göhre ('Das Warenhaus'), Ernst von Halle (' Die Technik'), Hugo von Hofmannsthal, Graf Eduard Keyserling, Josef Kohler, Franz Oppenheimer, Ernst Schweninger ('Der Arzt'), Georg Simmel ('Die Religion'), Werner Sombart ('Das Proletariat'), Hermann Stehr ('Das Dorf'), Ferdinand Tönnies ('Die Sitte') und anderen. ... "

Was Bubers inhaltliche Beschreibung seiner Sammlung betrifft, so hat er inzwischen gewisse Standardformulierungen gefunden, wie etwa aus dem ebenfalls am 28.4.1906 in Florenz datierten Brief an Lou Andreas-Salomé (1861-1937) hervorgeht: "Sehr geehrte gnädige Frau, - Ich möchte mir erlauben, Sie zur Mitarbeit an einer Sammlung von sozialpsychologischen Monographien einzuladen, die ich unter dem Gesamttitel 'Die Gesellschaft' ... herausgebe. Es sollen darin die verschiedenen Formen des Zusammenlebens und Aufeinanderwirkens von Menschen, die mannigfachen Gebilde gesellschaftlicher Schichtung und Differenzierung vornehmlich ihrem seelischen Gehalte nach dargestellt und untersucht werden. Bei aller angestrebten Gemeinverständlichkeit soll die Sammlung einen durchaus positiven Charakter haben. ... " - Als Postskript ist angefügt: "Ich denke, daß es Sie interessieren dürfte, eines der wesentlichsten Themen, 'Die Frau', von dieser Seite aus zu behandeln. Die Art, wie Sie diesen Gegenstand -... - angefaßt haben, läßt mich für das, was ich meine, für die (bisher noch niemals wirklich gegebene) Darstellung der Wechselbeziehungen innerhalb der Frauengruppe und zwischen ihren Elementen und denen anderer (anthropologischer und sozialer) Gruppen, als schlechthin berufen erscheinen. Wenn in irgend einer

Zeit, so scheint mir gerade in unserer jedes Ding, jede Relation einen Menschengeist zu besitzen, der dieses Ding, diese Relation repräsentiert und ihr Wesen auszusprechen da ist. Ein solcher Zusammenhang besteht in meinen Augen zwischen Ihnen und diesem Thema." - Professor Dr. Gustav Schmoller schickt am 2.5.1906 eine kurze Absage: "Sehr geehrter Herr! - Für Ihre freundliche Aufforderung zur Mitarbeit an Ihrer 'Gesellschaft' danke ich Ihnen verbindlichst. Zu meinem Bedauern bin ich aber derart mit anderen Aufgaben belastet, daß mir eine Mitwirkung an neuen Unternehmungen unmöglich ist. - In ausgezeichneter Hochachtung - ergebenst - Schmoller" - Ähnlich Dr. Hugo Preuss am 3.5.1906: "Sehr geehrter Herr! - Besten Dank für Ihre freundliche Aufforderung... Doch bin ich z. Z. mit Arbeit so in Anspruch genommen, daß ich weder für den Termin noch für das Thema eine feste Verpflichtung eingehen kann. ... "

Bemerkenswert erscheint wiederum ein Brief Bubers vom 26.7.1906: "Lieber Landauer - In Sachen 'Gesellschaft' steht es so: *dem Verleger* liegt es begreiflicherweise daran, bald einen Band über das aktuelle und interessante Thema 'Die Revolution' zu bringen, und *ich* kann nicht umhin, Sie nach wie vor für den zur Behandlung dieses Themas Berufenen zu halten. Glauben Sie, daß ich mich hierin irre, und können Sie mir mit ruhigem Gewissen auch nur *einen* anderen Namen nennen? Das seelische Problem des Revolutionärs und das des Revolution-Erlebenden ist heute mehr als irgend ein sozialpsychologisches von Journalistenphrasen übertüncht; wem kann ich die Wiederherstellung anvertrauen? Die Voraussetzungen sind: die individuelle Selbst-Erfahrung in unverdorbener Lebendigkeit, die dennoch schon gefestigte Überlegenheit, die das innen und außen Erfahrene besitzt und meistert, und die *absolute* Ehrlichkeit, ich meine die, die der gangbaren relativen Erzfeind ist. Und noch eines: nicht bloß der Verleger, sondern auch ich von meinem Gesichtspunkte halte es für höchst wünschenswert, daß in der Zeit einer so paradoxen Revolution wie die ist, die wir miterleben dürfen, ein wesentliches Wort darüber gesagt wird, was die Revolution als seelischer Prozeß ist. Und Sie sollten wirklich gar keine innere Nötigung haben? Vielleicht wollen Sie sie nur nicht verspüren, mit Ihrem Werke beschäftigt. Dieser Exkurs sei dem Freunde gestattet, und nun wäre es schön, wenn Sie statt des schlimmen 'Schön' auf die Sache selbst eingehen würden, wie ich es zu tun versuche. Es handelt sich hier doch wahrhaftig nicht um eine vertragsmäßige Verpflichtung; das werden Sie, so hoffe ich, selbst einsehen, wenn Sie (in einigen Tagen) mein Geleitwort lesen, in dem ich meine Absichten skizziere. ... " (M. Buber 1972, S. 245f. u. 577).

## 2. Das 'Geleitwort' zur Sammlung 'Die Gesellschaft'

Martin Bubers "Geleitwort zur Sammlung" seiner 'Gesellschaft' im ersten, am 22.10.1906 erschienenen Band, nämlich Werner Sombarts 'Das Proletariat', beginnt mit einer interessanten, scheinbar formalen Betrachtung: "Sammlungen sind die Sozialisierung des Buches. Früher ging alles selbständig und eigenmächtig, in eigener Gestalt und auf eigenen Wegen in die Welt. Heute gibt es auch für das literarische Erzeugnis Gemeinsamkeitsformen, die es mit anderen zusammenbinden, es einem allgemeinen Zweck unterwerfen, das Ganze zu dem Teil eines umfänglicheren Ganzen machen." Es gebe aber nur eine Art von Sammlungen, die, ohne sich einer Tendenz zu ergeben, aus sich selbst gerechtfertigt seien: "Das sind die, die nichts anderes meinen als die auf Arbeitsteilung beruhende Verwirklichung einer einheitlich gedachten Problemstellung, d.i. einer Idee." Die Sammlungen, von denen er spreche, seien die Entfaltung und Gliederung einer Idee, also einer Problemstellung: "Worauf sie ruhen, ist nicht so sehr das neue Stoffgebiet als vielmehr die neue Anschauungsweise." Das Stoffgebiet könne mit einem alten, wohlbekannten identisch erscheinen: es sei umgeglüht und umgeschmolzen durch die neue Anschauungsweise. Sie sei es, aus der die Sammlung, aus der aber auch jedes einzelne Werk in ihr lebe und wachse. Ihr Bestätigung in allen Erscheinungen zu gewähren, sei Zweck der Sammlung; sie an einer Erscheinung zu betätigen, sei der Zweck des einzelnen Werkes. So aufgefaßt diene die Sammlung nicht mehr der Erleichterung des Lebens, und sie sei keine Bequemlichkeit für den lesenden Menschen; denn sie zeige ihm eine neue Seite des Daseins, zeige sie ihm an den verschiedenen Phänomenen seiner Umwelt und seiner Inwelt. Sie bereichere seine Wirklichkeit; vielleicht trage sie dazu bei, das Leben zu erschweren, weil sie den Menschen anstifte, selbst auf Jagden und Entdeckungen auszuziehen: "Gewiß aber dient sie der Erhöhung des Lebens, das heißt: sie dient der Kultur." (M. Buber 1906, S. V u. VIIff.)

Das Problem, von dem 'Die Gesellschaft' beherrscht werde, sei "das Problem des Zwischenmenschlichen. Ihr Stoffgebiet ist das Zusammenleben von Menschen in all seinen Formen, Gebilden und Aktionen. Die Anschauungsweise, die in ihr wirkt, ist die sozialpsychologische." Und nun folgt Bubers genauere Fassung dessen, was er in seinen Autorenbriefen bereits versuchte, die Präzisierung seiner 'sozialpsychologischen Anschauungsweise', die man genauso gut 'soziologisch' nennen könnte: "Das Zwischenmenschliche ist das, was zwischen den Menschen geschieht, woran sie als an einem unpersönlichen Prozesse teilnehmen, was der Einzelne wohl als sein Tun und Leiden erlebt, aber diesem nicht restlos zurechnen kann. Es kann nur als die Synthese des ineinander verschlungenen, aneinander Gegensatz und Ausgleich findenden Tuns und Leidens zweier oder mehrerer Menschen begriffen und analysiert werden. Zwei oder mehrere Menschen leben miteinander; das heißt: sie stehen zueinander in Wechselbeziehung, in Wechselwirkung. Jede Wechselbeziehung, Wechselwirkung zweier oder mehrerer Menschen kann Sozietät oder Gesellschaft genannt werden. Die Funktion der Sozietät ist das Soziale oder richtiger das Zwischenmenschliche. ... Das Problem des Zwischenmenschlichen ruht auf der Existenz verschieden gearteter zwecksetzender Einzelwesen, die miteinander leben und aufeinander wirken. ... Das Zwischenmenschliche ereignet sich in bestimmten Formen und erzeugt bestimmte Gebilde. Die Formen des Zwischenmenschlichen sind die Über- und Unterordnungen, die Kooperationen und Kontroperationen, die Gruppen, die Schichten, die Klassen, die Organisationen, alle natürlichen und normativen, wirtschaftlichen und kulturellen Arten des Zusammenschlusses. ... Formen und Gebilde machen die Statik des Zwischenmenschlichen aus. Hierzu kommen die nicht in festem Nebeneinander darstellbaren, sondern sich in der Zeit entfaltenden Aktionen, Wandlungen und Umwälzungen des gesellschaftlichen Lebens, die die Dynamik des Zwischenmenschlichen bedeuten." (M. Buber 1906, S. IXff.)

"Die Soziologie ist die Wissenschaft von den Formen des Zwischenmenschlichen", definiert Buber: "Die Gebilde des Zwischenmenschlichen werden von der Ethik, der Nationalökonomik, der Staatslehre, der Rechtsphilosophie usw. behandelt. Die Aktionen des Zwischenmenschlichen sind Gegenstand der Geschichtswissenschaft: der Wirtschaftsgeschichte, der Sozialgeschichte, der Kulturgeschichte." Alle diese Disziplinen könnten des Psychologischen nicht entraten, wenn sie sich von den Wurzeln des erlebten Lebens nicht völlig ablösen wollten; außerhalb ihrer Sphäre aber erhebe sich erst das eigentliche psychologische Problem des Zwischenmenschlichen und verlange nach gesonderter Betrachtung und Behandlung. Denn soziale Formen, Gebilde und Aktionen seien der Ausdruck und der Ursprung seelischer Vorgänge und wollten in Beziehung zu diesen untersucht werden. Bleibe man bei ihrem Außenbilde, so sei das Wesen der Gesellschaft noch durchaus unerschlossen. - Aus Empfindungen und Willensregungen entstehe das Soziale und löse neue Empfindungen und Willensregungen aus: "Was zwischen den Menschen geschieht, geschieht zwischen Komplexen psychischer Elemente und ist nur so verständlich. Die sozialen Formen haben darin ihre letzte Bedeutung, daß sie Menschenseelen einander angleichen und voneinander abheben. Die sozialen Gebilde sind gleichsam Aufspeicherungen von Seelenkraft vieler Menschen, die in viele Seelen fallen und in ihnen zu persönlichem Inhalte werden. Die sozialen Aktionen sind wesentlich Umgestaltungen des Seelenlebens in Rhythmus, Tempo und Intensität der Äußerung. So ist das Problem des Zwischenmenschlichen im Grunde das sozialpsychologische Problem. Sein Gegenstand ist das Soziale, als psychischer Prozeß angesehen. - Welches ist das Subjekt dieses Prozesses? Wo ist das Ich, das ihn erlebt? Worin ruht das Recht, ihn aus dem Gebiete der Individualpsychologie herauszulösen? - Selbstverständlich gibt es keine Sozialseele, die sich über den Einzelseelen erhöbe." Wohl spiele sich der sozialpsychische Prozeß nur in den Einzelwesen ab, aber doch nicht der ganze in jedem Einzelwesen. Er bestehe nicht aus vielen gleichartigen Geschehnissen, deren jedes eine Menschenseele zum Subjekte hätte: "Vielmehr schließt er sich aus verschiedenartigen zusammen, die miteinander erst ihn ausmachen, die einander zu ihm ergänzen, deren Beziehung, Wechselwirkung und Gemeinschaft eben das Zwischenmenschliche ist. Der Einzelne erlebt in sich nicht etwa ein *Exemplar*, sondern einen *Teil* des Prozesses." (M. Buber 1906, S. XIff.)

Zur Gesamtdarstellung der verschiedenen Formen, Gebilde und Aktionen des Zwischenmenschlichen und um an ihnen allen das Wesen des sozialpsychischen Prozesses zu erweisen, biete sich die kooperative Sammlung als die angemessene Form gleichsam von selbst dar; wenn sie gelinge, dürfe sie wohl als eine Vorarbeit zu einer "beschreibenden Sozialpsychologie" gelten. Doch der Herausgeber scheint aufgrund der ersten Manuskripte skeptisch geworden zu sein, wenn er schließlich anmerkt, die zur Mitarbeit an der Sammlung "Berufene(n) denken und arbeiten selbständig" und ließen sich gewöhnlich wenig oder nichts dreinreden; so werde dieses Unternehmen wohl nicht sehr einheitlich, und die einzelnen Arbeiten könnten oft recht subjektiv erscheinen, aber vielleicht liege gerade darin zugleich ein Gewinn (M. Buber 1906, S. XIIIf.).

In einem Verlagsprospekt aus dem Jahre 1906 wird die Sammlung indessen folgendermaßen begründet: "Es ist ein tief berechtigtes und immer nachdrücklicher sich durchsetzendes Bestreben unserer Zeit, das Leben der Gesellschaft, seine Formen und Äußerungen in klarer, wissenschaftlich durchgearbeiteter und literarisch wertvoller Darstellung zur Kenntnis aller Gebildeten zu bringen. In der reichen Literatur, die aus diesem Bestreben erwachsen ist, kam bisher eine Betrachtungsweise allzu wenig zur Geltung, die mehr als irgendeine andere geeignet ist, dem Laien die Zusammenfassung und Belebung des von den sozialen

Wissenschaften dargebotenen Tatsachenmaterials zu ermöglichen: die psychologische. Ihr wollen wir in unserer Sammlung eine Stätte schaffen. Wurde die Wechselbeziehung von Menschen, das soziale Grundphänomen, bisher in ihrer äußeren Ansicht festgehalten, so soll hier versucht werden, die innere zu durchleuchten. Wurden bisher fast ausschließlich der äußere Aufbau des Lebens der Gesellschaft und die wirtschaftlichen Werte, die es erzeugt, erörtert, so soll hier seine Bedeutung für die Seele des Menschen, sein seelischer Ursprung und seine seelischen Wirkungen zum Ausdruck kommen; es soll gezeigt werden, wie aus Empfindungen und Willensregungen das Soziale entsteht und wie es neue Willensregungen auslöst. - Gezeigt soll dies werden nicht in abstrakter Untersuchung der allgemeinen Probleme, sondern durch eine psychologische Darstellung der einzelnen konkreten Erscheinungen. Jede Monographie unserer Sammlung wird ein besonderes Stück gesellschaftlichen Lebens, eine bestimmte Form menschlichen Zusammenlebens, ein bestimmtes Gebilde menschlicher Wechselwirkung beschreiben und in der Beschreibung auf seinen seelischen Gehalt und Sinn hin analysieren. - Wir möchten in der 'Gesellschaft' eine Reihe von Arbeiten bringen, die methodische Exaktheit mit lebendiger, aus der unmittelbaren Wirklichkeit schöpfender Ursprünglichkeit, sachliche Positivität mit persönlicher Eigenart vereinigen. - Wir haben versucht, die Berufenen zur Mitarbeit heranzuziehen: Vertreter der psychologischen Methode in der Wissenschaft, Vertreter der psychologischen Anschauungsweise in der Literatur, endlich Vertreter der Lebensgebiete selbst, von denen in den Bänden unserer Sammlung gesprochen werden soll. Jeder Einzelband wird ein Ganzes bilden, zugleich aber hoffen wir, daß die Monographien mit der Zeit sich zu einer Gesamtdarstellung der Psychologie der Gesellschaft zusammenschließen werden."

Nach Auskunft dieses ersten Verlagsprospekts waren zunächst u.a. die folgenden Titel und Verfasser in Aussicht genommen: 'Die Religion' von Georg Simmel, 'Die Sprache' von Fritz Mauthner, 'Die Sitte' von Ferdinand Tönnies, 'Der Staat' von Franz Oppenheimer, 'Die Geschlechter' von Martin Buber (wofür es sogar einen am 20.10.1906 datierten besonderen Verlagsvertrag gibt), 'Das Proletariat' von Werner Sombart, 'Die Diplomatie' von Maximilian Harden, 'Der Streik' von Eduard Bernstein, 'Die Revolution' von Gustav Landauer, 'Die geistigen Epidemien' von Willy Hellpach. - Ihre Mitarbeit sollten zugesagt haben: Lou Andreas-Salomé, Ludwig Gumplowicz, Moritz Heimann, Hugo von Hofmannsthal, Eduard Graf Keyserling, Walther Rathenau, Jakob Wassermann und andere. - Erschienen sind alsdann im Herbst des Jahres 1906 die folgenden sieben Monographien: 1. Werner Sombart, 'Das Proletariat'; 2. Georg Simmel, 'Die

Religion'; 3. Alexander Ular, 'Die Politik'; 4. Eduard Bernstein, 'Der Streik'; 5. J. J. David, 'Die Zeitung'; 6. Albrecht Wirth, 'Der Weltverkehr'; 7. Ernst Schweninger, 'Der Arzt'.

### 3. Ausgewählte Rezensionen und weitere Korrespondenz

In einer ersten erhaltenen Rezension des Berliner 'Börsen-Courier' vermutlich vom 21.12.1906 heißt es: Die moderne Form der Monographie sei in einer soeben begründeten neuen Sammlung einer großen und ernsten Aufgabe dienstbar gemacht worden: "'Die Gesellschaft' betitelt sich die Sammlung, ihr Herausgeber ist der durch seine mannigfachen Schriften gleich vorteilhaft bekannte Dr. Martin Buber, und in der Literarischen Anstalt von Rütten und Loening, Frankfurt a.M., erscheinen die überaus ansprechend und künstlerisch ausgestatteten, geschmackvollen Bändchen. Das erste, betitelt 'Das Proletariat' von Werner Sombart, zeigt uns Geschichte, Entwicklung, Wesen, derzeitigen Stand und Zukunftsaussicht des Klassenkampfes...."

In der 'Augsburger Postzeitung' vom 26.12.1906 findet sich ein einspaltiger längerer Bericht mit dem Titel 'Die Gesellschaft', worin zunächst die Sammlung mit dem Vermerk vorgestellt wird, daß sie "unser Interesse" verdiene: Verlag und Herausgeber verfolgten den Zweck, die zahlreichen Äußerungen und Formen unseres Gesellschaftslebens in klaren, wissenschaftlich gehaltenen Einzeldarstellungen zur Kenntnis "der gebildeten Kreise" zu bringen, und in ihrer Gesamtheit sollten die einzelnen Monographien "ein Bild der Psychologie der Gesellschaft geben, für deren kulturellen Hoch- oder Tiefstand die Sammelbändchen einen brauchbaren Gradmesser darstellen werden". Der erste Wurf dürfe als gelungen bezeichnet werden, indem der bekannte Soziologe und Nationalökonom Werner Sombart die Serie mit Band I 'Das Proletariat' eröffne, und er entwerfe ein wahres Meisterstück sozialpsychologischer Darstellungskunst, indem er uns in lebenswahrer und farbenfrischer Zeichnung das Seelenleben des modernen Proletariers enthülle. - Georg Simmels Band II wird erwähnt, aber nicht kommentiert; Band III von Alexander Ular und Band IV von Eduard Bernstein werden kurz besprochen: "Gebildeten Lesern mit einem selbständigen Urteil werden die vorliegenden Sozialmonographien manch neuen anregenden Gedanken bieten. Notwendigerweise ist die Darstellung der einzelnen Monographien von einem starken persönlichen Akzente des Verfassers durchdrungen. Es wäre zu wünschen, daß mitunter eine größere Objektivität zur Schau getragen würde. Freilich müßte darunter das Kolorit subjektiver Auffassung leiden. Man mag diesen Umstand einen Mangel oder einen Vorzug heißen, im ganzen stellen die bisherigen Bändchen wertvolle Beiträge zur Kenntnis der soziologischen Struktur der Gesellschaft dar."

Unter der Überschrift "Monographien zur Sozialpsychologie" findet Privatdozent Dr. Willy Hellpach am 4.1.1907 in der Berliner Zeitung 'Der Tag' u.a.: Der Grundgedanke des gesamten Versuchs müsse wohl als glücklich bewertet werden; die Gemeinschaftspsychologie könne nur vorwärtskommen, wenn sie nicht in öder Begriffsspielerei, in der Zurückführung des Gemeinschaftslebens auf letzte Prinzipien sich erschöpfe, sondern konkrete Erscheinungen der Analyse und Kritik unterwerfe. Das solle hier geschehen, allerdings in mehr essayistischer, auch dem Gebildeten zugänglicher und sogar in fesselnder Form, und ob es dazu nicht noch zu früh sei, könne man allenfalls fragen; dieses Bedenken zu widerlegen, werde die Aufgabe der Bändchen selber sein. Für die Mitarbeit habe sich der Herausgeber eine Reihe der klangvollsten Namen gesichert: Sombart, v. Liszt, Simmel, Münsterberg, Graf Keßler, Tönnies, Maximilian Harden und andere. - Ein gewisser Karl Jentsch bemerkt im Wiener Blatt 'Die Zeit' Anfang Februar 1907: Die vier vorliegenden Bändchen, die sämtlich Kabinettstücke seien, hielten, was versprochen worden sei. - Im 'Literarischen Centralblatt für Deutschland', das in Leipzig erschien, heißt es am 2.3.1907 zur 'Gesellschaft': "Eine höchst bemerkenswerte Sammlung, beherrscht von dem Problem des 'Zwischenmenschlichen', womit das Wort 'sozial' verdeutscht werden soll."

F. Eulenburg kommentiert in der 'Deutschen Literaturzeitung' vom 9.3.1907: "Neue Durchblicke durch neue Einblicke in das Leben der Gesellschaft will die neue Sammlung eröffnen. Aus den vielverschlungenen Fäden, die durch das Zusammensein der Individuen geknüpft werden, ergeben sich ganz besondere Einschläge auch im Seelenleben des einzelnen. Und wie aus den *inneren* Wechselbeziehungen der Individuen erst bestimmte psychische Gebilde entstehen, so wirken diese sozial gewordenen Bildungen dann ihrerseits auf den einzelnen zurück. Diese Widerspiegelungen der Gesellschaft in der Psyche des Menschen, die ihr ganz spezifisches Gepräge tragen, und umgekehrt wiederum jene Entstehungen aus den bestimmten seelischen Dispositionen sollen nun untersucht werden. Nicht in der Weise, daß die sozialpsychologischen Grundformen als solche analysiert und erklärt würden; sondern vielmehr sollen die verschiedenen Gebilde, Menschengruppen und Betätigungen selbst aus ihrem sozialpsychischen Sein und Verhalten geschildert werden. Ein solches Unternehmen scheint mir nützlich und anregend." In diesem Zusammenhang wird dem Verfasser des ersten Bandes ein besonderes Lob zuteil: "Die feinsinnigen Betrachtungen scheinen mir mit das Beste zu sein, was Sombart bisher geschaffen."

In den 'Itzehoer Nachrichten' vom 3.4.1907 wird gelobt, aber auch hart kritisiert: "... Martin Buber hat unter dem Kollektivnamen: 'Die Gesellschaft' sozialpsychologische Studien erscheinen lassen, von denen einzelne geradezu hervorragend sind. Albrecht Wirths 'Weltverkehr' schüttet mit ungemein geschickter Hand eine köstliche Fülle des Wissens aus; Werner Sombart berichtet in dem ihm eigenen blendenden Stil seine kathedersozialistischen Ideen über das 'Proletariat', Eduard Bernstein bespricht in sehr sachlicher, ruhiger und tief dringender Weise den 'Streik', J. J. David weiß allerdings durchaus nicht erschöpfend über die 'Zeitung' allerlei Interessantes zu berichten, und Ernst Schweninger gibt eine fesselnde Studie über den 'Arzt'. Umsomehr befremdet die sozialpsychologische Studie Alexander Ulars über die 'Politik'. Als geistreiches Feuilleton des 'Berliner Tageblatts' oder der 'Morgenzeitung' lassen wir uns diese Dschingiskaniade gefallen, als wissenschaftliche Studie eines ernst zu nehmenden Kulturpsychologen krankt sie derartig an unbewiesenen Behauptungen, historischen Verschiebungen, herbeigezerrten Einseitigkeiten der Betrachtungsweise und an einer solch grandiosen Verkennung geschichtlicher Fakta, daß nur die Rücksicht auf die allgemeine gute Qualität des Gesamtwerkes uns veranlassen kann, näher auf das Werkchen einzugehen. - Die Grundbehauptung Ulars gipfelt darin, daß nicht etwa wirtschaftliche, sondern *religiöse* Motive die Politik seit Olims Zeiten beeinflußt hätten. ... Warum wartet man nicht auf mit der Geschichte der Römer oder Griechen? Weil gerade die Geschichte dieser Völker alles andere ist *wie ein Gegenbeweis gegen die Macht der Rasse.* ... Dieses Rassen- und rückgratlose Zigeunertum muß einer neuen Generation angehören. ... und wir überlassen es gern dem internationalen Proletariat und seinen Verbündeten, in den Orgien eines uferlosen Weltbürgertums den Zauber der Heimatgaue und des rassigen Zusammengehörigkeitsgefühls zu schänden." Womit man nun genau weiß, von welcher Seite diese Kritik kommt.

Indessen geht die Korrespondenz zwischen Buber und seinen möglichen oder schon gewonnenen Autoren weiter, und es gibt sogar aufschlußreiche Anfragen, wie etwa am 10.1.1907 von Dr. Robert Michels (1876-1936): "... verzeihen Sie bitte, wenn ich mich mit einer vorläufigen Anfrage an Sie wende. - Herr Prof. Sombart, mit dem ich befreundet bin, übersandte mir kürzlich ein Exemplar einer von Ihnen herausgegebenen Schrift: 'Das Proletariat'. Ich las sie, sowie in

Bernsteins Schrift, die ich mir daraufhin erstand, mit Vergnügen (werde sie auch demnächst an geeigneter Stelle besprechen) und besah mir bei dieser Gelegenheit auch Ihr Programm, mit dem ich völlig übereinstimme. Die Sozialpsychologie ist in der Tat ein Gebiet der Jungfräulichkeit und jede Bereicherung des in dieser Richtung liegenden Studiengebietes eine wissenschaftliche Tat. Die Übereinstimmung mit Ihrem Programm hat mir nun einen Gedanken eingegeben, um dessentwillen ich Ihnen heute schreibe. Ich hätte nämlich viel Lust, eine kleine Schrift über 'das soziale Italien', oder wenn Sie wollen, 'modernes italienisches Volkstum' zu schreiben. ... " - Fast vier Jahre später, nämlich am 13.11.1910, schreibt Robert Michels: "... Über Ihre auf dem Frankfurter Soziologentag mündlich an mich gerichtete freundliche Anfrage, ob ich bereit wäre, ein Bändchen Ihrer wichtigen... Sammlung 'Die Gesellschaft' zu übernehmen, habe ich nachgedacht und bin zu einem prinzipiell bejahenden Resultat gekommen. Gleichzeitig danke ich Ihnen für das liebenswürdige Anerbieten. - Was nun zunächst das Thema anbelangt, so scheinen mir folgende Materialien der Bearbeitung wert und den durch ihre Sammlung verfolgten Zwecken angepaßt. 1) Die Masse - 2) Die Gesellschaft (...) - 3) Die Arbeit - 4) Der Arbeitslohn - 5) Das Vaterland (...) - 6) Die Universität - 7) Das moderne Italien (...) - 8) Die Reise (...) -... Am meisten würden mich vielleicht die Themen 2, 6, 7 u. 8 anziehen. ... " - Warum aus diesem Angebot nichts geworden ist, muß unklar bleiben, da keine weitere Korrespondenz erhalten zu sein scheint.

Gustav Landauer (1870-1919) schickt mit Schreiben vom 9.4.1907 auf 60 Manuskriptblättern die Hälfte seiner 'Revolution': "Bekomme ich bald die Hälfte des Honorars, so hoffe ich, in einem Zuge, etwa in 3 - 4 Wochen, fertig zu schreiben. Nun, nach der etwas umständlich angelegten Grundlage, bin ich imstande, 'Die Revolution' von allen Seiten aufmarschieren zu lassen, und, was für Ihre Zwecke das Wichtigste: sie wird aus der Seelenverfassung der Menschen und aus ihren Beziehungen hervorgehen. Es würde mich freuen, ein paar Worte über das Bisherige zu hören. Sollten Sie an einigen Perioden Anstoß nehmen, so bitte ich freundlich, sie mit bewegten Lippen lesen zu wollen. ..." - Am 5.6.1907 antwortet Buber: "Lieber Landauer, mit innigem Interesse habe ich den zweiten Teil Ihrer Arbeit gelesen; mit jener zarten und starken Freude, die einem mitunter ein Vormorgen im Tiroler Mittelgebirge gewährt, wenn die Dinge im weiten Land ganz klar und doch auch ganz in den Dunst der Ferne und in den großen Zusammenhang getaucht erscheinen. ..." - Landauer darauf am 6.6.1907: "Lieber Buber! Das freut mich herzlich; denn das muß der Eindruck sein, und es ist mir also geraten. Psychologisch ist es mir interessant, daß Ihnen dabei ein landschaftlich-malerisches Gleichnis kam, während es bei mir ganz sicher ein musikalisches gewesen wäre. ... " (M. Buber 1972, S. 254ff.; vgl. dazu J. Israel 1989).

Die ziemlich umfangreiche 'Gesellschaft's-Korrespondenz von mehr als 500 Kopienseiten kann hier auch nicht annähernd wiedergegeben werden; jedoch dürften einige weitere Auszüge aus den rund 50 erhaltenen Rezensionen von Interesse sein, weil daran doch recht gut zu ersehen ist, wie die Sammlung aufgenommen und eingeschätzt wurde. - So schreibt Eduard Rosenbaum im September 1907 in der Zeitschrift 'Hamburgischer Korrespondent' u.a.: Seit Oktober 1906 erscheine eine Sammlung sozialpsychologischer Monographien, die bereits in zwölf, ihrem Werte nach keineswegs gleichartigen Bänden vorliege: "Es wäre gewiß sonderbar, wenn zunächst eine Definition des Begriffes 'Gesellschaft' gegeben würde. Vielmehr steht das Wort einstweilen nur, um anzudeuten, daß es sich um Probleme handelt, die auf dem 'gesellschaftlichen' Leben der Menschen beruhen, um Probleme, die erst in dem Augenblick entstehen können, wo ein Mensch mit einem anderen Menschen in Beziehung tritt. In dieser Bedeutung kann Martin Buber in seinem Geleitwort das *Zwischen*menschliche als das Gebiet der Soziologie, als den Stoffkreis der Sammlung bezeichnen. ..."

Dr. A. Wirth beginnt seine Rezension in 'Der Tag' (Berlin) am 8.3.1908 ziemlich enthusiastisch: "Endlich einmal ein Trunk frischen Quellwassers! Keine auf Flaschen gezogene Begeisterung! Gerade der Deutsche neigt nur zu sehr dazu, alles Wissenswerte in den Rauchfang zu hängen, sich immer in die Vergangenheit zu versenken." Gerade weil er den Hauptwert des vorliegenden Unternehmens in einer möglichst getreuen "Photographie" der Gegenwart erblicke, vermerkt der Autor, könne er sich für zwei Schriften nicht sonderlich erwärmen: "für die stark philosophisch veranlagte 'Sprache' von Mauthner und die 'Revolution' von Landauer. ... Ganz und gar hat sich dagegen Rohrbach der Wirklichkeit von heute ergeben. ... Auch Ular ist ganz ein Mann von heute, er ist sogar ein Meister des Aktuellen, ein Virtuos in Sensationen. ... Aktuell zwar, und mit allen Fäden der Gegenwart verstrickt, ist die 'Zeitung' von David, nur von der Freudigkeit des Lebens und Erlebens hat sie zu wenig. ... Auch bei Oppenheimers 'Staat' möchte man gern mehr über die tatsächlichen Zustände von heute erfahren. ... Hellmuth von Gerlach! Wie anders mutet dieses Bild mich an. Aber ein gescheiter Mann. Sehr richtig hebt er in seinem 'Parlament' hervor... - Es mag vielleicht auffallen, daß so viele Männer linksstehender Parteien zu dem Frankfurter Unternehmen berufen wurden. Von Calwer aber ist bekannt, daß man seinen wirtschaftspolitischen Arbeiten den Sozialdemokraten nicht anmerkt. ... Paul Göhre, der Extheologe und jetzige Sozialist, gibt ein äußerst lebendiges Bild von dem Betrieb bei Wertheim und Jandorf. ... Über den 'Architekten' verbreitet sich in einer besonderen Schrift Karl Scheffler. Was er vom Geschäftlichen der Unternehmer und Handwerker sagt, wird Berliner besonders anziehen. ... Mit glänzender Leidenschaft schreibt ferner über den 'Arzt' Schweninger und über 'die geistigen Epidemien' Willy Hellpach; mit Leidenschaft, gemildert durch Paragraphen ad 1, ad 2, Ludwig Gurlitt über 'Die Schule'. Wenn wir noch der 'Religion' von Simmel und des 'Theaters' von Burckhard gedacht haben, das aber keine pikanten Anekdoten, sondern durchdachte Theorien und Beobachtungen bietet, so haben wir die Fülle des bisher Gebotenen. ... "

Otto Neurath meint im Maiheft 1908 des Münchener 'Kunstwart': Nur wenige könnten sich auf sozialem Gebiet eingehend selbständig unterrichten, aber jeder komme heutzutage leicht in die Lage, hier eine eigene Meinung zu haben und vertreten zu müssen, so der größte Teil der Staatsbürger durch das allgemeine Wahlrecht: "Da sich der Staat bisher der sozialen und politischen Aufklärung nur völlig unzulänglich annimmt, ist eine Sammlung wie die vorliegende um so mehr willkommen zu heißen." Sodann werden aber doch "Ärgere Gegensätze, als Göhres klare Darstellung und Simmels verklausulierte, hyperkultivierte, komplizierte Denkgebilde" kritisiert, weil der Leser doch erwarten dürfe, daß er ein Bändchen wie das andere verstehen könne: "Vielleicht ist die Einleitung des Herausgebers, ob gleich sie in jeder Hinsicht von den besten Absichten erfüllt scheint, doch nicht ganz unschuldig daran. Buber hat stark die Tendenz, 'höhere' Probleme zu behandeln, was recht unpädagogisch ist; er spricht zu viel von 'Tatsachen der Individuation', vom 'Problem des Zwischenmenschlichen', von 'Rhythmus, Tempo und Intensität', von 'Polaren-Relationen'. So ging die Schlichtheit verloren, die leider auch einigen Bändchen der Sammlung fehlt. ... Die Festlegung der Sammlung auf 'sozialpsychologische' Monographien ist ohnehin nicht sehr glücklich. Der Begriff ist schwankend und verschwommen, und das Wort gehört überdies zu jenen, die bei vielen Halbgebildeten und Verbildeten ein angenehmes Kribbeln und geheime Ehrfurcht ohne viel Grund erregen. Hätte nicht der Titel 'soziale Monographien' genügt? " - Nach kritischen Würdigungen der Bändchen von Göhre, Calwer, Bernstein, Wirth, Sombart, Scheffler, David, Hellpach, Ular, Mauthner, Schweninger und Simmel heißt es abschliessend: "Wenn diese Sammlung sich dem angedeuteten Rahmen anpaßt, so kann sie *überaus segensreich* wirken; sie würde sich ein wackeres Lesepublikum erziehen, und es scheint ja, als ob in nicht allzu ferner Zeit die Zahl der ernsten

Leser auf sozialem Gebiet zunehmen würde. Wendet sich aber die Sammlung der andern Richtung zu, so wird sie nur von Leuten gelesen werden, die sich an verzwickten, halbverstandenen Erörterungen berauschen wollen. Erregt ein Bändchen nicht die beliebte Gänsehaut, spinnt es die gelegentlich nötigen Trivialitäten nicht in eine Wolke von Flitterworten ein, so sind die Herren und Damen gleich unzufrieden, und der Absatz leidet, da man ja von den neuen Bändchen noch nicht weiß, ob sie der einen oder andern Gruppe angehören. Hier gibt es für den Herausgeber nur ein Entweder Oder. Das Publikum kauft erfahrungsgemäß nach dem Gesamtstil einer Sammlung. Will die 'Gesellschaft' Erfolg haben, so muß sie einen einheitlichen Stil bekommen. Welchen wir begrüßen würden, das haben wir oben dargelegt. Die Sammlung soll möglichst kulturfördernd wirken, darum sei sie möglichst wenig das, was man sonst so gerne 'kulturell' nennt, da sie sonst nur von denen gelesen wird, die keine Kultur mehr 'nötig' haben. Und denen ist ohnehin nicht zu helfen."

Eine Besprechung der Monographien von Landauer, Oppenheimer, Gurlitt, von Gerlach, Burckhard und Rohrbach im 'Literarischen Centralblatt für Deutschland' (Leipzig) vom 6.6.1908 ist zwar im einzelnen teilweise kritisch, beginnt aber doch mit einem großen Lob: "Der Buberschen Sammlung müßte hohes Lob gezollt werden, auch wenn nur einer der heute zu besprechenden Bände in ihr erschienen wäre..." - Am 6.12.1908 meldet sich Eduard Rosenbaum im 'Hamburger Correspondent' wieder zu Wort, indem er meint: Der erste Hinweis auf die Monographiensammlung 'Die Gesellschaft' habe zu zeigen versucht, inwiefern diese Veröffentlichung einem Bedürfnis entgegenkomme, jedoch habe damals schon auf die Gefahr gedeutet werden müssen, daß die lose Form der Sammlung als eines mehr äußeren Zusammenhanges keine sichere Gewähr für die Erhaltung der inneren Einheit biete: "Wenn es nun in der Tat nicht möglich ist, die bisher vorliegenden (18) Bände einer gemeinsamen Geistesrichtung einzufügen und diese überdies auch nach der Methode ihrer Darstellung in völliger 'Disziplinlosigkeit' auseinanderfallen, so schafft dies zwar einerseits eine reichere Beleuchtung der Gegenstände, andererseits aber Schwierigkeiten, die leicht zu einer Zersprengung jedes inneren Zusammenhanges führen können. ... Will die Sammlung nur der wissenschaftlich-ästhetischen Erbauung weniger Individuen dienen, so mag sie sich jener Richtung überlassen, die als 'soziologischer Pessimismus' die Lebensmattigkeit umfaßt, deren besondere Begriffs-bestimmung aus der Opposition zur 'Masse' gebildet wird. Sollen dagegen die Essays der 'Sozialisierung des Buches' dienen, wie Buber dies in seinem Geleitwort verhieß, so müssen sie aus dem unruhigen philosophischen Anfangsstadium in die kühle, sachliche Kleinarbeit übergeleitet werden... "

Eine Besprechung der Bändchen von Lou Andreas-Salomé und Rudolf Kassner in den 'Xenien' (Leipzig) vom Januar 1912 beginnt hingegen wiederum mit einem großen Lob: "Das großzügige Unternehmen Martin Bubers, das auf 50 Bände angelegt ist und in dem Schriftsteller ersten Ranges die verschiedenen Seiten unseres so mannigfachen, modernen Lebens geistvoll und nach ihrer Auffassung beleuchten sollen, bringt zwei interessante neue Bände auf den Markt, die an Wert durchaus mit den bisher erschienenen Schritt halten. ... " - In der Berliner Zeitschrift 'Von Haus zu Haus' vermutlich des Jahres 1910 heißt es: "Ich hatte bereits in unserer Wochenschrift Gelegenheit gehabt, auf das großzügige Werk hinzuweisen, das Martin Buber unter dem Titel 'Die Gesellschaft. Eine Sammlung sozialpsychologischer Monographien' herausgibt... Die Tatsache, daß die 'Bubersche Gesellschaft' zu einer unvergleichlichen Darstellung des modernen Lebens geworden ist, und daß die Sammlung auch in ihrer Fortsetzung es zu bleiben verspricht, diese Tatsache verbürgen die Bände, die inzwischen neu erschienen sind." Gemeint sind die Monographien von Kohler, Kassner und Beradt. "Wirklich, es ist eine Freude, daß wir in Deutschland ein Unternehmen besitzen, das uns das Leben unserer Zeit auf allen Gebieten so eindringlich schildert, wie es die Bubersche 'Gesellschaft' tut. Die sechsunddreißig Bände, die bisher erschienen sind, bieten eine derartige Fülle von Wissen, daß man die Publikation nicht oft und nicht warm genug empfehlen kann."

Und schließlich fand Hermann Hesse (1877-1962) - der Grete Schaeder zufolge für die 'Gesellschaft' den Beitrag 'Das Handwerk' schreiben sollte, "sich aber dem Thema wie überhaupt theoretischen Erörterungen dieser Art nicht gewachsen" sah (G. Schaeder 1972, S. 52) - in einem nicht datierten und nicht lokalisierten Beitrag mit dem Titel 'Schöne Bücher': "Eine sehr klug angelegte und durchgeführte Sammlung kleiner Monographien ist 'Die Gesellschaft', die Martin Buber... herausgibt. Die Kollektion enthält eine große Reihe von flotten, zumeist nicht unpopulären, doch meist über dem Feuilleton stehenden Darstellungen moderner Lebensgebiete, deren viele ganz glänzend sind. Aus eigener Lektüre habe ich den hier schon angezeigten 'Schriftsteller' von Wilhelm Schäfer in bester Erinnerung, ebenso die 'Sprache' von Mauthner, den 'Arzt' von Schweninger, den 'Weltverkehr' von Wirth, die 'Kirche' von Bonus. Weiter hat Göhre über das Warenhaus, Ostwald über Erfinder und Entdecker, Lou Andreas über Erotik, Bernstein über den Streik geschrieben, und in der ganzen Sammlung von bald vierzig Bändchen ist mir noch nichts Geringwertiges begegnet. Die billigen, sehr gut gedruckten Büchlein können manches Gute wirken mit ihren frischen, zum Teil kräftig persönlich gefärbten Darstellungen, die alle einen frohen freien Geist von heute atmen."

## 4. Zur Bedeutung der Sammlung 'Die Gesellschaft'

Als das erste Bändchen der 'Gesellschaft' 1906 veröffentlicht wird, ist Martin Buber 28 Jahre alt, Norbert Elias 9, Hermann Hesse 29, Robert Michels und Leopold von Wiese 30, Hugo von Hofmannsthal 32, Gustav Landauer 36, Alfred Weber 37, Walther Rathenau 39, Franz Oppenheimer und Max Weber 42, Hermann Bahr und Werner Sombart 43, Maximilian Harden und Lou Andreas-Salomé 45, Emile Durkheim und Georg Simmel 48, Ferdinand Tönnies 51, Eduard Bernstein 56, Fritz Mauthner 57 und Vilfredo Pareto 58 Jahre alt. - Zwischen 1906 und 1912 steckt die Soziologie als Wissenschaft noch in den Kinderschuhen, die Deutsche Gesellschaft für Soziologie wird 1909 gegründet, der erste Deutsche Soziologentag findet 1910 statt. In den sechs Jahren des Erscheinens der Sammlung 'Die Gesellschaft' gibt es keinerlei vergleichbares soziologisches Publikationsprogramm irgendeines 'Fachsoziologen', und auch in späterer Zeit wird man schwerlich Vergleichbares finden. Zwar ist die Sammlung in einem umfassenden Sinne nicht vollständig und kann dies schlechterdings auch nicht sein; doch stellt 'Die Gesellschaft' insgesamt wohl die umfassendste Beschreibung und Analyse der Wilhelminischen Gesellschaft des Deutschen Kaiserreiches vor dem Ersten Weltkrieg dar. Im übrigen kann die Bedeutung der Buberschen Sammlung hier nicht eigentlich gewürdigt, vielmehr soll nur immerhin auf sie hingewiesen werden als ein fast vergessenes Stück Soziologiegeschichte. Nach Mitte der achtziger Jahre wollte sich übrigens ein damals nicht unnahmhafter deutscher Verlag, u.a. auf Betreiben von Horst Baier (Konstanz) und mit der engagierten Beihilfe Rafael Bubers (Jerusalem), daran machen, die Bubersche 'Gesellschaft' als Reprint wiedererscheinen zu lassen, was jedoch durch den Konkurs dieses Verlags einstweilen leider zunichte wurde.

Im Rahmen der Sammlung 'Die Gesellschaft' sind folgende Monographien erschienen: 1. Werner Sombart, Das Proletariat (1906); 2. Georg Simmel, Die Religion (1906); 3. Alexander Ular, Die Politik (1906); 4. Eduard Bernstein, Der Streik (1906); 5. J. J. David, Die Zeitung (1906), 6. Albrecht Wirth, Der Weltverkehr (1906); 7. Ernst Schweninger, Der Arzt (1906); 8. Richard Calwer, Der Handel (1907); 9. Fritz Mauthner, Die Sprache (1907); 10. Karl Scheffler, Der

Architekt (1907); 11. Willy Hellpach, Die geistigen Epidemien (1907); 12. Paul Göhre, Das Warenhaus (1907); 13. Gustav Landauer, Die Revolution (1907); 14. /15. Franz Oppenheimer, Der Staat (1907); 16. Ludwig Gurlitt, Die Schule (1907); 17. Hellmuth von Gerlach, Das Parlament (1907); 18. Max Burckhard, Das Theater (1907); 19. Paul Rohrbach, Die Kolonie (1907); 20. Oskar Bie, Das Kunstgewerbe (1908); 21. Ludwig Brinkmann, Der Ingenieur (1908); 22. Friedrich Glaser, Die Börse (1908); 23. Robert Hessen, Der Sport (1908); 24. Wilhelm Ostwald, Erfinder und Entdecker (1908); 25. Ferdinand Tönnies, Die Sitte (1909); 26. Arthur Bonus, Die Kirche (1909); 27. Martin Beradt, Der Richter (1909); 28./29. Ellen Key, Die Frauenbewegung (1909); 30. Carl Jentsch, Die Partei (1909); 31. Josef Kohler, Das Recht (1909); 32. Rudolf Pannwitz, Die Erziehung (1909); 33. Lou Andreas-Salomé, Die Erotik (1910); 34. Rudolf Kassner, Der Dilettantismus (1910); 35./36. Eduard Bernstein, Die Arbeiterbewegung (1910); 37./38. Carl Bleibtreu, Das Heer (1910); 39. Wilhelm Schäfer, Der Schriftsteller (1910); 40. Julius Goldstein, Die Technik (1912).

Einige dieser Monographien haben bald eine zweite Auflage, manche haben mehrere und sogar Jahrzehnte spätere Auflagen erlebt; im Jahre 1910 wurden noch fünf Bändchen, 1911 keines und 1912 nur eines veröffentlicht. Warum die Reihe 1912 schließlich eingestellt bzw. keine weiteren Monographien erschienen, ist unklar, da Buber durch neue Verlagsverträge mit der Literarischen Anstalt Rütten & Loening in Frankfurt a. M. aus den Jahren 1909, 1912 und 1914 "als Lektor und literarischer Beirat " bis 31. 3. 1917 verpflichtet war. Vielleicht hatte er Probleme, weitere namhafte Autoren zu finden oder einfach kein Interesse mehr, obwohl er damals durchaus einschlägige Kontakte unterhielt. Immerhin nimmt er am ersten Deutschen Soziologentag im Oktober 1910 in Frankfurt teil und beteiligt sich an der Debatte über den Vortrag von Ernst Troeltsch (1865-1923), der zumindest im März 1909 und sogar noch im September 1916 mit Buber korrespondiert. Von Ferdinand Tönnies sind aus den Jahren 1905 bis 1909 insgesamt acht Briefe an Martin Buber erhalten, ferner findet sich Post von Georg und Gertrud Simmel und sogar ein Brief Max Webers (1864-1920) vom März 1918.

Freilich scheinen Bubers eigene Publikationen dieser Jahre von vornherein nicht recht zu den Themen seiner 'Gesellschaft' zu passen; denn im Jahre 1906 erscheint 'Die Geschichte des Rabbi Nachmann', 1908 'Die Legende des Baalschem', 1909 'Ekstatische Konfessionen', 1910 'Reden und Gleichnisse des Tschuang Tse' und 'Die Lehre vom Tao', 1911 'Chinesische Geister- und Liebesgeschichten' sowie 'Drei Reden über das Judentum' und 1913 'Daniel - Gespräche von Verwirklichung'; 'Ich und Du' wird 1923 veröffentlicht (Heidelberg 1954); erst nach seiner Emigration aus Nazi-Deutschland und mit seiner Jerusalemer Antrittsvorlesung unter dem Titel 'Die Forderung des Geistes und die geschichtliche Wirklichkeit' von 1938, in seinen folgenden Lehrveranstaltungen als Professor für Soziologie bzw. Sozialphilosophie an der Hebräischen Universität zu Jerusalem sowie etwa in den Schriften 'Das Problem des Menschen' (1942), 'Der utopische Sozialismus' (1946, Köln 1967), 'Pfade aus Utopia' (1947, Heidelberg [3]1985) und 'Elemente des Zwischenmenschlichen' (1953) kommt Buber explizit auf soziologische Themen zurück (vgl. E. R. Wiehn 1986, S. 727-760, auch in: E. R. Wiehn 1987, S. 283-298; vgl. dazu A. Schapira 1985 u. W. Lieth 1988 u. 1989).

Das Problem des " Zwischenmenschlichen" war indessen das Problem, von dem die ganze Sammlung der 'Gesellschaft' beherrscht sein sollte, und dies war ganz und gar Bubers Problem und somit der Schlüsselbegriff der zentralen Problemstellung, von der sein gesamtes Werk bestimmt ist. Grete Schaeder hat zwar darauf hingewiesen, daß Buber diesen Begriff zunächst noch ganz im Sinne von 'sozial' gebrauche, während er viel später damit die "Sonderdimension" der "personhaften Beziehung zwischen einzelnen Menschen" meine. Aber nicht nur die "sozialpsychologische Betrachtung" als solche weise auf Simmel hin, auch "der Begriff des Zwischenmenschlichen ist Bubers persönlich gefärbte Fassung dessen, was Simmel unter 'Vergesellschaftung' versteht", und darüber hinaus zeige die abstrakte, auf allseitige Gedankenverknüpfung bedachte Sprache des 'Geleitworts' zur 'Gesellschaft' den Einfluß des Simmelschen Denkens. Robert Weltsch war überdies der Meinung, in seinen frühen Schriften habe Buber seine Sozialphilosophie auf die ursprünglich von Tönnies gemachte Unterscheidung zwischen Gemeinschaft und Gesellschaft gegründet (G. Schaeder 1966, S. 30, 32f., 149; vgl. dazu G. Simmel 1970; H. Liebeschütz 1970, S. 5; R. Weltsch 1963, S. 386; H. Kreß 1985; F. Tönnies 1979).

Paul R. Mendes-Flohr dürfte der einzige sein, der sich in jüngerer Zeit überhaupt ausführlich mit Bubers Sammlung 'Die Gesellschaft' auseinandergesetzt hat, und sie legt seiner Meinung nach "beredtes Zeugnis ab" für dessen frühes Interesse an der Soziologie; mit Recht jedoch werde Buber nicht als Soziologe eingestuft; denn weder sein Vortragsstil noch seine Thematik paßten formal in den Rahmen der Soziologie (was mit diesem Beitrag einmal mehr bezweifelt wird, ERW). Gleichwohl wird konstatiert, er habe nicht nur ein stetiges Interesse an theoretischer Soziologie gehegt, sondern diese habe auch den Ausgangspunkt seiner ganzen Philosophie gebildet, und eine soziologische Theorie, von der Bubers Werk entscheidend geprägt erscheine, sei die seines Lehrers Georg Simmel. Jedenfalls scheine Bubers "'Ontologie des Zwischenmenschlichen' von Simmels 'formaler Soziologie' angeregt und befruchtet". Sein Soziologieverständnis im 'Geleitwort' zur 'Gesellschaft' sei indessen nicht nur von Georg Simmel, sondern auch von Wilhelm Dilthey (1833-1911) beeinflußt, jedenfalls in terminologischer Hinsicht. Doch: "Den Gehalt von Bubers Sozialpsychologie würde Simmel sicherlich als eine zutreffende Zusammenfassung seiner eigenen Soziologie annehmen können." Bubers Sozialpsychologie sei nicht "psychologistisch", vielmehr benutze er die "Sozialpsychologie als eine abstrakte 'Anschauungsweise'" für das, was Simmel später "'reine Soziologie'" genannt habe. Zusammenfassend bleibe festzuhalten: Buber folge "in seiner Auffassung des Zwischenmenschlichen dem Verständnis seines Lehrers, Georg Simmel, vom soziologischen Charakter der Wechselwirkung". Somit stelle sich heraus, "daß es Simmels 'formale Soziologie' war, von der Buber, der Philosoph der Gemeinschaft, seinen ersten gedanklichen Anstoß erhalten" habe. Später habe Buber jedoch eine radikale Umdeutung vorgenommen: "aus einer soziologischen Bezeichnung für den Bereich der Wechselwirkung ist der Terminus 'das Zwischenmenschliche' zu einem Begriff der ontologischen Ethik geworden, der den Bereich der 'echten' zwischenmenschlichen Beziehungen umfaßt" (P. Mendes-Flohr 1979, S. 7 u. 29, 8 u. 21, 32f., 36, 40, 43ff.).

Was 'Die Gesellschaft' selbst betrifft, so bemerkt Mendes-Flohr schließlich noch, der Verlag habe damit die "'bürgerlich-humanistischen Kreise'" zu gewinnen versucht, und Bubers Autoren seien "liberale Literaten, Kathedersozialisten und gemäßigte Sozialdemokraten" gewesen. Die "'sozialpsychologische Perspektive'" des Herausgebers sei als Leitlinie ziemlich in den Hintergrund getreten, und zwar zugunsten einer "geistesaristokratischen Kulturpolitik" als weitgefaßtem ideologischem Rahmen: "Das heißt: durchgängig in der 'Gesellschaft' sind die kritische Einstellung zur bürgerlichen Zivilisation, der Abscheu gegenüber dem wilhelminischen Regime und eine mißtrauisch distanzierte Haltung zum autoritären Staat und zum Militarismus, eine Abwertung der Politik, eine entschiedene Ablehnung der Romantik und der Glaube an die Macht des Geistes." Gleichwohl kann Mendes-Flohrs plakativer Gleichung: "'Die Gesellschaft' - eine Ideologiekritik" hier nicht gefolgt werden, eher mag ihm die Soziologie vielleicht zu einem "Werkzeug der Kulturpolitik" geworden sein, was aber in dieser Formel ebenfalls eine starke Verkürzung der Buberschen Absichten darstellt (P. Mendes-Flohr 1979, S. 118f., 111, 87).

Für den ehemaligen Buber-Assistenten Schmuel N. Eisenstadt ist 'Die Gesellschaft' "of special interest from the point of view of understanding Buber's approach to sociology". Mit anderen Worten, " this combination of theoretical and concrete subjects published in 'Die Gesellschaft' is of very great importance for the understanding of Buber's approach to sociology - namely the continous emphasis on combination of the theoretical, the analytical and the concrete. It is therefore not a very great surprise that in Jerusalem he greatly encouraged the pursuit of empirical sociological work -...", und seine Vorlesungen über Kultursoziologie, Religionssoziologie und später Allgemeine Soziologie sowie seine Seminare und Kolloquien über soziologische und anthropologische Klassiker "instructed us, comprehensively and analytically and introduced us in a unique manner to the central problems of sociological analysis ". Denn "His basic sociological concern or problem was *indeed* a central aspect or dimension of his concern with the human situation, with *man's* nature, place in the cosmos and predicament - namely the problem of the nature, limits and predicaments of human creativity in general, of cultural creativity in particular. - The unique aspect of Buber's sociological concern was the search for the understanding of the relation between the social and inter-human contacts on the one hand, and the process of human creativity, cultural creativity, on the other, and his sociological analysis can only be understood through this connection with the analysis of the creative process of the human spirit. " Bubers zentrales soziologisches und sozialphilosophisches Interesse war "to define the conditions of social and cultural transformation and the conditions of stagnation or demise of cultures and societies rather than to prescribe simple cultural or organizational change ". Jedenfalls "his approach was indeed adressed - in his own way - to the central problem of sociological analysis" (S. N. Eisenstadt 1989, S. 86ff., 90, 96, 101f.).

Hier ist überdies daran zu erinnern, daß für Buber "Die moderne Soziologie als selbständige Wissenschaft ... als eine kritische und fordernde Wissenschaft entstanden" ist, wie er in seiner Jerusalemer Antrittsvorlesung von 1938 im Sinne einer Ortsbestimmung betont: Sie entstamme der Begegnung des Geistes mit der Krisis der menschlichen Gesellschaft, die er als seine eigene Krisis verstanden und durch eine geistige Wandlung zu überwinden unternommen habe: "die Einsicht in das Wesen der Krisis, ihre Ursachen und die durch sie gestellten Probleme, der Anfang dieser Wendung und Wandlung sollte eben die Soziologie sein". Edward Ross habe gemeint, ein Soziologe sei "'ein Mensch, der etwas ändern will'", doch eher dürfe man ihn als einen Menschen bezeichnen, "der erkennen will, was zu ändern ist". Ungleich tiefer als Edward Ross habe Siegfried Landshut in seiner 'Kritik der Soziologie' den Charakter der modernen Soziologie erfaßt; denn "'Sie versteht sich heute selbst', sagt er, 'nur dann richtig, wenn sie sich als den zu Wort gekommenen Widerspruch der geschichtlich-gesellschaftlichen Wirklichkeit selbst begreift'; denn in ihr komme jene 'kopernikanische Wendung' des öffentlichen Bewußtseins' zum Ausdruck, 'durch die sich die entscheidenden Erwartungen und Ansprüche vom Leben des persönlich Einzelnen weg auf die Ordnungen und Institutionen des Miteinanderlebens richteten'. " (M. Buber 1962, S. 1055ff.; vgl. S. Landshut 1929)

Aus dem Philosophieren über soziale Gegenstände, das noch Comte und Stein trieben, wie zum Beispiel Hobbes oder Condorcet es vor ihnen getrieben hätten, habe sich in der zweiten Hälfte des 19. und am Anfang des 20. Jahrhunderts eine selbständige Wissenschaft abgelöst, "die den Namen Soziologie beibehielt und sich die Beschreibung und Analyse der gesellschaftlichen Phänomene zum Ziel setzte. Sie hat aus ihrem Charakter als 'objektive' Einzelwissenschaft vielfach die Pflicht abgeleitet, 'wertfrei' zu sein, wie Max Weber und andere deutsche Soziologen es genannt haben, das heißt, Tatsachen und Zusammenhänge darzustellen und zu erklären, ohne dabei eine Einschätzung zum Ausdruck zu bringen. Aber als einer dieser Soziologen, Ferdinand Tönnies, 1910 den ersten deutschen Soziologentag eröffnete", erinnert Buber, "begann er seine Ausführungen mit dem Satz (der siebte Satz!, ERW): 'Die Soziologie ist in erster Linie eine philosophische Disziplin' und bemerkte ergänzend, man könne die theoretische Soziologie auch Sozialphilosophie nennen. Damit sprach er aus, daß die Betrachtung des sozialen Bereichs als eines Ganzen, die Bestimmung der Kategorien, die darin walten, die Erkenntnis seiner Beziehungen zu anderen Lebensbereichen und das Verstehen des Sinns gesellschaftlichen Seins und Geschehens eine philosophische Aufgabe sind und bleiben. Philosophie aber gibt es nicht ohne die Bereitschaft des philosophierenden Menschen, überall da, wo die dringende Frage herantritt, ob ein Gedanke richtig oder falsch, ob eine Handlung gut oder schlecht sei und so weiter, die Entscheidung nicht zurückzuhalten, sondern sie auf Grund der erkannten Wahrheit, so gut man sie eben zu erkennen vermochte, vorbehaltlos zu treffen, zu äußern und damit als wirkende Kraft in die Welt zu setzen. Philosophische Behandlung gesellschaftlicher Zustände, Vorgänge und Gebilde schließt demnach Wertung ein, schließt Kritik und Forderung ein - nicht als etwas Gewohntes, aber als etwas Schweres und Verantwortliches, das man nicht scheut, wenn es darauf ankommt." (M. Buber 1962, S. 1058)

Demgegenüber hatte Max Weber (1864-1920) im Zusammenhang seiner Auffassung von der "Objektivität sozialwissenschaftlicher und sozialpolitischer Erkenntnis" bekanntlich schon im Jahre 1904 verfügt: "Eine empirische Wissenschaft vermag niemanden zu lehren, was er *soll*, sondern nur, was er *kann* und - unter Umständen - was er *will*. Richtig ist, daß die persönlichen Weltanschauungen auf dem Gebiet unserer Wissenschaften unausgesetzt hineinzuspielen pflegen auch in die wissenschaftliche Argumentation, sie immer wieder trüben, das Gewicht wissenschaftlicher Argumente auch auf dem Gebiet der Ermittlung einfacher kausaler Zusammenhänge von Tatsachen verschieden einschätzen lassen, je nach dem das Resultat die Chancen der persönlichen Ideale: die Möglichkeit, etwas Bestimmtes zu wollen, mindert oder steigert." (M. Weber 1956, S. 190) - Für Buber aber handelt es sich darum, "eine Welt in der Krisis" zu erkennen, und der erkennende Geist wisse, daß er selbst in der Krisis stehe: "Nicht als ob er bloß ein Stück der gesellschaftlichen Wirklichkeit wäre. Er ist vielmehr ihr Partner, dazu bestimmt, von ihr zu lernen, was ist, und hinwieder ihr zu weisen, was sein soll - und die Krisis umfängt sie beide mitsammen. In dem neuen soziologischen Blick, den er erwerben muß, um zu erkennen, was hier zu erkennen ist, gewinnt der Soziolog zugleich ein neues Lebensverhältnis, indem er auf eine neue Art mit der Wirklichkeit verbunden wird, ohne in ihr unterzutauchen. Er gewinnt eine neue dialogische Relation, die ihn läutert." (M. Buber 1962, S. 1056)

"Dialogische Relation" im Sinne des "Zwischenmenschlichen" ist für Buber überhaupt der einzige Zugang zur "Wirklichkeit", und zwar nicht nur zu ihrer Erkenntnis, vielmehr durch Teilgabe zu ihr und Teilnahme an ihr auch zu ihrer Veränderung; denn "dialogische Relation" des "Zwischenmenschlichen" ist nichts Anderes und Geringeres als dialogische Konstituierung sozialer Wirklichkeit. - Unbeschadet des Einflusses von Simmel, Dilthey, Tönnies und Landauer wird hier gleichwohl vor allem die entscheidende Bedeutung urjüdischer Lebens- und Weltanschauung deutlich, die Berufung zum aktiven Mitschöpfertum des Menschen, seine Pflicht zur Mitarbeit an der Einung der Menschheit in der Einheit der Welt (vgl. E. R. Wiehn 1989c, bes. S. 341ff.; vgl. dazu auch M. Theunissen 1977, S. 325f., 279, 247, 325 u. E. R. Wiehn 1986, S. 742ff.). - Mehr als zwei Jahrzehnte nach dem Erscheinen der ersten Monographien der Sammlung 'Die Gesellschaft' und 10 Jahre vor der Jerusalemer Antrittsvorlesung beteiligte sich Franz Oppenheimer an der 'Festschrift für Martin Buber zum 50. Geburtstag' im Jahre 1928 mit dem kleinen Beitrag "Ein Satz Proudhons", nämlich: "La Science et la conscience, si parfaitement unies, si démonstratives, si décisives. - Das heißt richtig verstanden, daß die Wahrheit erst dann vollkommen erreicht ist, wenn Wissen und Gewissen, 'vollkommen geeint', zum gleichen Ziele, zum gleichen Satze gekommen sind, - daß dann aber auch dieser Satz unmittelbar einleuchtend, 'démonstrativ' und entscheidend wichtig, 'décisiv' ist." (F. Oppenheimer 1928, S. 200) - Dieser Satz dürfte in der Tat besonders charakteristisch dafür sein, was Martin Buber in seinem Gesamtwerk eigentlich wollte. Sein Programm ist freilich noch lange nicht verwirklicht und heute vielleicht aktueller denn je, woran anläßlich seines 25. Todesjahres wohl einmal mehr erinnert werden darf (vgl. E.R. Wiehn 1989a, S. 3-20; 1989b; 1989c u. 1990; vgl. auch K. Schobert 1988, S. 405; Frankfurter Allgemeine Zeitung, 15. 6. 1990, S. 5).

## Literatur

S. Ben-Chorin, Zwiesprache mit Martin Buber. Erinnerungen an einen großen Zeitgenossen. (1966) Gerlingen 1978.

M. Buber, "Geleitwort zur Sammlung." In: W. Sombart, Das Proletariat. Frankfurt 1906, S. V-XIV.

M. Buber, Die Schriften über das dialogische Prinzip. Heidelberg 1954.

M. Buber, Werke. Erster Band. Schriften zur Philosophie. München u. Heidelberg 1962.

M. Buber, Der utopische Sozialismus. Köln 1967.

M. Buber, Briefwechsel aus sieben Jahrzehnten. Band I: 1897-1918. Hg. v. Grete Schaeder. Heidelberg 1972.

M. Buber, Pfade in Utopia. Über Gemeinschaft und deren Verwirklichung. Mit einem Nachwort hg. v. A. Schapira. Heidelberg $^{3}$1985.

"Bundeskanzler Kohl würdigt den jüdischen Philosophen Martin Buber. Gedenken zum 25. Todestag. " In: Frankfurter Allgemeine Zeitung, 15. 6. 1990, S. 5.

S. N. Eisenstadt, "Martin Buber 's Approach to Sociological Analysis." In: W. Licharz u. H. Schmidt (Hg.), Martin Buber (1878-1965). Internationales Symposium zum 20. Todestag. Band 2. Frankfurt 1989, S. 86-102.

K. Gassen u. M. Landmann (Hg,), Buch des Dankes an Georg Simmel. Briefe, Erinnerungen, Bibliographie. Zu seinem 100. Geburtstag am 1. März 1958. Berlin 1958.

J. Israel, "Martin Bubers zionistischer Sozialismus und jüdischer Messianismus. " In: E. R. Wiehn (Hg.), Juden in der Soziologie. Konstanz 1989, S. 213-231.

H. Kreß, Religiöse Ethik und dialogisches Denken. Das Werk Martin Bubers in der Beziehung zu Georg Simmel. Gütersloh 1985.

S. Landshut, Kritik der Soziologie. München u. Leipzig 1929.

H. Liebeschütz, Von Georg Simmel zu Franz Rosenzweig. Tübingen 1970.

W. Lieth, Martin Buber und Jürgen Habermas. Krise, Dialog und Kommunikation. Konstanz 1988.

W. Lieth, "Martin Bubers kritisch-utopisches Gesellschaftskonzept." In: E. R. Wiehn (Hg.), Juden in der Soziologie. Konstanz 1989, S. 195-210.

P. R. Mendes-Flohr, Von der Mystik zum Dialog. Martin Bubers geistige Entwicklung bis hin zu 'Ich und Du'. Königstein 1979.

F. Oppenheimer, "Ein Satz Proudhons." In: Aus unbekannten Schriften. Festgabe für Martin Buber zum 50. Geburtstag. Berlin 1928, S. 200-203.

F. Oppenheimer, Erlebtes, Erstrebtes, Erreichtes. Erinnerungen. Berlin 1931.

G. Schaeder, Martin Buber. Hebräischer Humanismus. Göttingen 1966.

G. Schaeder, "Martin Buber. Ein biographischer Abriß." In: M. Buber, Briefwechsel aus sieben Jahrzehnten. Band I: 1897-1918. Hg. v. G. Schaeder. Heidelberg 1972, S. 19-141.

A. Schapira, "Werdende Gemeinschaft und Vollendung der Welt: Martin Bubers sozialer Utopismus." In: W. Licharz (Hg.), Martin Bubers Erbe für unsere Zeit. Frankfurt 1985, S. 257-287.

K. Schobert, Buchrezension v. Werner von der Ohe (Hg.), Kulturanthropologie, Berlin 1987. In: Kölner Zeitschrift für Soziologie und Sozialpsychologie 1988, S. 404-406.

G. Simmel, Grundfragen der Soziologie. Individuum und Gesellschaft. (1917) Berlin 1970.

M. Theunissen, Der Andere. Berlin 1965, $^{2}$1977.

F. Tönnies, Gemeinschaft und Gesellschaft. (1887) Darmstadt 1979.

M. Weber, Soziologie. Hg. v. J. Winckelmann. Stuttgart 1956.

G. Wehr, Martin Buber. In Selbstzeugnissen und Bilddokumenten. Reinbek 1968, $^{3}$1974.

G. Wehr, Der deutsche Jude Martin Buber. München 1977.

R. Weltsch, "Bubers politische Philosophie." In: P. A. Schilpp u. M. Friedman, Martin Buber. Stuttgart 1963, S. 384-397.

E. R. Wiehn, "Martin Buber als Soziolog." In: E. R. Wiehn, Gesammelte Schriften zur Soziologie I. Konstanz 1986, S. 727-760.

E. R. Wiehn, "Martin Buber als Soziolog." In: W. von der Ohe (Hg.), Kulturanthropologie. Beiträge zum Neubeginn einer Disziplin. Festgabe für Emerich K. Francis zum 80. Geburtstag. Berlin 1987, S. 283-298.

E. R. Wiehn, "Martin Bubers dialogisches Prinzip als Sozialprinzip. Soziologische Analyse und Gesellschaftsethik." In: Norderstedter Hefte für Philosophie und Pädagogik, Heft 1, 1989a, S. 3-20.

E. R. Wiehn (Hg.), Juden in der Soziologie. Konstanz 1989b.

E. R. Wiehn, "Juden als Soziologen." In: E. R. Wiehn (Hg.), Juden in der Soziologie. Konstanz 1989c, S. 13-93, sowie "Nachbemerkung über Judentum und Soziologie", S. 341-344.

E. R. Wiehn, "Über jüdische Kultur und Religion. Eine Zwiesprache mit Martin Buber. " In: A. G. Frei u. J. Runge (Hg.), Erinnern - Bedenken - Lernen. Sigmaringen 1990, S. 173-188.

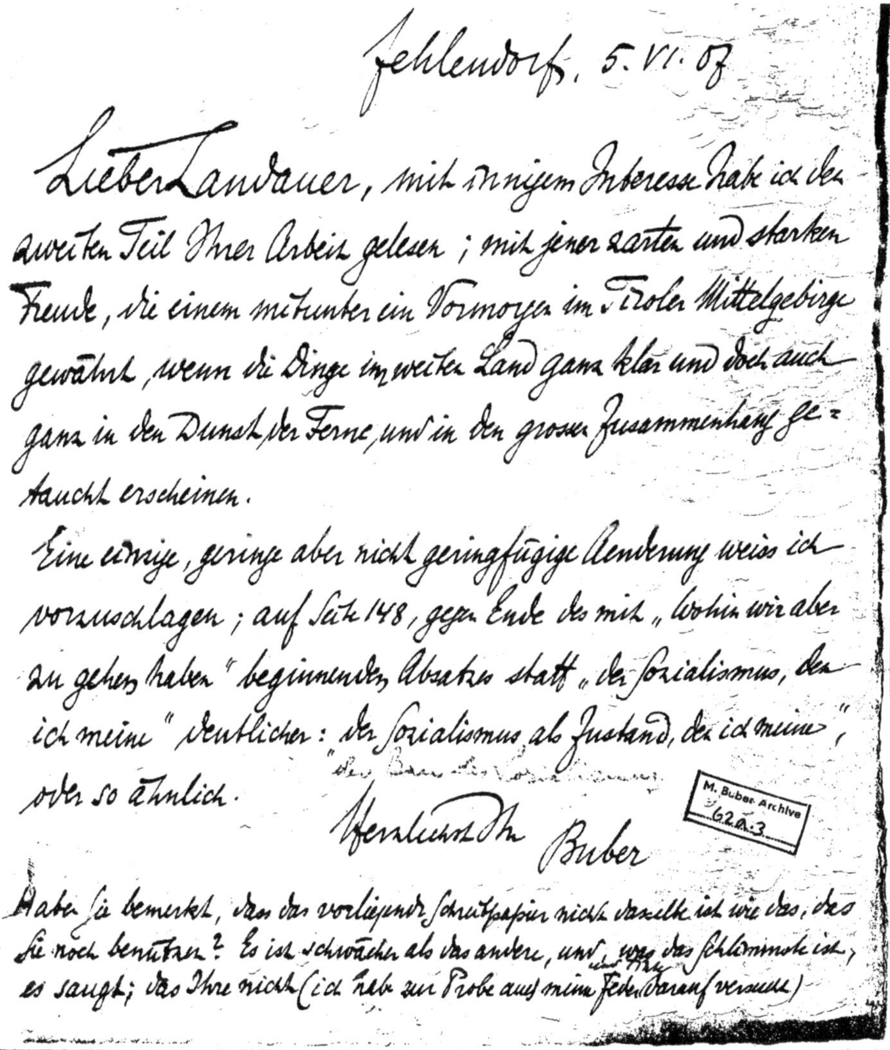

Zehlendorf. 5. VI. 07

Lieber Landauer, mit innigem Interesse habe ich den zweiten Teil Ihrer Arbeit gelesen; mit jener zarten und starken Freude, die einem mitunter ein Vormorgen im Tiroler Mittelgebirge gewährt, wenn die Dinge im weiten Land ganz klar und doch auch ganz in den Dunst der Ferne, und in den grossen Zusammenhang getaucht erscheinen.

Eine einzige, geringe aber nicht geringfügige Aenderung weiss ich vorzuschlagen; auf Seite 148, gegen Ende des mit „Wohin wir aber zu gehen haben" beginnenden Absatzes statt „der Sozialismus, den ich meine" deutlicher: „der Sozialismus als Zustand, den ich meine", oder so ähnlich.

Herzlichst Ihr Buber

Haben Sie bemerkt, dass das vorliegende Schreibpapier nicht dasselbe ist wie das, das Sie noch benützen? Es ist schwächer als das andere, und, was das Schlimmste ist, es saugt; das Ihre nicht (ich habe zur Probe auf mein Feder daran versucht)



Brief Martin Bubers an Gustav Landauer vom 5.6.1907

1958

# 4. Martin Bubers Soziologie*

## Zur Wiederentdeckung eines soziologischen Denkers

für Alex Barzél und Schlomo Marcus

### 1. Person und Umgebung

"Die moderne Soziologie als selbständige Wissenschaft ist als eine kritische und fordernde Wissenschaft entstanden. Der Mann, auf dessen Einfluß ihre Begründung zurückgeht, Henri de Saint-Simon, der kein Soziolog und überhaupt kein Mann der Wissenschaft war und den man dennoch als den Vater der modernen Soziologie verzeichnen darf, war ein sozialer Kritiker und Forderer, der den inneren Widerspruch des Zeitalters wahrnahm und als den entscheidenden Schritt zu seiner Überwindung die wissenschaftliche Erkenntnis der gesellschaftlichen Zustände bezeichnete; ..." (Buber 1962, S. 1055). - Was sonst vielleicht nicht unbedingt zu erraten gewesen wäre, wird hier gewiß richtig vermutet: Natürlich habe ich einleitend Martin Buber zitiert, und zwar einschließlich seines eigentümlichen, seinerzeit freilich nicht unüblichen Ausdrucks "Soziolog". Diese Bezeichnung hatte ich authentisch auch in den ursprünglichen Titel übernommen (siehe Fußnote), wobei durchaus offen blieb, ob dahinter ein Fragezeichen vergessen wurde oder nicht.

Mein Eingangszitat war übrigens der Anfang der in hebräischer Sprache verfaßten Antrittsvorlesung, die Buber vermutlich im Sommersemester 1938 an der Hebräischen Universität zu Jerusalem gehalten hat, nachdem er als Sechzigjähriger im März jenes Jahres dem 'arischen' Deutschland gerade noch hatte entkommen können, etwa ein halbes Jahr vor der barbarischen sogenannten 'Reichskristallnacht', in der auch sein Heppenheimer Haus verwüstet wurde (vgl. Wehr 1977, S. 186; R. Buber 1972, S. 360f.; Friedman 1983, S. 257ff.; Weltsch 1961, S. 450). Seine Emigrationsabsicht war der Gestapo zwar bekannt, dennoch mußte seine 'Abreise' heimlich geschehen, weil er sonst eine ungeheuere 'Reichsfluchtsteuer' hätte zahlen müssen (Schaeder 1972, S. 112). Bereits im Fe-

* Dieser Beitrag wurde unter dem Titel 'Martin Buber als Soziolog' erstmals in der öffentlichen Vortragsreihe 'Soziologie in Konstanz' am 13.2.1985 in der Universität Konstanz vorgetragen; in veränderter Fassung erstmals veröffentlicht in: Werner Licharz (Hg.), Martin Bubers Erbe für unsere Zeit. Frankfurt 1985, S. 223-256; überarbeitet auch in: Werner von der Ohe (Hg.), Kulturanthropologie. Beiträge zum Neubeginn einer Disziplin. Festgabe für Emerich K. Francis zum 80. Geburtstag. Berlin 1987, S. 283-298; Besprechung u.a. durch Kurt Schobert in: Kölner Zeitschrift für Soziologie und Sozialpsychologie, Nr. 2, 1988, S. 405.

bruar 1935 war ihm von den deutschen Machthabern jede öffentliche Betätigung verboten worden, aber schon im Sommer 1933 hatte er seine Professur niedergelegt, bevor ihm die Lehrbefugnis im Oktober dann offiziell entzogen wurde. Seit 1923 hatte er einen Lehrauftrag, seit 1930 eine Honorarprofessur für Religionswissenschaft und jüdische Ethik an der Universität Frankfurt. Er soll sich in jungen Jahren nicht habe entschließen können, Hochschullehrer zu werden, weshalb wohl auch die im Winter 1905/06 in Florenz begonnene Habilitationsschrift nie zu Ende geschrieben worden ist (Wehr 1974; Schaeder 1972, S. 111 u. 41).

Martin Buber wurde am 8. Februar 1878 im kaiserlichen Wien geboren, wuchs aber infolge der frühen Trennung seiner Eltern im Hause seines Großvaters, des Bankdirektors und bedeutenden Midrasch-Gelehrten Salomon Buber, in Lemberg auf, den Umständen entsprechend mehrsprachig: Zu Hause wurde jiddisch gesprochen, in der Synagoge hebräisch, in der Schule polnisch, "aber Deutsch war die Lieblingssprache der Großmutter, und früh wurde Buber auch noch ins Französische eingeführt. 'Kultur!' hieß da die erste Richtlinie, 'Religiöse Erneuerung!' war die anschließende Forderung, 'Wirklichkeit!' die endgültige Losung..." In seinen autobiographischen Fragmenten berichtet Buber, daß er als Fünfzehnjähriger bereits Kants 'Prolegomena', als Siebzehnjähriger Nietzsches 'Zarathustra' gelesen hatte (vgl. Buber 1965, S. 12f.; Goldschmidt 1966, S. 8f.; Buber 1963, S. 9f.; Scholem 1970, S. 139; Schaeder 1966, S. 17f.).

Übrigens war Bubers damaliges Interesse an Nietzsche durchaus verständlich: "Juden haben Geist", hatte Nietzsche seinerseits bemerkt, weil sie eine tausendjährige Schmerzerfahrung haben (Heer 1981, S. 350f.). Denn: "Weit mehr als die anderen Völker sind die Juden eine 'Erinnerungsgemeinschaft'", schrieb Grete Schaeder, "und die jüdische Substanz ist durch die Jahrhunderte hindurch bewahrt geblieben aufgrund der 'Leidenschaft des Überlieferns', die vom Vater auf den Sohn überging, durch die eigentümliche 'Potenz des jüdischen Kollektivgedächtnisses.'" (Schaeder 1966, S. 97) - Nicht zuletzt wegen der Judenfrage hatte sich Nietzsche von Wagner getrennt, er trat für die Juden ein und erkannte Friedrich Heer zufolge als erster den plebejischen Charakter des neudeutschen Antisemitismus; deswegen trennte er sich auch von seinem Verleger und sogar von seiner Schwester. Noch auf seinem Turiner Abschiedszettel soll der in Umnachtung versinkende Nietzsche vermerkt haben: "Ich will alle Antisemiten erschießen lassen." Aus diesen Gründen waren viele Juden früh von Nietzsche fasziniert (Heer 1981, S. 350f.; vgl. Goldschmidt 1966, S. 9; Schaeder 1966, S. 2 u. 17ff.; Scholem 1970, S. 140).

Im Herbst 1896 begann Buber sein Studium für zwei Semester in Wien, also im selben Jahr, in dem Theodor Herzls 'Judenstaat' erschien. Wichtiger wurde für ihn zunächst die Wiener neuromantische Schule der Dichtung, die gegen den Positivismus gerichtet war: "Simmel und Dilthey werden ebenso wie Nietzsche zu den Propheten der Bewegung, die nun - zurückgreifend auf Novalis, Hölderlin und Jean Paul - mit romantischem Pathos ein neues Weltgefühl verkünden", meinte Anzenbacher (1965, S. 6 u. 9). Natürlich wurde Rilke geschätzt, und Hugo von Hofmannsthal war der von Buber am meisten verehrte zeitgenössische Dichter (vgl. Schaeder 1972, S. 52). - Die Wintersemester 1897/98 und 1898/99 verbrachte er in Leipzig, wo ihn Lassalle "aufgewühlt" haben soll, der freilich schon über 30 Jahre tot war (vgl. Goldschmidt 1966, S. 10). Im Sommersemester 1898 sowie vom Herbst 1899 bis zum Sommer 1901 studierte er in Berlin, nachdem er das Sommersemester 1899 in Zürich verbracht hatte. Bubers Aufenthalt in Berlin sei von außerordentlicher Bedeutung gewesen, stellen alle seine Interpreten übereinstimmend fest: Hier sei auch jener nachhaltige Eindruck grundgelegt worden, den Simmel und Dilthey auf sein Werk ausgeübt hätten: "In Berlin gehörte er der 'Neuen Gesellschaft' an, einem Kreis von jungen Menschen, der ... von Nietzsche und der Lebensphilosophie Simmels und Diltheys entscheidend beeinflußt, eine verschwommene, gefühlshafte und pathetisch vorgetragene Weltanschauung vertrat." (Anzenbacher 1965, S. 6ff.; vgl. Liebeschütz 1970, S. 123ff.; vgl. G. Gabriel in Südkurier 11.12.1984, S. 19)

Ab 1900 hatte Buber ein starkes Interesse für die utopischen Sozialisten entwickelt, besonders für Saint-Simon, Fourier, Owen, gleichzeitig aber für die deutsche Mystik von Meister Eckhart bis Angelus Silesius, auch für Herder, Schleiermacher, Fichte, Novalis, Hölderlin, für indische und chinesische Philosophie. Gelegentlich wird das eigentümliche Nebeneinander des Einflusses von Feuerbach und Kierkegaard hervorgehoben sowie die zeitweilige besondere Nähe gerade zu Kierkegaard (vgl. Schaeder 1966, S. 172 u. 177; Simon 1980, S. 136; Anzenbacher 1965, S. 25ff.). Er hat sich mit Hermann Cohen auseinandergesetzt und ihn als Systemschöpfer für gescheitert erklärt: "Cohen hat das letzte Haus für den Gott der Philosophen gebaut." (Heer 1981, S. 566; vgl. Anzenbacher 1965, S. 10) Im übrigen soll er Max Scheler begegnet sein und war besonders eng mit dem Sozialisten Gustav Landauer befreundet (vgl. Anzenbacher 1965, S. 6ff. u. 13; Kraft 1966, S. 9 u. 12f.; Schaeder 1966, S. 2, 17ff., 52, 347ff.; Heer 1981, S. 280).

Von Zürich aus hatte Buber 1899 als Delegierter am 3. Zionistischen Kongreß und ebenso 1901 am 5. Zionistischen Kongreß in Basel teilgenommen, und zwar bald in Opposition zu Herzl. Schon 1901 war er Herausgeber einer zionistischen Zeitschrift und gründete 1902 einen jüdischen Verlag in Wien. Dort promovierte er 1904 mit "Beiträgen zur Geschichte des Individuationsproblems" von Nikolaus von Kues bis Jakob Böhme in Philosophie und Kunstgeschichte (vgl. Rosenzweig 1928, S. 240ff.; Goldschmidt 1966, S. 12f.). Ab 1906 lebte er dann zehn Jahre lang als freier Schriftsteller in einem Berliner Vorort (vgl. Anzenbacher 1965, S. 8; Schaeder 1966, S. 25ff. u. 37). Übrigens hat er auch am Ersten Deutschen Soziologentag im Oktober 1910 in Frankfurt teilgenommen und sich an der Debatte über den Vortrag von Troeltsch beteiligt (vgl. Deutsche Gesellschaft für Soziologie 1911, S. 206f.; Schaeder 1966, S. 35). Seit 1904 hatte sich Buber vor allem in die jüdische Mystik vertieft, die Bewegung des Chassidismus zunächst für sich neu entdeckt, überdies eine erstaunliche eigene publizistische Tätigkeit zu entfalten begonnen und bis 1937 durchgehalten.

Im Jahre 1906 erschien 'Die Geschichte des Rabbi Nachman', 1908 'Die Legende des Baalschem', 1909 'Ekstatische Konfessionen', 1910 'Reden und Gleichnisse des Tschuang Tse' und 'Die Lehre vom Tao', 1911 'Chinesische Geister- und Liebesgeschichten' sowie 'Drei Reden über das Judentum', 1913 'Daniel - Gespräche von Verwirklichung', 1914 'Kalewala', 1916 'Die jüdische Bewegung. Gesammelte Aufsätze und Ansprachen', 1921 dazu die zweite Folge, 1922 'Der große Maggid und seine Nachfolge', 1923 'Ich und Du'; noch 1934 Reden und Schriften als 'Kampf um Israel', 1936 'Die Frage an den Einzelnen' und 'Die Stunde der Erkenntnis', 1937 schließlich 'Die Schrift', die Übersetzung der hebräischen Bibel zusammen mit Franz Rosenzweig (vgl. Wehr 1974, S. 137ff.).

Ist Bubers Schicksal 'typisch' deutsch oder jüdisch oder polnisch-jüdisch oder 'soziologisch', wenn es so etwas gibt, oder alles zusammen oder nicht? Wenn man bedenkt, was die Deutschen damals Millionen seinesgleichen angetan haben, darunter auch unzähligen Intellektuellen, dann hatte er noch viel Glück gehabt. Doch mußte er Deutschland verlassen wie ein großer Teil Intellektueller und Wissenschaftler, wie rund 50 % aller Wirtschafts- und Sozialwissenschaftler des Jahres 1933, eben weil sie Juden waren. Aber: "Warum waren denn so viele Soziologen Juden?", hatte Ralf Dahrendorf in einer einschlägigen Vorlesung Mitte der sechziger Jahre in Tübingen gefragt und damals gemeint: "Da alle Soziologen sozial, nämlich in ihrer peripheren sozialen Stellung, ein wenig wie Juden sein müssen, werden so viele Juden Soziologen; hier sind sie gleichsam zu Hause bei den anderen, die auch nirgends zu Hause sind. Da jedes Soziologen

Haltung zu seiner Gesellschaft gebrochen und daher ein wenig traurig ist, mußte die Zahl der Emigranten unter den Soziologen in einem Regime besonders hoch sein, das den 'Fremden' verfolgt, weil es die Überlegenheit der kritischen Distanz in seiner peripheren Perspektive fürchtet." (Dahrendorf 1965, S. 114f.; vgl. Pross 1955)

Der jüdische Heidelberger Germanist Friedrich Gundolf, bei dem sich sein Schüler Joseph Goebbels gerne habilitiert hätte, sagte Friedrich Heer zufolge nach einem Soziologenkongreß, wahrscheinlich dem von 1924 in Heidelberg: "Jetzt weiß ich wenigstens, was Soziologie ist! Soziologie ist eine jüdische Sekte." Jüdische Soziologie stelle die Gesellschaft in Frage, meinte Heer, nachdem diese bereits sich selbst als höchst fragwürdig erwiesen habe. Und: "Der Jude muß die Gesellschaft beobachten, da sie ihn immer wieder diskriminiert und zurückstößt. Die intensive Teilnahme jüdischer Gelehrter an der Entwicklung der Soziologie wächst also 'aus einer einzigartigen Konstellation, die kaum ein anderer nachzuleben vermag'", so René König: "'Denn nur der Jude kommt immer und immer wieder in die Lage, die erwähnte Distanz nehmen zu müssen, weil man ihn in sie hineinzwingt.'" Der Jude sei "der Fremde" in der Gesellschaft, womit sich Simmel als erster befaßte und den Juden als Prototyp des Fremden bezeichnete: "Der Fremde sieht früher als der scheinbar noch im Schoße einer 'gesunden' Gesellschaft Geborgene die Krankheiten, die pathologischen Strukturen der Gesellschaft". Man denkt an Grünfelds "Periphere", an Parks "marginal man", an Alfred Webers bzw. Mannheims "freischwebende Intelligenz", deren Zugehörigkeit nie unbezweifelt, deren Glück nie ungetrübt sein kann (Heer 1981, S. 301f.; Dahrendorf 1966, S. 114f.; Liebeschütz 1970, S. 103ff.; Wiehn 1971). - Buber war nicht nur Jude, sondern ein "Erzjude" (vgl. Buber 1963c), wie er sich gerne zu nennen pflegte, und er war Zwangsemigrant. War er auch ein Soziolog?

In Jerusalem übernahm Buber 1938 eine Professur für "Sozialphilosophie", also für "Allgemeine Soziologie", wie es ausdrücklich hieß, und zwar nach Robert Weltsch als Folge des orthodoxen Vetos dagegen, daß ihm etwas anvertraut würde, was mit Religion zu tun hat" (Weltsch 1961, S. 450). Etwa ein Jahr nach Bubers Ankunft an der Hebräischen Universität wurde dort "Kultursoziologie" als Nebenfach eingeführt, womit wohl weniger Max oder Alfred Weber als ihre Klassiker, sondern eher Georg Simmel als ihr König in Jerusalem Einzug gehalten hatte (vgl. Brede 1984, S. 11). Im Vorlesungsverzeichnis des Jahres 1942 war Buber mit folgenden Forschungsgebieten genannt: Geschichte sozialen

Denkens, das Verhältnis zwischen Soziologie und Anthropologie, soziale und individuelle Faktoren der Zivilisation, die religiöse Gemeinde. Sein Lehrprogramm lautete damals: Religionssoziologie, Soziologie der Sitten und Moral, Sprachsoziologie, Kunstsoziologie, Soziologie der Wissenschaft und Technologie, Erziehungssoziologie (vgl. The Hebrew University Jerusalem 1942, S. 39f. u. 131).

Um den Hansischen Goethepreis entgegenzunehmen, kam Buber 1951 erstmals nach Deutschland zurück, nach Westdeutschland, in die noch ganz junge Bundesrepublik; sein zweiter Besuch erfolgte zur Verleihung des Friedenspreises des Deutschen Buchhandels im Jahre 1953. Er lehrte bis 1951 und starb im Alter von 87 Jahren am 13. Juni 1965. - Wer war Buber? - "Seltsam wertvoller Mensch. Polnischer Jude, Freund von Landauer, atheistischer Zionist", meinte Fritz Mauthner schon früh über Buber. Für Gustav Landauer war er ein "Apostel des Judentums vor der Menschheit", und Gerschom Scholem bescheinigte ihm eine "fast völlige Einflußlosigkeit in der jüdischen Welt" bei gleichzeitiger großer Anerkennung in der nichtjüdischen Welt. Zwischen 1933 und 1938 galt Buber gleichwohl als die "unbestrittene geistige Führergestalt des deutschen Judentums", obgleich er sich stets als polnischer Jude verstand (vgl. Scholem 1970, S. 166ff. u. 135ff.; Schaeder 1966, S. 341 u. 23; Heer 1981, S. 562 u. 568; Talmon 1982, S. 109). Anläßlich seines 100. Geburtstages wurde Buber auch in der Bundesrepublik Deutschland geehrt, mit einer Briefmarke der Deutschen Bundespost sogar. Auch 1985, in seinem 20. Todesjahr, wird man hierzulande seiner gedenken, zumal gleichzeitig nicht zu vergessen sein wird, daß am 8. Mai 1985 vor vierzig Jahren eine deutsche Ideologie und ein deutscher Staat kapitulierten, die ihn und unzählige andere aus ihrer kulturellen Wahlheimat vertrieben hatten (vgl. Wehr 1974; Schilpp/Friedman 1963; vgl. hier im Anhang Nr. 3). - Wer also war Buber?

In der 'Großen Jüdischen National-Biographie' von 1925 ist Buber als "Schriftsteller und Journalist" ausgewiesen, gehöre zu den "bedeutendsten jüd. Philosophen der Gegenwart"; in der 'Universal Jewish Encyclopedia' von 1940 ist er "Gelehrter, Sammler und Autor" chassidischer Geschichten und Gründer des Neomystizismus; im 'Großen Herder' von 1953/56 ist er "Philosoph und Theologe", im 'Großen Duden-Lexikon' von 1964 "jüd. Religionsphilosoph", in der 'Encyclopaedia Judaica' von 1971 "Philosoph und Theologe, zionistischer Denker und Führer", in der 'Neuen Herder-Bibliothek' 1970/72 "jüd. Religionsphilosoph", in 'Meyers Neuem Lexikon' (Leipzig) 1972 "Religionsphilosoph und

Schriftsteller", in 'Meyers Enzyklopädischem Lexikon' (Mannheim) 1972 "jüd. Religionsforscher und Religionsphilosoph", im 'Großen Brockhaus' 1978 "jüd. Religionsphilosoph" und in 'Meyers Großem Universallexikon' 1981 "jüd. Religionsforscher und Religionsphilosoph".

In einem deutschen Soziologen-Lexikon kommt Buber wohl bislang überhaupt nicht vor, was freilich nicht unbedingt so bleiben muß. Im Jahre 1983 veröffentlichte ein gewisser Frederick Grinnell in 'Human Studies' einen recht interessanten Aufsatz über "The Problem of Intersubjectivity: A Comparison of Martin Buber and Alfred Schutz" (worauf mich mein Kollege Ilja Srubar dankenswerterweise hingewiesen hat); aber der Autor scheint kein Soziologe zu sein, seine Adresse ist das Department für Zell-Biologie der Universität von Dallas, Texas (Grinnell 1983, S.185ff.). - Und Buber? - "Vielen mag es scheinen", meinte Robert Weltsch, "als ob Martin Buber kein politischer Wissenschaftler sei. Meist wird er als religiöser Denker und als Sozialphilosoph, aber nicht als Mensch der Politik angesehen. Eine derartige Einschränkung wäre freilich irrig. Bubers Anliegen ist das Leben in seiner Gesamtheit und der Mensch in seiner Konfrontation mit der Vielfalt der Welt." (Weltsch 1963, S. 384; vgl. Simon/ Simon 1984, S. 224ff.) - Was soll das heißen?

## 2. Gesellschaft und Soziologie

Im Jahre 1906 begann Buber mit der Herausgabe der Sammlung 'Die Gesellschaft', die bis 1912 einen Umfang von 40 Bänden erreichen sollte: Werner Sombart schrieb Band I 'Das Proletariat', Georg Simmel Band II 'Die Religion' (1912/1922), Eduard Bernstein Band IV 'Der Streik', Fritz Mauthner Band IX 'Die Sprache', Gustav Landauer Band XIII 'Die Revolution' (1912/1919), Franz Oppenheimer Band XIV/XV 'Der Staat' (1912/1923), Lou Andreas-Salomé Band XXXIII 'Die Erotik' (vgl. Kraft 1966, S. 140). Eine Liste imposanter Namen und Titel fürwahr, wozu es einen ebenso lesenswerten Briefwechsel gibt, aus dem auch hervorgeht, wer zu dieser Reihe eingeladen war, dann aber doch nicht geschrieben hat (vgl. Buber 1972, S. 233, 238-245, 254f., 276f.; siehe hier Beitrag Nr. 11; Horn 1979). Weitere Themen der Reihe waren übrigens beispielsweise 'Die Politik', 'Die Zeitung', 'Der Weltverkehr', 'Der Arzt', 'Der Handel', 'Der Architekt', 'Die geistigen Epidemien' (Willy Hellpach), 'Das Warenhaus', 'Die Schule', 'Das Parlament', 'Das Theater', 'Die Kolonie', und andere mehr. - Wie Hans Liebeschütz hervorhob, weist Bubers Bildungsgang (selbstverständlich) "wichtige Beziehungen zur Umwelt" auf, d.h. in diesem Zusammenhang, seine Schriftenreihe zeige deutlich den Einfluß der philosophischen Soziologie Simmels. Buber seinerseits hatte sich 1958 an einem 'Buch des Dankes' zum 100. Geburtstag Georg Simmels beteiligt (Liebeschütz 1970, S. 5; vgl. Schaeder 1966, S. 30).

Als der erste Band seiner 'Gesellschaft veröffentlicht wurde, waren Lorenz von Stein bereits 16 Jahre, Friedrich Engels 11, Friedrich Nietzsche 6 Jahre tot; Martin Buber war damals 28 Jahre alt, Karl Mannheim 23, Alfred von Martin 24, Leopold von Wiese 30, Hugo von Hofmannsthal und Rainer Maria Rilke 31, Max Scheler 32, Gustav Landauer 36, Edward Ross 40, Franz Oppenheimer und Max Weber 42, Werner Sombart 43, Lou Andreas-Salomé 45, Emile Durkheim und Georg Simmel 48, Ferdinand Toennies 51, Vilfredo Pareto 58, Hermann Cohen 64, Wilhelm Dilthey 73, Siegfried Landshut 9, Theodor W. Adorno 3 Jahre alt, Emerich Francis wurde genau damals geboren, und Friedrich Tenbruck z.B. hatte seinerzeit noch 13 Jahre lang auf seine Geburt warten müssen.

"Die Soziologie ist die Wissenschaft von den Formen des Zwischenmenschlichen", schrieb Buber 1906 in seinem "Geleitwort" zum I. Band seiner Schriftenreihe, also zu Sombarts Schrift über 'Das Proletariat'. Und: "Das Zwischenmenschliche ist das, was zwischen den Menschen geschieht, woran sie als einem unpersönlichen Prozesse teilnehmen, was der Einzelne wohl als sein Tun und Leiden erlebt, aber diesem nicht restlos zurechnen kann. Es kann nur als die Synthese des ineinander verschlungenen, aneinander Gegensatz und Ausgleich findenden Tuns und Leidens zweier oder mehrerer Menschen begriffen und analysiert werden. Zwei oder mehrere Menschen leben miteinander; das heißt: sie stehen zueinander in Wechselbeziehung, in Wechselwirkung. Jede Wechselbeziehung, Wechselwirkung zweier oder mehrerer Menschen kann Sozietät oder Gesellschaft genannt werden. Die Funktion der Sozietät ist das Soziale oder richtiger das Zwischenmenschliche. ... Das Zwischenmenschliche ereignet sich in bestimmten Formen und erzeugt bestimmte Gebilde. Die Formen des Zwischenmenschlichen sind die Über- und Unterordnungen, die Kooperationen und Kontroperationen, die Gruppen, die Schichten, die Klassen, die Organisationen, alle natürlichen und normativen, wirtschaftlichen und kulturellen Arten des Zusammenschlusses." (Buber 1906, S. Xf.)

Das "Zwischenmenschliche" war das Problem, von dem die ganze Sammlung, 'Die Gesellschaft', beherrscht sein sollte, es war Bubers Problemstellung, von der er fand, daß sie nicht so sehr auf einem neuen Stoffgebiet beruhe, sondern auf einer neuen Anschauungsweise, und zwar nicht als Bequemlichkeit für den Leser, sondern um neue Seiten des Daseins zu zeigen, um seine Wirklichkeit zu bereichern, vielleicht sogar um das Leben zu erschweren, gewiß aber auch, um der Erhöhung des Lebens zu dienen, d.h. der Kultur (Buber 1906, VIIIf.). - Soziologie als Wissenschaft von den Formen des Zwischenmenschlichen? Immerhin hatte auch Leopold von Wiese im ersten Kapitel seiner Soziologie von 1926 diese "als Wissenschaft vom zwischenmenschlichen Geschehen" bezeichnet (von Wiese 1964, S. 5f.).

Grete Schaeder hat darauf aufmerksam gemacht, daß Buber den Begriff des "Zwischenmenschlichen" hier noch ganz im Sinne von "sozial" gebrauche, während er später damit die "Sonderdimension" der "personhaften Beziehung zwischen einzelnen Menschen" meine. Aber nicht nur die sozialpsychologische Betrachtung als solche weise auf Simmel hin, auch "der Begriff des Zwischenmenschlichen ist Bubers persönlich gefärbte Fassung dessen, was Simmel unter 'Vergesellschaftung' versteht", und darüber hinaus zeige die stark abstrakte, auf allseitige Gedankenverknüpfung bedachte Sprache des Geleitworts den Einfluß des Simmelschen Denkens (Schaeder 1966, S. 32f. u. 149; vgl. Wittschier 1980). Robert Weltsch war überdies der Meinung, in seinen frühen Schriften vom Beginn des Jahrhunderts habe Buber seine Sozialphilosophie auf die ursprünglich von Toennies gemachte Unterscheidung zwischen Gemeinschaft und Gesellschaft gegründet (Weltsch 1963, S. 386).

Soziologie als Sozialphilosophie im Sinne einer neuen Anschauungsweise, unbequem und doch kulturell bereichernd? Wieso und warum? Worin besteht oder bestand eigentlich ihr Problem? - Die beiden Männer, die unter dem Einfluß Henri de Saint-Simons die neue Wissenschaft auf sehr verschiedene Weise zu begründen suchten, Auguste Comte und Lorenz von Stein, so Martin Buber in seiner Jerusalemer Antrittsvorlesung von 1938, "haben die Absicht festgehalten, die Krisis des Menschengeschlechts zu überwinden", und Comte habe, noch als er sich gegen seinen Lehrer wandte, dessen Programm doch als "soziale Regeneration, fundiert auf einer geistigen Renovation" bezeichnet, und das sei auch sein eigenes Programm gewesen: "In seiner Jugend schon sah er die 'tiefe sittliche und politische Anarchie', welche die Gesellschaft mit der Auflösung bedroht, und verlangte eine geistige Grundlegung eines sozialen Neubaus. Neue Einrichtungen können die Rettung nicht bringen, wenn nicht eine neue geistige Haltung des Menschen vorbereitet ist, die der Entartung und Verkehrung der Einrichtungen vorbeugt. 'Ich betrachte', schreibt Comte 1824 in einem Brief, 'alle Erörterungen über die Einrichtungen als reine Possen, solange die geistige Reorganisation der Gesellschaft nicht verwirklicht oder doch wenigstens sehr gefördert ist.'" - Eine wissenschaftliche Soziologie habe Comte freilich nicht verfaßt, vielmehr sei dies erst von Lorenz von Stein versucht worden: "Aber auch er will erkennen, um zu verändern." Der wissenschaftliche Begriff der Gesellschaft als einer vom Staat zu unterscheidenden, ja ihm vielfach entgegengesetzten Wirklichkeit, "das Dasein einer selbständigen Gesellschaft", sei ihm aus den schweren Störungen offenbar geworden, die das soziale Leben des Zeitalters einem Zustand entgegenführten, "den wir als den der Auflösung der Gemeinschaft und ihres Organismus bezeichnen können" (Buber 1962, S. 1055f.).

Die moderne Soziologie entstamme also der Begegnung des Geistes mit der Krisis der menschlichen Gesellschaft, die der Geist als seine eigene Krisis verstanden habe und durch eine geistige Wandlung zu überwinden hoffte: "die Einsicht in das Wesen der Krisis, ihre Ursachen und die durch sie gestellten Probleme, der Anfang dieser Wendung und Wandlung sollte eben die Soziologie sein." - Das ist weder Adorno noch Bell, von Martin oder Plessner, sondern wiederum Buber im Jahre 1938; daß es nicht Weber war, versteht sich fast von selbst (vgl. Adorno 1973, S. 16, 38, 73; Bell 1976, S. 16, 26, 28ff., 116f., 315, 320; von Martin 1965, S. 128, 130, 133, 135f.; Plessner 1974, S. 37; Dahrendorf 1966, S. 10, Anm. 4). - Denn Edward Ross habe gemeint, ein "Soziolog" sei "ein Mensch, der etwas ändern will"; eher jedoch dürfe man ihn als einen Menschen bezeichnen, fand Buber, "der erkennen will, was zu ändern ist" (Buber 1962, S. 1056).

Demgegenüber hatte Max Weber im Zusammenhang seiner Auffassung von der "'Objektivität' sozialwissenschaftlicher und sozialpolitischer Erkenntnis" bekanntlich schon 1904 verfügt: "Eine empirische Wissenschaft vermag niemanden zu lehren, was er *soll*, sondern nur, was er *kann* und - unter Umständen - was er *will*. Richtig ist, daß die persönlichen Weltanschauungen auf dem Gebiet unserer Wissenschaften unausgesetzt hineinzuspielen pflegen auch in die wissenschaftliche Argumentation, sie immer wieder trüben, das Gewicht wissenschaftlicher Argumente auch auf dem Gebiet der Ermittlung einfacher kausaler Zusammenhänge von Tatsachen verschieden einschätzen lassen, je nachdem das Resultat die Chancen der persönlichen Ideale: die Möglichkeit, etwas Bestimmtes zu wollen, mindert oder steigert." (Weber 1956, S. 190)

Für Buber aber handelte es sich darum, "eine Welt in der Krisis" zu erkennen, und der erkennende Geist wisse, daß er selbst in der Krisis stehe: "Nicht als ob er bloß ein Stück der gesellschaftlichen Wirklichkeit wäre. Er ist vielmehr ihr Partner, dazu bestimmt, von ihr zu lernen, was ist, und hinwieder ihr zu weisen, was sein soll - und die Krisis umfängt sie beide mitsammen. In dem neuen soziologischen Blick, den er erwerben muß, um zu erkennen, was hier zu erkennen ist, gewinnt der Soziolog zugleich ein neues Lebensverhältnis, in dem er auf eine neue Art mit der Wirklichkeit verbunden wird, ohne in ihr unterzutauchen. Er gewinnt eine neue dialogische Relation, die ihn läutert." (Buber 1962, S. 1056)

"Die Sozialwissenschaft, die wir treiben wollen, ist eine Wirklichkeitswissenschaft", konstatierte wiederum Weber: "Wir wollen die uns umgebende Wirklichkeit des Lebens, in welches wir hineingestellt sind, in ihrer Eigenart verstehen - den Zusammenhang und die Kulturbedeutung ihrer einzelnen Erscheinungen in ihrer heutigen Gestaltung einerseits, die Gründe ihres geschichtlichen So- und nicht-anders-Gewordenseins andererseits." Das heißt "Ausgangspunkt des sozialwissenschaftlichen Interesses" sei nun "zweifellos die wirkliche, also individuelle Gestaltung des uns umgebenden sozialen Kulturlebens in seinem universellen, aber deshalb natürlich nicht minder individuell gestalteten, Zusammenhang und in seinem Gewordensein aus anderen, selbstverständlich wiederum individuell gearteten, sozialen Kulturzuständen heraus." (Weber 1956, S. 212ff.; vgl. Watzlawick 1976, S. 114, 218ff., 235)

Unvergleichlich tiefer als Ross habe ein jüngerer "Soziolog", nämlich Siegfried Landshut (damals 32 Jahre alt), in seiner 'Kritik der Soziologie' (1929) den Charakter der modernen Soziologie erfaßt, bemerkte hingegen Buber weiter: Sie verstehe sich nur dann richtig, wenn sie sich als den zu Wort gekommenen Widerspruch der geschichtlich-gesellschaftlichen Wirklichkeit selbst begreife; denn in ihr komme jene "kopernikanische Wendung" des öffentlichen Bewußtseins zum Ausdruck, durch die sich die entscheidenden Erwartungen und Ansprüche vom Leben des persönlichen Einzelnen weg auf die Ordnungen und Institutionen des Miteinanderlebens richteten. - Mit dieser wichtigen Einsicht ist nach Buber indessen ein Irrtum verknüpft; denn aus dem Partner der Wirklichkeit, der ihr freilich ganz zugewandt bleiben müsse, um ihre Frage recht zu vernehmen, werde der Geist zu ihrem Sprecher gemacht, in dem sie zu Wort komme: "Wo der Geist aber zum bloßen Sprecher der Wirklichkeit wird, vergißt er, daß jene veränderte Richtung der Erwartungen, die Richtung auf die Ordnungen und Institutionen, falsch wird, wenn sie ausschließlich wird; nur wenn er der Partner der Wirklichkeit bleibt, besinnt er sich auf sein Amt, an der Wandlung des Geistes, an seiner eigenen Wandlung zu arbeiten, ohne die auch die veränderten Institutionen der Leerheit, der Unfruchtbarkeit, der Verderbnis verfallen." (Buber 1962, S. 1056f.)

"Une rénovation mentale", wie Saint-Simon gemeint habe, genüge freilich nicht; der Geist, von dem Buber sprach, war nicht eine der Potenzen oder Funktionen des Menschen, "sondern dessen konzentrierte Totalität. Der Mensch selbst muß sich in ebendem Maße ändern, als die Einrichtungen geändert werden, damit sie die ihnen zugedachte Wirkung tun; zugleich mit den Ordnungen des Miteinanderlebens muß das Wesen des Miteinanderlebens selber eine Wandlung erfahren, wenn das neue Haus, das die Hoffnung der Menschen errichten will, nicht seine Grabkammer werden soll." Habe der Vertreter des Geistes den neuen soziologischen Blick aber lediglich dazu gewonnen, um nun soziologisch zu politisieren, dann gehe das verloren, was er und nur er der Wirklichkeit zu geben vermöge, ja er gehe sich selber verloren; vielmehr müsse er auch soziologisch erziehen, müsse miteinanderlebende Menschen erziehen, müsse den Menschen erziehen, der mit dem Menschen leben könne (Buber 1962, S. 1057). - Wie ist das zu verstehen?

## 3. Judentum und Philosophie

In dieser Argumentation und ihrer Grundlage kommt nun zweifellos nicht nur Bubers Judentum zum Ausdruck, sondern auch ein Stück Wesen des Chassidismus, von woher man sein "dialogisches Prinzip", das "Zwischenmenschliche", sein Problem und "Weg des Menschen", also seine ganze Sozialphilosophie auch im Sinne seiner möglichen "Allgemeinen Soziologie" überhaupt nur verstehen kann. - Er möchte die Welt beeinflussen, aber er möchte nicht, daß sie sich von ihm beeinflußt fühle, schrieb Buber als Vierundsiebzigjähriger: "Ich bin, wenn ich das sagen darf, beauftragt, den Menschen Wirklichkeiten zu zeigen, und ich suche das so getreu wie möglich zu tun." (Vgl. Wehr 1977, S. 11) - Hier muß man sich zunächst vor Augen halten, daß wirkliche Wirklichkeit ja eigentlich stets das Nicht-Hinterfragte, weil Nicht-Hinterfragbare ist, das Unbezweifelte, weil Unbezweifelbare, die grundlegende und tiefste Gewißheit unseres Lebens, die eigentliche Glaubensgewißheit, welche nicht wir selbst aufrechterhalten, die vielmehr uns aufrecht erhält, in der wir uns bewegen, leben und sind (vgl. Ortega y Gasset 1955, S. 16). Was ist nun Bubers Wirklichkeit als jüdische und philosophische und vielleicht auch als soziale Wirklichkeit?

Buber hat sich sein Leben lang mit der jüdischen Bibel befaßt (dem sogenannten Alten Testament der Christenheit also), er hat immer wieder ihr Grundthema hervorgehoben und in vielen Kommentaren kommentiert: Die Begegnung des jüdischen Volkes mit dem Namenlosen, "den sie, seine Ansprache erfahrend, und ihn anredend, zu benennen wagten..." (Buber 1964, S. 849f.), und er wies wiederholt darauf hin, daß der Glaube Israels nur dann in seiner Wirklichkeit begriffen werden könne, wenn man sich die doppelte Gotteserfahrung dieses Volkes in aller Konkretheit vergegenwärtige: "Die eine Erfahrung, die es als Volk macht, ist die der Wandernden: unser Gott geht uns voraus, wir gehen ihm nach, der Weg ist sein Weg, es ist an uns, ihm auf seinen Wegen zu folgen... Die zweite, von dieser freilich unablösbare Erfahrung macht das Volk in seinen Einzelnen, in den 'Kündern': den Künder, den Nabi, redet sein Gott an, redet durch ihn das Volk an", so wie es Mosche und die Propheten getan haben, Moses geradezu exemplarisch im Zusammenhang mit dem Ereignis des "brennenden Dornbusches" (Buber 1964, S. 849f., 235, 155; Buber/Rosenzweig, S. 157f.; 2 Mose 3,2).

Der jüdische Gott schuf die Welt, indem er sprach (vgl. Genesis 1), und "daß wir Du sagen können, erklärt sich daraus, daß auch zu uns Du gesagt wird". Daher konnte Buber die Bibel als das große Dokument der Geschichte, der Weltgeschichte betrachten, als den Bericht vom Versuch dialogischen Lebens: Gott als das große Du habe Israel zuerst gelehrt: den wirklichen Gott als den Anredbaren, weil anredenden Gott (vgl. Kohn 1961, S. 242 u. 272). - In dieser glaubensgewißlichen Wirklichkeit hatte er nun sein "dialogisches Prinzip" verankert; denn die Einzigartigkeit des jüdischen Monotheismus sei die des "Du", die in jeder "Ich-Du"-Beziehung enthalten sein könne. Jede Ich-Du-Beziehung beruhe auf einer prinzipiellen Gegenseitigkeit, Offenheit, Direktheit, Gegenwärtigkeit, durch deren Abhandenkommen und Abwesenheit aus der ganz persönlichen eine sächliche "Ich-Es"-Beziehung entsteht. In der Ich-Du-Beziehung befinden sich gleiche Partner in einem freien Dialog, der folglich immer dann mißraten muß, wenn sie sich nicht als Gleiche verhalten, sondern als Mittel zum Zweck benutzen. - Wenn man will, so kann man darin leicht auch die Wertetriade wiedererkennen, wie sie in der Französischen Revolution proklamiert wurde; denn der Ich-Du-Dialog ist oder schafft zugleich auch fraternité, Verbundenheit. - "Ich" und "Du" verwirklichen sich in jeder Beziehung und vollenden sich in keiner: Sie vollenden sich "einzig in der unmittelbaren Beziehung zu dem Du, das seinem Wesen nach nicht Es werden kann". Auch wer gottlos zu sein wähne, spreche Gott an, wenn er mit seinem ganzen hingebenden Wesen das Du seines

Lebens anspreche (Buber 1954, S. 76f., 143, 145, 211; 1962, S. 79-170, 171-214).

Doch auch beim besten Willen kann die ideale Ich-Du-Beziehung nicht unbegrenzt aufrechterhalten werden, ihre Temporalität ist unvermeidlich, jedes Du wird unweigerlich zum Es, zeitweise oder für immer, was jedoch keineswegs von Übel sein muß. Ich-Du-Beziehungen, die zu Ich-Es-Beziehungen geworden sind, können vielmehr in Wissen und Kunst ihren Ausdruck finden und zu neuen Ich-Du-Beziehungen führen. Im Sinne Kants glaubte Buber nicht an eine objektive Erkenntnis der Welt, vielmehr nur an jene, die wir mit unseren eigenen Kategorien gewinnen können. Gerade deshalb hielt er die Ich-Du-Beziehung für besonders ausgezeichnet, um die Wirklichkeit des "Zwischenmenschlichen" nicht nur zu verstehen, sondern gegebenenfalls verbessernd zu verändern. In einer gewissen sozialen Rückbindung auf den biblischen Ausgangspunkt heißt das: Anspruch und Verantwortung, Religion als "das schlichte gelebte Alles in seiner Möglichkeit der Zwiesprache". Denn: "Der Einzelne entspricht Gott, wenn er, wie Gott seine Schöpfung göttlich, das ihm zugereichte Stück Welt menschlich umfängt. Er verwirklicht das Bild, wenn er, soviel er personhaft vermag, zu den ihn umlebenden Wesen mit seinem ganzen Wesen Du sagt." (Buber 1954, S. 76f., 143, 145, 211; 1962, S. 79-170, 171-214; Friedman 1963, S. 154ff.; Schaeder 1966, S. 35 u. 45; Scholem 1970, S. 166ff.; Mendes-Flohr 1978; Casper 1984, S. 273ff.)

Man kann diese Formulierungen für religiöse Lyrik halten, zugleich aber auch an Georg Simmel denken: "Die Kategorie des 'Du' ist nach Simmel 'ein Urphänomen des menschlichen Geistes, wie das Sehen und das Hören, das Denken und das Fühlen, oder wie Objektivität überhaupt, wie Raum und Zeit, wie das Ich; es ist die transzendentale Grundlage dafür, daß der Mensch ein zoón politikón ist.'" Mit diesen 1918 gedruckten, aber schon im ersten Kapitel der "Soziologie" angedeuteten Gedankengängen wurde Grete Schaeder zufolge bereits der Bereich berührt, in dem Buber wenige Jahre später mit der großartigen Naivität und Vereinfachungskraft zu seiner "Philosophie des dialogischen Prinzips" durchgestoßen sei. Aber: "Es sind keine Grundbegriffe, sondern Grundverhaltensweisen, die er heranzieht; die Ich-Du-Beziehung ist ihm vor allem ein Weg ins Leben und nicht ein philosophisches Grundprinzip." (Schaeder 1966, S. 32 u. 141; vgl. Simmel 1970, Gudopp 1975; Dilger 1983; Alperson 1975)

Michael Theunissen hat darauf hingewiesen, das Ich-Es- und das Ich-Du-Verhältnis seien Haltungen, in denen ich mich intentional auf etwas richte; alle ihre

Gegensätzlichkeiten ruhten auf dem Grunde dieser Gemeinsamkeit. Das Es-Ich, welches Buber gegen das Du-Ich ins Feld führe, begreife er indessen "als weltkonstituierendes Subjekt". - "Wirklichkeit" sei für ihn das "Wirkliche Leben". Und: "Der Ort, an dem allein ich dieser Wirklichkeit ansichtig werde, ist die Beziehung zum Du: 'hier ist die Wiege des Wirklichen Lebens'" (Theunissen 1977, S. 279, 247, 325; vgl. Casper 1967).

Was es aber mit der Wirklichkeit oder dem Wirklichen Leben auf sich habe, umschreibe Buber am deutlichsten, wenn er sage: "'Wer in der Beziehung steht, nimmt an einer Wirklichkeit teil, das heißt: an einem Sein, das nicht bloß an ihm und nicht bloß außer ihm ist. Alle Wirklichkeit ist ein Wirken, an dem ich teilnehme, ohne es mir eignen zu können. Wo keine Teilnahme ist, ist keine Wirklichkeit. Wo Selbstzueignung ist, ist keine Wirklichkeit. Die Teilnahme ist um so vollkommener, je unmittelbarer die Berührung des Du ist'." Als "ein" Wirken sei die Wirklichkeit, wiewohl zunächst als die Wirklichkeit des Anderen erfahren, im Ursprung weder mein Wirken noch das des Anderen, so interpretiert Theunissen: "Sie ist vielmehr die Wirklichkeit des Zwischen als das reine Geschehen der Begegnung. Die wiederum ist die Wirklichkeit schlechthin oder das 'Sein selber'. So ist die Teilnahme an der Wirklichkeit des Anderen in der tiefsten Wurzel 'Partizipation am Sein' selbst." (Theunissen 1977, S. 325f.; vgl. Casper 1967; von Weizsäcker 1963, S. 533ff.; Sutter 1972; Eckert et al. 1977; Casper 1984, S. 273ff.; vgl. Buber 1963, S. 589ff.) - Wie kann das noch besser verstanden werden?

Hans Liebeschütz und viele andere Kenner haben hervorgehoben, daß für Buber die Begegnung mit dem Chassidismus und seiner Literatur eine entscheidende Quelle seines Schaffens geworden sei, auch die österreichische Jugendzeit in Wien und Galizien sei für seine Eigenart stets bedeutsam geblieben (Liebschütz 1970, S. 5). - Hier wird nun nicht nur die Weltbezogenheit des Judentums im allgemeinen, sondern auch die aktive Weltbezogenheit der jüdischen Tradition des Chassidismus deutlich, jener großen mystischen Bewegung, die um die Mitte des 18. Jahrhunderts im osteuropäischen Judentum entstand, eine "Glut urjüdischer Spiritualität" entfachte und in Buber "Urjüdisches" aufgehen ließ. Die 'Chassidim' waren die 'Frommen', die ganz leidenschaftlich versuchten, "das Miteinanderleben der Menschen auf der Grundlage der göttlichen Wahrheit aufzurichten" als eine einzige wirkliche Wirklichkeit. Buber hatte sich mit dem Chassidismus, den er in letzten Ausläufern noch selbst in Lemberg erlebte, schon vor 1906 zu befassen und der nichtjüdischen Welt zu erschließen begonnen, so daß ihm diese chassidische Überlieferung schließlich selbst zum Grund seines Denkens gedieh (Buber 1963, S. 965f. u. 961f.; vgl. Wehr 1977, S. 60; 1974, S. 25 u. 54; Kohn 1961, S. 47).

In seiner (gewiß nicht ohne Widerspruch gebliebenen) Deutung des Chassidismus wird diese jüdische Lehre als "ganz auf die doppelgerichtete Beziehung von Menschen-Ich und Gottes-Du, auf die Gegenseitigkeit, auf Begegnung gestellt" gekennzeichnet. Der Weg des Menschen nach der chassidischen Lehre beginnt indessen mit der Selbstbesinnung: "Die entscheidende Selbstbesinnung ist der Beginn des Wegs im Leben des Menschen", der oft genug schon Umkehr voraussetzt. Alsdann geht es darum, daß der Mensch seinen besonderen Weg selber finde; denn "es geht nicht an, dem Menschen zu sagen, welchen Weg er gehen soll. Denn da ist ein Weg, Gott zu dienen durch Lehre, und da, durch Gebet, da, durch Fasten, und da, durch Essen. Jedermann soll wohl achten, zu welchem Weg ihn sein Herz zieht, und dann soll er sich diesen mit ganzer Kraft erwählen." (Buber 1949, S. 15-110; vgl. Wehr 1974, S. 40; Buber 1963, S. 961; 1964, S. 294; 1981, S. 7, 12, 14)

So muß man bei sich beginnen, und "Der Mensch soll zuerst selbst erkennen, daß die Konfliktsituationen zwischen ihm und den andern nur Auswirkungen der Konfliktsituationen in seiner eigenen Seele sind, und dann soll er diesen seinen inneren Konflikt zu überwinden suchen, um nunmehr als ein Gewandelter, Befriedeter zu seinen Mitmenschen auszugehen und neue, gewandelte Beziehungen zu ihnen eingehen" (worin selbstverständlich auch ganz klar der Sinn des 'Jom Kippur', des jährlichen Versöhnungstages, des wichtigsten jüdischen Feiertages angesprochen ist). Hier wird also nichts Geringeres gelehrt, als daß die Umkehr des einzelnen durchaus zur Wandlung der Welt wirke, und zwar als überhaupt einzige Möglichkeit dazu. Denn: "Der archimedische Punkt, von dem aus ich an meinem Orte die Welt bewegen kann, ist die Wandlung meiner selbst..." Das heißt: "Bei sich beginnen, aber nicht bei sich enden; von sich ausgehen, aber nicht auf sich abzielen; sich erfassen, aber sich nicht mit sich befassen." Und: "Die Umwelt, die ich als die natürliche empfinde, die Situation, die mir schicksalhaft zugeteilt ist, was mir Tag um Tag begegnet, was mich Tag um Tag anfordert, hier ist meine wesentliche Aufgabe und hier die Erfüllung des Daseins, die mir offen steht." Gerade darin wird nun nicht zuletzt jene mächtige Tendenz sichtbar, die das Judentum schon immer so einmalig charakterisiert, nämlich "der Vollkommenheit eine irdische Stätte zu schaffen" (Buber 1981, S. 29-33, 37f., 45; 1949, S. 342).

In diesem Zusammenhang wird übrigens von manchen Interpreten - wie etwa Scholem - der Einfluß Nietzsches gesehen, dessen Rede von den "Schaffenden" Bubers früheste Schriften durchziehe. Gleichwohl ist an der Wichtigkeit des "Schaffens"-Begriffes in der hebräischen Tradition jedoch ebensowenig zu zweifeln (vgl. Scholem 1970, S. 140; Schaeder 1966, S. 19ff.). - Es handelt sich hier um die "große messianische Konzeption einer kommenden Vollendung auf Erden, an deren Bereitung jedermann tätigen Anteil nehmen kann..." Denn "Der Glaube Israels an die Erlösung der Welt bedeutet nicht, daß diese Welt durch eine andere abgelöst werde, sondern es ist der Glaube an eine neue Welt auf dieser Erde. Jenseits und Diesseits gibt es nicht im Hebräischen." (Buber 1965, S. 195) - In diesem Zusammenhang ist an die eigenartige Doppelbedeutung von "Welt" zu erinnern, wie sie z.B. bei Heinrich Heine durchscheint, wenn er fragt und sagt: "Ist das Leben des Individuums nicht vielleicht ebensoviel wert, wie das Leben des ganzen Geschlechtes? Denn jeder einzelne Mensch ist schon eine Welt, die mit ihm geboren wird und mit ihm stirbt, unter jedem Grabstein liegt eine Weltgeschichte -..." (Heine, Reisebilder, Italien, Kap. XXX). Und die Weisen Israels sagen: "Wer einen Menschen rettet, rettet die ganze Welt"; denn in jedem Menschen sei Gottes Ebenbild gefährdet und in jedem Menschen sei es zu retten (vgl. Mischna, Sanhedrin IV,5 u. Midrasch Rabba, Numeri (Masse) 23,6; vgl. Stöhr in Keim 1983, S. 6).

In der hebräisch-biblischen Tradition schuf Gott diese Welt, indem er sprach: "Anruf ins Nichts und Antwort der Dinge durch ihr Erstehn, die Schöpfungssprache dauernd im Leben aller Kreaturen, das Leben jedes Geschöpfs als Zwiegespräch, die Welt als Wort..." Dieses jüdische Erbe hieß nicht nur, daß für Buber "das Wort vor allen andern die Gestalt des Schaffens" war, vielmehr, daß diese bessere neue Welt durch die tätige Anteilnahme aller geschaffen werden muß, und zwar "hier wo man steht", jetzt (Buber 1981, S. 31ff., 37, 43ff.; 1949, S. 17f.; 1965, S. 195; 1963, S. 742f.; vgl. Weltsch 1961, S. 73). - Und wenn die Juden gelegentlich als "Volk der Geschichte" bezeichnet werden, als Volk, das "Geschichte gemacht" oder vielleicht sogar die Geschichte erfunden hat (vgl. Wiesel 1979, S. 21), so bedeutet das eben zugleich auch, daß die Welt als veränderliche und veränderbare erfahren wird, ja sie ist geradezu da, um verändert zu werden, sie muß verändert und verbessert werden, und zwar nach biblischer Weisung (vgl. Genesis 1,28). - Was bedeutet dies für Bubers Sozialphilosophie im Sinne 'Allgemeiner Soziologie'?

## 4. Kritik und Forderung

"Ich muß es noch einmal sagen: Ich habe keine Lehre. Ich zeige nur etwas. Ich zeige Wirklichkeit, ich zeige etwas an der Wirklichkeit, was nicht oder zu wenig gesehen worden ist. Ich nehme ihn, der mir zuhört, an der Hand und führe ihn zum Fenster. Ich stoße das Fenster auf und zeige hinaus. - Ich habe keine Lehre, aber ich führe ein Gespräch", bekannte Buber in seiner "Philosophischen Rechenschaft" (Buber 1962, S. 1114). Auch mit seiner Jerusalemer Antrittsvorlesung hatte er ein Fenster aufstoßen und hinauszeigen wollen, wohl wissend, daß er mit seinem Verständnis von Soziologie zwar damals nicht alleine stand, ohne schon vorhandene mächtige Gegnerschaften zu verkennen, wenn er sagte: Man werde ihm vielleicht einwenden, daß beides, die politische und die erzieherische Einwirkung, den Aufgabenbereich der Soziologie überschreite. Dieser Einwand habe jedoch eine historische Begründung: "Aus dem Philosophieren über soziale Gegenstände, das noch Comte und Stein trieben, wie zum Beispiel Hobbes oder Condorcet es vor ihnen getrieben haben, hat sich in der zweiten Hälfte des 19. und dem Anfang des 20. Jahrhunderts eine selbständige Wissenschaft abgelöst, die den Namen Soziologie beibehielt und sich die Beschreibung und Analyse der gesellschaftlichen Phänomene zum Ziel setzte. Sie hat aus ihrem Charakter als 'objektive' Einzelwissenschaft vielfach die Pflicht abgeleitet, 'wertfrei' zu sein, wie Max Weber und andere deutsche Soziologen es genannt haben, das heißt, Tatsachen und Zusammenhänge darzustellen und zu erklären, ohne dabei eine Einschätzung zum Ausdruck zu bringen." (Buber 1962, S. 1057f.)

"Aber als einer dieser Soziologen, Ferdinand Toennies, 1910 den ersten deutschen Soziologentag eröffnete", so Buber weiter, "begann er seine Ausführungen mit dem Satz (genaugenommen war es der siebente Satz, ERW.): 'Die Soziologie ist in erster Linie eine philosophische Disziplin' und bemerkte ergänzend, man könne die theoretische Soziologie auch Sozialphilosophie nennen. Damit sprach er aus, daß die Betrachtung des sozialen Bereichs als eines Ganzen, die Bestimmung der Kategorien, die darin walten, die Erkenntnis seiner Beziehungen zu den anderen Lebensbereichen und das Verstehen des Sinns gesellschaftlichen Seins und Geschehens eine philosophische Aufgabe sind und bleiben. Philosophie aber gibt es nicht ohne die Bereitschaft des philosophierenden Menschen, überall da, wo die dringende Frage herantritt, ob ein Gedanke richtig oder falsch, ob eine Handlung gut oder schlecht sei und so weiter, die Entscheidung nicht zurückzuhalten, sondern sie auf Grund der erkannten Wahrheit, so gut man sie eben zu erkennen vermochte, vorbehaltlos zu treffen, zu äußern und damit als wirkende Kraft in die Welt zu setzen. Philosophische Behandlung gesellschaftlicher Zustände, Vorgänge und Gebilde schließt demnach Wertung ein, sie schließt Kritik und Forderung ein - nicht als etwas Gewohntes, aber als etwas Schweres und Verantwortliches, das man nicht scheut, wenn es darauf ankommt." (Buber 1962, S. 1057f.; vgl. DGS 1911, S. 17ff. u. 24)

Aus der Forderung der 'Wertfreiheit' klang für Buber indessen eine Resignation heraus, die er folgendermaßen charakterisierte: "Der Geist wirkt ja doch nur, soweit er sich unter das Diktat mächtiger Gruppen, unter das Diktat dessen, was in der Geschichte waltet, das heißt der Macht stellt - so laßt uns denn ein Gebiet abgrenzen, in dem der Geist nicht zu wirken, sondern nur zu erkennen hat, und sichern wir ihm immerhin innerhalb dieses Gebietes die Unabhängigkeit!" - Seither, so Buber im Jahre 1938, sei die Resignation Europas noch sehr vorgeschritten; aber dieser Situation und ihrer tiefen Problematik gegenüber müsse der soziale Denker, der sein Amt kenne, sich immer von neuem die Frage stellen: "Wie kann der Geist auf die Änderung der gesellschaftlichen Wirklichkeit einwirken?" (Buber 1962, S. 1060ff.)

Gegen Platons Idee und Erfahrung von Geist und Macht setzte Buber alsdann exemplarisch jene Jesajas entgegen, der bereits am Anfang seines Weges erfuhr, daß er scheitern muß (vgl. Jesaja 6ff.). Im Unterschied zu Platon konnte er nicht enttäuscht werden, denn das Scheitern gehörte zu seinem Weg. Er glaubte nicht an den Beruf des geistigen Menschen zur Macht, schon weil er selbst ein Mann des Geistes ohne Macht gewesen ist. Auch darin besteht die Rolle des Propheten, eben machtlos zu sein. Aber Jesaja hatte eine Botschaft, nämlich die der Gerechtigkeit im Sinne einer Kritik und Forderung, die sich auf die Gesellschaft als das Miteinanderleben der Menschen richtete: Wo die soziale Ungleichheit, die Scheidung in Freie und Unfreie, die Gemeinschaft zersprenge und Abgründe zwischen den Menschen aufreiße, da gebe es kein wahres Volk, nicht Gesellschaft, sondern Ungesellschaft: "Hier ergeht die Kritik und Forderung an jeden einzelnen Menschen, von dem andere Menschen abhängen, an jeden, der das Schicksal anderer Menschen mitzubestimmen hat, und das heißt, an jeden überhaupt." - Selbstverständlich wußte Buber genau, daß der soziale Denker kein Prophet ist, sondern allenfalls Philosoph. Er hat keine Botschaft und vielleicht nicht einmal eine Lehre. Und für die Änderung der gesellschaftlichen Wirklichkeit könne ihm nicht die platonische Aufgabe der Aufrichtung eines allgemeingültigen Bildes der Vollkommenheit gestellt sein, vielmehr müsse er sich vor Jesajas Aufgabe sehen, nämlich die der Kritik und Forderung in jeder gegenwärtigen Situation (Buber 1962, S. 1060ff. u. 1066ff.; vgl. Schaeder 1966, S. 342f.; Dahrendorf o.J. u. 1968, S. 165ff.).

Buber stand noch in der Ursprungstradition der Soziologie, also der Allgemeinen Soziologie im Sinne von Sozialphilosophie, wie in seinem "Kolleg" vom Sommersemester 1938 deutlich wird, worin er sich mit Aristoteles und Kant, Hegel und Marx, Feuerbach und Nietzsche, Heidegger und Scheler unter dem Titel "Das Problem des Menschen" befaßte (vgl. Buber 1962, S. 307-407; 1965; S. 115ff.; Weltsch 1961, S. 450; Taubes 1963, S. 405; Kraft 1966, S. 106; Schaeder 1966, S. 347ff. u. 352). Seine Versuche sind Lösungsversuche des Problems des Menschen, des eigentlichen Problems der Moderne, des Zusammenlebens der Menschen in einer fraglich gewordenen Welt. Wie viele andere Vorgänger und Zeitgenossen sah er den fortschreitenden Zerfall überkommener Formen direkten menschlichen Zusammenlebens, einen Zerfall, den auch die bürgerliche Gesellschaft nicht aufhalten konnte, zumal sie ihre Versprechungen der Freiheit, Gleichheit und Brüderlichkeit niemals eingelöst hat. Unser Zeitalter habe nun ein Erlahmen und Versagen des Menschen nacheinander in drei Bereichen erlebt: Im Bereich der Technik, insofern der Mensch mehr und mehr zur Peripherie und zum Appendix der Maschine geraten sei; im Bereich der Wirtschaft, sofern die Produktion zwar ins Ungeheure, aber auch Unsinnige gesteigert wurde und doch die Bedürfnisse großer Teile der Menschheit nicht befriedigt habe; im Bereich der Politik, sofern die Menschen schon im Ersten Weltkrieg unfaßlichen Mächten ausgeliefert gewesen seien, ganz zu schweigen von dem, was sich erst noch anbahne (Buber 1967, S. 118, 135f.; 1962, S. 353f.). Das sind Feststellungen immerhin, die sich gewiß auch heute noch hören lassen können.

Für Buber waren die drei Prinzipien der Französischen Revolution längst auseinandergebrochen: "Dort waren die Abstrakta Freiheit und Gleichheit durch die konkretere Brüderlichkeit zusammengehalten; denn nur wenn Menschen sich als Brüder fühlen, können sie einer echten Freiheit voneinander und einer echten Gleichheit miteinander teilhaftig werden. Als dem Losungswort der Brüderlichkeit sein Wirklichkeitsgehalt entzogen wurde, konnte jedes der beiden übrigen sich gegen das andere etablieren, um dabei immer weiter von der Wahrheit abzukommen und sich immer gründlicher mit fremden Elementen der Machtsucht und Besitzgier zu vermischen..." Eine echte und zu dauern bestimmte Neuordnung der Gesellschaft von innen her werde jedoch nur durch die Vereinigung der Produzenten mit den Konsumenten, jeder von beiden Parteien in selbständigen und wesenseigenen kooperativen Einheiten konstituiert, geraten können, eine Vereinigung, deren sozialistische Kraft und Lebendigkeit nur durch eine Fülle zusammenwirkender Vollgenossenschaften verbürgt werden könne (Buber 1953, S. 314f.; 1967, S. 118 u. 135f.).

Die Hoffnung der Stunde richtete sich für Buber auf die "Erneuerung der dialogischen Unmittelbarkeit zwischen den Menschen", und sein Ideal eines erneuerten Menschen in einer erneuerten Gesellschaft konnte sich nur in der Unmittelbarkeit von Mensch zu Mensch realisieren: "Echte Gemeinschaft und echtes Gemeinwesen werden sich nur in ebendem Maße verwirklichen, in dem die Einzelnen wirklich werden, aus deren verantwortendem Dasein sich das öffentliche Wesen erneut." Denn "Die Urhoffnung der Geschichte geht auf eine echte, somit durchaus *gemeinschaftshaltige* Gemeinschaft des Menschengeschlechts." (Buber 1953, S. 320 u. 325; 1954, S. 253; 1962, S. 998; 1965, S. 74; vgl. auch 1962, S. 204ff., 352, 850f., 925ff., 993ff., 1006ff.)

Dem "Sozialen" obliege bei Buber also eine "verwaltend-ordnende" Aufgabe in der Gesellschaft, dem "Politischen" eine auf Macht und Herrschaft fußende, die über der Gesellschaft stehe, fand Shermajahu Talmon: Seine "Tendenz ist es, Macht und Herrschaft auf ein unumgängliches Mindestmaß zu beschränken und der ordnenden Verwaltung mehr Raum zu schaffen, da sie auf der prinzipiellen Gleichheit und Gleichberechtigtheit der Verwalteten fundiert." Im Gegensatz zu marxistischen Ideologen und ähnlich wie Lorenz von Stein habe er auf der Unabhängigkeit des "gesellschaftlichen" oder "gemeinschaftlichen" Lebens vom "staatlichen" bestanden (Talmon 1982, S. 112 u. 116f.; vgl. Susser 1979). - Bubers Geschichtsphilosophie aber war für Taubes durch zwei widerstrebende Motive aus den Fugen geraten: "Einerseits wird Buber von romantischer Sehnsucht geleitet, in seiner unermüdlichen Suche nach Zuständen unmittelbarer charismatischer Erfahrung in der Geschichte, in der der ursprüngliche Zustand der Gemeinschaft zwischen Menschen zur historischen Aktualität wird... Andererseits ruft Buber unablässig zur 'Verwirklichung' der Forderung des Geistes inmitten historischer Wirklichkeiten auf" und habe Moses Hess als seinen Vorläufer betrachtet (Taubes 1963, S. 412 u. 403).

Doch hier ist wiederum mit Talmon zu sehen: "Seine Anthropologie - sein Bild vom Menschen - und seine Soziologie - seine Lehre von der Gesellschaft - sind an Idealkonzeptionen gebunden, die in der Dimension des Übermenschlichen, des Göttlichen haften, also in den Bereich des noch nicht im menschlichen Raum Erfahrbaren... und daher in den Bereich der Utopie gehören!" Dennoch teile der aus der hebräischen Bibel gewonnene "biblische" oder "hebräische Humanismus" mit dem "utopischen Sozialismus" im Sinne Bubers eine offensichtliche Wirklichkeitsbezogenheit (Talmon 1982, S. 111 u. 117; vgl. Schaeder 1966, S. 1). - Abraham habe das Stichwort gegeben, indem er aufbrach und wanderte, meinte Friedrich Heer; das jüdische Volk sei "der Mensch auf der Wanderschaft", homo viator, populus viator, und: "Juden geben Stichworte zum Fortschritt: Jesus, Maimonides, Spinoza, Marx, Trotzki, Freud, Einstein und ungezählte namenlose Blutzeugen!" (Heer 1981, S. 277; vgl. Goldschmidt 1966, S. 9; Schaeder 1966)

Zum soziologischen Denker werde ein Mensch nicht, wenn sein Traum und seine Leidenschaft sich nie mit Traum und Leidenschaft einer menschlichen Gesellschaft vermischt hätten, - wobei man zum Beispiel an Tocquevilles großartige Beschreibung des revolutionären Frankreich denken kann: "Die Schriftsteller gaben dem Volke, das diese Revolution machte, nicht nur ihre Ideen, sondern auch ihr Temperament und ihre Stimmung... Die Bücher hatten die Theorie geliefert; das Volk übernahm die Praxis und paßte die Ideen der Schriftsteller seiner eigenen Wut an." (Tocqueville 1969, S. 130 u. 177) - Aber der Soziologe ist kein Schriftsteller oder allenfalls bzw. bestenfalls auch, und im Augenblick des Gedankens darf er - nach Buber - selbst nur noch Person sein, erkennende, dem Gegenstand aufgeschlossene Person: "Die so gewonnene Erkenntnis ist es, auf deren Grunde der soziologische Denker, wo die dringende Frage an ihn herantritt, werten und entscheiden, rügen und fordern darf, ohne sich gegen das Gesetz seiner Wissenschaft zu vergehen. Nur so bewährt sich der Geist in der Krisis, die ihn und die gesellschaftliche Wirklichkeit mitsammen umfängt. Der Geist spricht sein Wort der Forderung, ...und er spricht es in die Welt hinein, die geändert werden soll." (Buber 1962, S. 1059) So weit, - so gut?

Spätestens hier wäre nun zweifellos manches zu fragen. Fragen nicht nur an Buber, sondern vor allem an uns selbst: Wievielen Soziologen zum Beispiel heute noch der Sinn nach Weltveränderung steht, bis und wenn sie erst einmal beamtete Fachsoziologen geworden sind - falls ihnen je danach zumute gewesen sein sollte, was vielleicht längst nicht mehr sein muß oder darf. - Oder: wann endlich der Computer erfunden wird, aus dem der Geist sein programmiertes Wort welcher Forderung auch immer sprechen wird. Ob man die Wirklichkeit gar nicht mehr entlarven, sondern "sich ihrer versichern" will, wie etwa Tenbruck kürzlich bemerkte. Ob "Die Krise (ist) das Ergebnis vieler Rückzüge" ist, "die mit dem gesellschaftlichen Einbau des Faches begannen." - "Neue Lagen, alte Fragen"?

(Tenbruck 1984, S. 25). - Ob dieser "Einbau" nicht schon zugleich mit dem Ausbau von Werten und Bewertung, Kritik und Forderung begonnen hat. Ob diese Entwicklung nicht in Langeweile enden mußte, mit "zu vielen soziologischen Arbeiten, deren thematische Belanglosigkeit nur noch von ihrer Unverständlichkeit überboten wird", wie etwa angesichts des letzten Soziologentages festgestellt wurde (vgl. Nonnenmacher 1984, S. 25). - Ob diese einstmals "kritische und fordernde Wissenschaft" inzwischen so wertfrei geworden, daß sie bereitwillig jedwede Wendebeihilfe leistet (soweit sie das kann) und zu einer der verläßlichsten Stützen der gegenwärtigen Gesellschaft geraten ist. - Ob diese "Disziplin ohne Disziplin" inzwischen vielleicht nicht zuviel falsche Disziplin übt. Ob sich ihr fabelhafter politischer Einbau nicht vielleicht als Scheinbau erweisen, ihre Lehre zur Leere geraten könnte.

Nun habe ich keinesfalls die Absicht, noch am Ende mein Thema zu verfehlen oder nicht. Solche und ähnliche mögliche Fragen sind eigentlich nicht mein Problem, und ich habe mich mitnichten unterstehen wollen, eine Kritik der Soziologie auch nur zu versuchen, zumal es davon schon fast genug geben dürfte, d i e Soziologie jedoch nicht, aber viele, die sich Soziologen nennen oder so genannt werden, wenn sie das betreiben, was sie für Soziologie halten, um einmal mehr jenes hübsche "dreiste Bonmot" zu bemühen (vgl. Wiehn 1975, S. 12). "Des Kaisers neue Kleider" hängen allemal nicht weit. Entgegen landläufiger Meinung gibt es noch immer anständige und gute Soziologie. Vielleicht liegt ihr besonderer Reiz gerade darin, daß auf ihrem Feld noch "tausend Blumen" blühen dürfen. - Und damit zurück zu "Martin Buber als Soziolog", wie der Vortragstitel ohne Punkt und Fragezeichen lautet. Was ich aus seinem Werk nun dazu dargeboten habe, konnte leider nur eine nicht sehr zulängliche Auswahl sein (vgl. Jüd. National- u. Universitätsbibliothek 1978; Deutscher Koordinierungsrat 1978; Zink 1978). - Ob Buber dennoch als "Soziolog" oder Soziologe erscheinen mochte und gelten kann oder nicht, wird nun am besten jeder selbst entscheiden. Mir will diese Frage übrigens gar nicht so wichtig erscheinen, richtig allerdings dies, daß er vielleicht doch auf Wirklichkeiten hingewiesen hat, die womöglich längst schon zu wenig gesehen werden mögen. Daher könnte er vielleicht auch heute noch das Fenster aufstoßen und hinauszeigen helfen. Natürlich nur für jene, die sehen wollen, was es da zu sehen gibt und die erkennen wollen, was zu ändern ist. Vielleicht immerhin. Denn "Die Hoffnung für diese Stunde ist auf die Hoffnung selber, auf uns selber gestellt...", und zwar: "Hier wo man steht" (Buber 1953, S. 320, 325f.; 1981, 43ff.).

## Literatur

Th.W. Adorno, Vorlesung zur Einleitung in die Soziologie. (1968) Frankfurt 1973.

B.L. Alperson, "In Search of Buber's Ghosts: A Calculus for Interpersonal Phenomenlogy." In: Behavioral Science, May 1975, S. 179-190.

A. Anzenbacher, Die Philosophie Martin Bubers. Wien 1965.

D. Bell, Die Zukunft der westlichen Welt. Frankfurt 1976.

M. Buber, "Geleitwort zur Sammlung." In: W. Sombart, Das Proletariat. Frankfurt 1906, S.V-XIV.

M. Buber, Die Erzählungen der Chassidim. Zürich 1949.

M. Buber, Hinweise. Zürich 1953.

M. Buber, Die Schriften über das dialogische Prinzip. Heidelberg 1954.

M. Buber, Werke, Erster Band, Schriften zur Philosophie. München/Heidelberg 1962.

M. Buber, Werke, Dritter Band, Schriften zum Chassidismus. München/Heidelberg 1963.

M. Buber, "Autobiographische Fragmente." (1963a) In: P.H. Schilpp/M. Friedman, Martin Buber. Stuttgart 1963, S. 1-34.

M. Buber, "Antwort" (1963b) In: P.H. Schilpp/M. Friedman, Martin Buber. Stuttgart 1963, S. 589-639.

M. Buber, Der Jude und sein Judentum. Köln 1963c.

M. Buber, Werke, Zweiter Band, Schriften zur Bibel. München/Heidelberg 1964.

M. Buber, Nachlese. Heidelberg 1965.

M. Buber, Briefwechsel aus sieben Jahrzehnten. Band I: 1897-1918, hrsg. v. G. Schaeder, Heidelberg 1972.

M. Buber, Der Weg des Menschen nach der chassidischen Lehre. Heidelberg, 8. Auflage 1981.

R. Buber, "Die Buber-Familie. Erinnerungen." In: W. Licharz (Hg.), Dialog mit Martin Buber. Frankfurt 1982, S. 346-361.

M. Buber (mit F. Rosenzweig), Die fünf Bücher der Weisung. Fünf Bücher des Moses. Köln u. Olten o.J.

B. Casper, Das dialogische Denken. Freiburg, Basel, Wien 1967.

B. Casper, "Franz Rosenzweigs Kritik an Martin Bubers 'Ich und Du'." In: W. Licharz (Hg.), Lernen mit Franz Rosenzweig. Frankfurt 1984, S. 273-288.

R. Dahrendorf, "Soziologie und Nationalsozialismus." In: H. Diem (Hg.), Deutsches Geistesleben und Nationalsozialismus. Tübingen 1965, S. 108-124.

R. Dahrendorf, Über den Ursprung der Ungleichheit unter den Menschen. Tübingen, 2. Auflage 1966, S. 10, Anm. 4.

I. Dilger, Das dialogische Prinzip bei Martin Buber, Frankfurt 1983.

W.P. Eckert, H.L. Goldschmidt, L. Wachinger, Martin Bubers Ringen um Wirklichkeit. Stuttgart 1977.

M. Friedman, "Die Grundlagen von Martin Bubers Ethik." In: P.H. Schilpp u. M. Friedman, Martin Buber. Stuttgart 1963, S. 153-179.

M. Friedman, Martin Buber's Life and Work. The middle Years 1923-1945. Bd. 2, New York 1983.

H.L. Goldschmidt, Abschied von Martin Buber. Köln u. Olten 1966.

W.-D. Gudopp, Martin Bubers dialogischer Anarchismus. Bern/Frankfurt 1975.

H. Horn, Leben und Werk Martin Bubers im Spiegel seines Briefwechsels. Rheinstetten 1979.

A.M. Keim (Hg.), Yad Vashem. Die Judenretter aus Deutschland. München 1983.

H. Kohn, Martin Buber. Sein Werk und seine Zeit. 4. Auflage, Köln 1961.

W. Kraft, Gespräche mit Martin Buber. München 1966.

G. Landauer, Die Revolution. (1912) Frankfurt 1919.

S. Landshut, Kritik der Soziologie. München u. Leipzig 1929.

W. Licharz (Hg.), Dialog mit Martin Buber. Frankfurt 1982.

W. Licharz (Hg.), Lernen mit Franz Rosenzweig. Frankfurt 1984.

A. v. Martin, Mensch und Gesellschaft heute. Frankfurt 1965.

P.R. Mendes-Flohr, Von der Mystik zum Dialog. 'Martin Bubers geistige Entwicklung bis zu Ich und Du.' Königstein 1978.

G. Nonnenmacher, "Abseits der Konflikte. Zum 22. Deutschen Soziologentag in Dortmund." In: Frankfurter Allgemeine Zeitung, 15.10.1984, S. 25.

F. Oppenheimer, Der Staat. (1912) Frankfurt 1923.

J. Ortega y Gasset, Über das Römische Imperium. Stuttgart 1955.

H. Plessner, Diesseits der Utopie. (1966) Frankfurt 1974.

F. Rosenzweig, "Aus Bubers Dissertation." In: Aus unbekannten Schriften. Festgabe für Martin Buber zum 50. Geburtstag. Berlin 1928, S. 240-244.

G. Schaeder, Martin Buber. Hebräischer Humanismus. Göttingen 1966.

G. Schaeder, "Martin Buber. Ein biographischer Abriß." In: M. Buber, Briefwechsel aus sieben Jahrzehnten. Band I, 1897-1918 (Hg. G. Schaeder), Heidelberg 1972, S. 19-141.

P.A. Schilpp u. M. Friedman, Martin Buber. Stuttgart 1963.

G. Scholem, "Martin Bubers Auffassung des Judentums." In: G. Scholem, Judaica 2. Frankfurt 1970, S. 133-192.

G. Simmel, Die Religion. (1912) Frankfurt 1922.

G. Simmel, Grundfragen der Soziologie. Individuum und Gesellschaft. (1917) Berlin, 3. Auflage 1970.

E. Simon, Entscheidung zum Judentum. Frankfurt 1980.

B. Susser, The Anarcho-Federalism of Martin Buber. Ramat Gan (Bar Ilan University, Working Paper Nr. 12) 1979.

G. Sutter, Wirklichkeit als Verhältnis. Der dialogische Aufstieg bei Martin Buber. München u. Salzburg 1972.

S. Talmon, "Utopie und Wirklichkeit im Denken Martin Bubers." In: W. Licharz (Hg.), Dialog mit Martin Buber. Frankfurt 1982, S. 108-124.

J. Taubes, "Martin Buber und die Geschichtsphilosophie." In: P.A. Schilpp u. M. Friedman, Martin Buber. Stuttgart 1963, S. 398-413.

F. Tenbruck, "Neue Lagen, alte Fragen. Zur Lage der Wissenschaften vom Menschen: Die Soziologie (1)" In: Frankfurter Allgemeine Zeitung, 14.9.1984, S. 25.

A. de Tocqueville, Der alte Staat und die Revolution. (1856) Reinbek 1969.

P. Watzlawick, Wie wirklich ist die Wirklichkeit? München 1976.

M. Weber, Soziologie. (Hg. J. Winckelmann), Stuttgart 1956.

G. Wehr, Martin Buber. In Selbstzeugnissen und Bilddokumenten. (1968) Reinbek 1974.

G. Wehr, Der deutsche Jude Martin Buber. München 1977.

C.F. v. Weizsäcker, "Ich-Du und Ich-Es in der heutigen Naturwissenschaft." In: P.A. Schilpp u. M. Friedman, Martin Buber. Stuttgart 1963, S. 533-537.

R. Weltsch, "Nachwort. Martin Buber 1930-1960." In: H. Kohn, Martin Buber. Sein Werk und seine Zeit. (1930) Köln 1961, S. 413-479.

R. Weltsch, "Bubers politische Philosophie." In: P.A. Schilpp u. M. Friedman, Martin Buber. Stuttgart 1963, S. 384-397.

E.R. Wiehn, Intellektuelle in Politik und Gesellschaft. Stuttgart 1971.

E.R. Wiehn, Kaddisch - Totengebet in Polen. Reisegespräche und Zeitzeugnisse gegen Vergessen in Deutschland. Darmstadt 1984; 2. Auflage 1987.

L. v. Wiese, Soziologie. Geschichte und Hauptprobleme. (1926) 7. Auflage, Berlin 1964.

E. Wiesel, "Die Massenvernichtung als literarische Inspiration." In: E. Kogon u. J.B. Metz (Hg.), Gott nach Auschwitz. Freiburg 1979, S. 21-50.

B. Wittschier, Das Zwischen als dialogischer Logos. Bedeutung der Anthropologie Martin Bubers für die Pädagogik. Frankfurt, Bern, Cirencester 1980.

W. Zink (Hg.), Martin Buber 1878-1978. Bonn 1978.

## Sonstige Literatur

Deutsche Gesellschaft für Soziologie (Hg.), Verhandlungen des Ersten Deutschen Soziologentages vom 19.-22. Oktober 1910 in Frankfurt. Tübingen 1911.

Deutscher Koordinierungsrat der Gesellschaften für Christlich-Jüdische Zusammenarbeit (Hg.), Martin Buber 1878-1978. Leben, Werk und Wirkung. Frankfurt 1978.

Hessische Landesregierung (Hg.), Martin Buber. Festakt der hessischen Landesregierung und der Universität Frankfurt am Main am 8. Februar 1978 in der Frankfurter Paulskirche.

Jüdische National- und Universitätsbibliothek (Hg.), Martin Buber 1878-1978. Jerusalem 1978.

The Hebrew University Jerusalem. Its History and Development. Jerusalem 1942.

## Lexika

Das Große Duden-Lexikon, Bd. 1, 1964, S. 973.

Der Große Brockhaus, Bd. 2, 1978, S. 334.

Der Große Herder, Bd. 2, 1953/56, S. 428.

Die Neue Herder-Bibliothek, Bd. 1, 1970/72, S. 615.

Enzyclopaedia Judaica, Vol. 4, 1971, S. 1429-1433.

Große Jüdische National-Biographie, Bd. 1, 1925 (Nendel 1979), S. 472f.

Meyers Enzyklopädisches Lexikon, Bd. 4, (Mannheim) 1972, S. 845f.

Meyers Großes Universal Lexikon, Bd. 3, 1981, S. 7.

Meyers Neues Lexikon, Bd. 2, (Leipzig) 1972, S. 601.

The Universal Jewish Encyclopedia, Vol. 2, (New York) 1940, S. 569f.

## Nachtrag

Sch. Ben-Chorin, Zwiesprache mit Martin Buber. Erinnerungen an einen großen Zeitgenossen. (1966) Gerlingen 1978.

W. Brede, "Die eindrucksvolle Wiederkehr der Kultursoziologie. Festschrift für Friedrich H. Tenbruck zu seinem fünfundsechzigsten Geburtstag." In: Frankfurter Allgemeine Zeitung, 12.12.1984, S. 11.

M. Buber, Der utopische Sozialismus. (1950) Köln 1967.

M. Buber, Das Problem des Menschen. (1938, 1942, 1947, 1948) 5. Auflage, Heidelberg 1982.

R. Dahrendorf, Für eine Erneuerung der Demokratie in der Bundesrepublik. München 1968.

R. Dahrendorf, Die Soziologie und der Soziologe - Zur Frage von Theorie und Praxis. Konstanz o.J.

N. Einstein, Der Alltag. (1918) In: Der Alltag, Nr. 4, 1984.

F. Grinnell, "The Problem of Intersubjectivity. A Comparison of Martin Buber and Alfred Schutz." In: Human Studies, 6, 1983, S. 185-195.

F. Heer, Gottes erste Liebe. Die Juden im Spannungsfeld der Geschichte. (1967) München u. Berlin 1981.

H. Heine, "Reisebilder". Italien 1828, Kap. XXX, in: H. Heine. Werke. Bd. 2, Wiesbaden o.J.

H. Liebeschütz, Von Georg Simmel zu Franz Rosenzweig. Tübingen 1970.

H. Pross, Die deutsche akademische Emigration nach den Vereinigten Staaten 1933-1941. Berlin 1955.

H. Simon u. M. Simon, Geschichte der jüdischen Philosophie. München 1984.

M. Theunissen, Der Andere. (1965) 2. Auflage, Berlin 1977.

E.R. Wiehn, Soziale Wirklichkeit als Herausforderung der Soziologie. München 1975.

"Das Ich als Träger des Ethischen. Professor G. Gabriel sprach in der Universität." In: Südkurier, 11.12.1984, S. 19.

# II. Juden in der Soziologie*

## Über Judentum und Soziologie

Professor David Daube
gewidmet

### Vorwort

Eine öffentliche universitäre Vortragsreihe unter dem Titel 'Juden in der Soziologie' sei heute in Amerika oder England oder auch in europäischen Nachbarländern kaum möglich, ja dort käme man vielleicht nicht einmal auf eine solche Idee und wenn, dann würde man sich eventuell sogar heftig dagegen verwahren, meinten verschiedene ausländische Freunde und Kollegen mit Auslandserfahrung, um dann selbst diese Thematik durchaus interessant genug zu finden, womöglich sogar attraktiver, als sie sich offen eingestehen mochten. Warum eigentlich?

'Juden in der deutschen Literatur', so lautet immerhin der Untertitel eines 1989 als Neuauflage veröffentlichten Buches von Marcel Reich-Ranicki, welches im Haupttitel freilich 'Über Ruhestörer' heißt, was vielleicht auch für manche Soziologen zutreffen könnte: "Sie wirkten und wirken als jene Ruhestörer und Provokateure, die Deutschland immer gebraucht, meist geschätzt und nie geliebt hat." Aber nicht zur Feier der Juden habe er diese Arbeit geschrieben, weder rühmen noch verteidigen solle dieses Buch; es wolle aber auch nicht beschuldigen oder anklagen, vielmehr möchte es klären und aufhellen: "Wenn aber schon die Definition des Begriffs 'Jude' auf so außerordentliche Schwierigkeiten stößt, wie sollte es dann möglich sein, das Jüdische in der deutschen Literatur zu charakterisieren?" (M. Reich-Ranicki 1989, S. 57 u. 39) Und wozu?

Im Zusammenhang einer öffentlichen Vortragsreihe über 'Judenfeindschaft' (vgl. E.R. Wiehn 1989, siehe hier Beitrag Nr. 1) im Wintersemester 1988/89 an der Universität Konstanz wurde die Frage gestellt: "Können Sie denn nicht auch einmal etwas Positives bringen? Muß es immer wieder das sein, was man schon lange nicht mehr hören kann?" - Auf diese Frage muß man zwar jederzeit gefaßt sein, was aber antwortet man augenblicklich darauf? "Wer (soziologisch) nicht hören will, muß ('republikanisch') fühlen!" Oder dergleichen? - Als eine andere

* In: E.R. Wiehn (Hg.), Juden in der Soziologie. Eine öffentliche Vortragsreihe an der Universität Konstanz 1989. Konstanz 1989, S. 13-93, Vorwort dort S. 9f.

Art von Antwort mag sich diese Vortragsreihe erweisen, als Antwort beispielsweise auf die wirklich wichtige Frage, was eigentlich die Tatsache 'Deutschland (fast) ohne Juden' in diesem Fall bedeutet. Sind wir uns halbwegs bewußt, welche Kultur- und Wissenschaftsentwicklung vor über einem halben Jahrhundert radikal abgebrochen, welcher geistige Reichtum vermutlich ein für allemal zerstört wurde, und zwar auch in einer Wissenschaft namens Soziologie?

Der bemerkenswerte, vielleicht sogar spannende Tatbestand 'Juden in der Soziologie' soll in der folgenden Vortragsreihe von verschiedenen Seiten her aufzuschlüsseln versucht werden, und zwar einerseits in Form von soziologischen Milieubeschreibungen, andererseits in Gestalt von Persönlichkeits- und Werkporträts, wobei es durchweg weniger darum geht, wie Juden in der Soziologie thematisiert werden, sondern eben um Juden oder Gelehrte jüdischer Herkunft in der Soziologie und Sozialphilosophie. Warum gab und gibt es bemerkenswert viele Juden in dieser Wissenschaft, und lassen sich darin so etwas wie 'jüdische Spuren' finden, womöglich sogar bei jenen, die sich selber vom Judentum distanzierten?

Bei der Organisation dieser Vortragsreihe gab es seitens der Eingeladenen erstaunlicherweise nur eine einzige Absage, die freilich interessant genug erscheint, um sie hier wenigstens auszugsweise zu dokumentieren: "... Es ist eine betrübliche Erfahrung, daß derartige Veranstaltungen, ganz gleich, wer sie organisiert, ganz gleich, wer die Redner sind, und ganz gleich, was der Prospectus an Gegenteiligem erklären und explizieren mag, von außen her mehr oder weniger automatisch als eine 'jüdische Angelegenheit' identifiziert werden, und zwar ganz gleich, ob die Kritik positiv oder negativ ausfällt, von Freund oder Feind kommt." - Warum?

Weiter schrieb der Kollege: "... im besonderen Fall von X. hielte ich es, obwohl er ja tatsächlich aus einer jüdischen Familie stammt, für groben Unfug und in völligem Widerspruch zu seiner ganzen Lebensführung..., wollte ich jetzt hingehen und über ihn spezifisch als einen 'Juden in der Soziologie' sprechen. Gewiß, gewiß, ich weiß, daß es nicht so gemeint ist, und daß sich allerlei Soziologisches sagen ließe über die Tatsache, daß es eine ganze Anzahl völlig a-religiöser Juden in der Soziologie gab. Aber: die betrübliche Erfahrung lehrt, daß das gar nichts nützt, auch wenn man die Dinge noch so schön historisch, kulturell, politisch und ich weiß nicht wie erklärt: die Identifizierung bleibt, und ich hielte es für völlig verfehlt, nun auch noch dazu beizutragen." - Ob dieser Sammelband vom Gegenteil überzeugen kann?

Durch einige glückliche Umstände ist jedenfalls nicht nur eine verhältnismäßig vielseitige Vortragsreihe zustandegekommen, vielmehr durch die Bereitschaft der Autoren auch ein womöglich ungewöhnlicher Sammelband, den es in der Form noch nicht gegeben haben dürfte, selbst wenn er im Vergleich zu dem, was überhaupt noch zu erforschen wäre, nur ein bescheidener Anfang sein kann. Auf jeden Fall ist klar geworden, daß es sich um ein sehr komplexes Phänomen handelt, das bislang noch nicht angemessen gewürdigt worden ist. Auch deshalb waren 'Juden in der Soziologie' mindestens eine universitäre Vortragsreihe wert. Was dabei herausgekommen ist, wird sich zeigen, vielleicht wenigstens ein Beitrag zur Geschichte und zum besseren Verständnis der Soziologie. Oder mehr?

Der Titel 'Juden in der Soziologie' sollte sich übrigens selbstverständlich auch auf Jüdinnen beziehen, was hier leider nur im Beitrag von Dr. Maja Wicki zu realisieren war, und bleibt, wiederum mit dieser Ausnahme, hauptsächlich auf deutsch-jüdische Sozialwissenschaftler begrenzt. - Da sich die tatsächliche Abfolge der Vorträge aus den terminlichen Möglichkeiten der Beteiligten ergab und somit durch mancherlei Zufälligkeiten zustande kam, wurden die zwölf Beiträge in diesem Sammelband so geordnet, daß den ersten drei einführenden Vorträgen die übrigen neun durchweg nach den Geburtsjahrgängen derjenigen folgen, die jeweils im Titel und Zentrum stehen, was sogar zu gewissen zusätzlichen verständnisfördernden Effekten führen könnte.

Allen Autoren sei hier nicht nur nochmals für ihre Beteiligung an der Vortragsreihe herzlich gedankt, zumal manche mancherlei Mühe und Selbstlosigkeit auf sich nehmen mußten, sondern auch dafür, daß sie ihre Beiträge für diesen Sammelband zur Verfügung stellten. Herzlichen Dank gebührt auch wieder einmal Heide Fehringer für die geduldige und sorgfältige Abschrift der Manuskripte, Winfried Lieth, M.A., für sein aufmerksames Korrekturenlesen, Schlomo Marcus, M.A. (Yeruham/Israel) für seine wertvollen Hinweise zum Judentum und nicht zuletzt Mirjam Wiehn für ihre vielseitige Unterstützung des gesamten Unternehmens 'Juden in der Soziologie', - wodurch manche alten kollegialen Verbindungen wieder aufgefrischt wurden und sich unvermutete neue freundschaftliche Beziehungen entwickelten. - Schade ist übrigens, daß weder die sich den Vorträgen anschließenden Aussprachen und Diskussionen noch die im Verlaufe eines Studienjahres fast schon zur Tradition gewordenen oft langen Abend- oder Nachtgespräche in der 'Arche' bzw. Mainaustraße aufgeschrieben und hier aufgenommen werden konnten. Aber so wie etwa bei manchen Reisen ist es womöglich auch in diesem Fall ganz gut, daß etwas für ein andermal bleibt. Vielleicht sogar für ein internationales Konstanzer Universitätssymposium?

Kein Geringerer als Jürgen Habermas bemerkte einmal: "Auf diese deutsch-jüdische Tradition erwerben wir, auch und gerade nach Auschwitz, in dem Maße ein Recht, wie es uns gelingt, sie produktiv fortzusetzen, sie so zu benützen, daß wir den an Marx, an Freud, an Kafka geschulten Blick der Exilierten auf uns selber richten, um die entfremdeten, die verdrängten, die erstarrten Anteile als etwas vom Leben Abgespaltenes zu identifizieren. Dies ist die Zukunft der zur Vergangenheit gewordenen Assimilation des deutsch-jüdischen Geistes." (J. Habermas 1981, S. 379) Und Friedrich Georg Friedmann schrieb unlängst: "Vielleicht noch wichtiger ist die Tatsache, daß wenigstens einige von uns, Juden und Christen" - womöglich auch Nicht-Juden und Nicht-Christen - "versuchen, in der Nachfolge der Opfer zu leben." (F.G. Friedmann 1989, S. 13) Vielleicht auch als Soziologen.

## Vorbemerkungen

Was heißt 'Juden in der Soziologie'? - Was kann, was könnte es bedeuten? Juden als Soziologen, Juden und Soziologen als Außenseiter, Idealisten, Nonkonformisten, Heilspropheten, Sozialkritiker, 'Futuristen'? Soziologie als 'jüdische Sekte, oder gar 'jüdische Wissenschaft', vielleicht nicht nur wegen auffallend vieler Juden und Gelehrter jüdischer Herkunft in der Soziologie? 'Wahlverwandtschaft' zwischen Judentum und Soziologie bzw. 'innere Affinitäten' und 'inhaltliche Gleichgerichtetheiten' von 'jüdischer Existenz' und 'soziologischer Problemstellung'? Juden und Soziologen als Fremde und Periphere, Emigranten und Asylanten?

Man habe gefragt, so Friedrich Georg Friedmann kürzlich, warum Juden etwa auf Gebieten wie Soziologie, Psychoanalyse, Phänomenologie eine besondere Rolle gespielt hätten: "Die Bedeutung der Juden in der Soziologie wurde mit der Gemeinschaft in der jüdischen Tradition in Verbindung gebracht." Ihm scheine jedoch, daß solche Aussagen keinen wissenschaftlichen Anspruch erheben könnten, aber Franz Rosenzweig habe nicht ganz unrecht, wenn er das Exil als die eigentliche Heimat der Juden bezeichne (F.G. Friedmann 1989, S, 13 u. 12). Exil als eigentliche Heimat.

Wie es scheint, handelt es sich um ein ziemlich komplexes Phänomen, das bislang durchaus noch nicht angemessen gewürdigt worden sein könnte. Auch deshalb sind 'Juden in der Soziologie' vielleicht eine universitäre Vortragsreihe wert. Was dabei herauskommt, wird man sehen: Womöglich sogar mehr als nur ein Beitrag zur Geschichte der Soziologie, und das wäre ja auch schon etwas. - Wenn man überdies das dreiste Bonmot bedenkt: Soziologie sei das, was diejenigen, die sich Soziologen nennen oder so genannt werden, tun, wenn sie das betreiben, was sie für Soziologie halten, - dann mag das Thema möglicherweise noch interessanter sein, als es auf den ersten Blick erscheint. Man darf jedenfalls vielleicht gespannt sein.

"Wenn Sie mich fragen, was Soziologie eigentlich sein soll", so Theodor W. Adorno, "dann würde ich natürlich sagen, sie muß die Einsicht in die Gesellschaft sein, in das Wesentliche der Gesellschaft, Einsicht in das, was ist." (Th. W. Adorno 1973, S. 16) - Gleichwohl: "Soziologie war ursprünglich eine Heilslehre, ein Mittel, die durch die Französische Revolution desorganisierte Gesellschaft zu reorganisieren, und zwar in einem progressiven, nicht in einem restaurativen Sinne", fand Helmuth Plessner, und sie sei dazu bestimmt gewesen, der Politik eine Grundlage zu geben, "die den Kräften der Wissenschaft und der Industrie in einer unabwendbar gewordenen Zukunft des Unglaubens standhalten konnte, und zwar für alle Zeiten". So jedenfalls scheint Soziologie von ihren Erfindern und deren Zeitgenossen verstanden worden zu sein, noch bis in dieses Jahrhundert hinein. Ihr war "eine sozialisierende, eine sozialistische Aufgabe gestellt", und wenn diese Arbeit später auch mehr oder weniger strikt geteilt wurde, in jedem Fall sollte sie "dem Fortschritt der Menschheit" dienen, indem sie ihr dazu verhelfe, "den Entwicklungsgesetzen auf die Spur zu kommen, denen ihr geschichtlicher Gang bisher gefolgt ist und auch in Zukunft folgen wird" (H. Plessner 1974, S. 37).

Tatsächlich ist von einer "Geburt der Soziologie aus dem Geist der Revolution" gesprochen worden (R. Dahrendorf 1966, S. 10, Anm. 4), und dies war zunächst der Geist der bürgerlichen Revolution, vermischt mit dem Geist der industriellen Revolution, - ob auch mit 'jüdischem Geist' vermischt, das eben ist die Frage, bei deren Diskussion man sich vielleicht sogar an den Soziologen der 'protestantischen Ethik' halten kann: "Die Sozialwissenschaft, die *wir* treiben wollen, ist eine *Wirklichkeitswissenschaft*", konstatierte Max Weber: "Wir wollen die uns umgebende Wirklichkeit des Lebens, in welches wir hineingestellt sind, *in ihrer Eigenart* verstehen - den Zusammenhang und die Kultur*bedeutung* ihrer einzelnen Erscheinungen in ihrer heutigen Gestaltung einerseits, die Gründe ihres geschichtlichen So-und-nicht-anders-Gewordenseins andererseits." (M. Weber 1956, S. 212) Das heißt Ausgangspunkt des sozialwissenschaftlichen Interesses sei nun "zweifellos die *wirkliche,* also individuelle Gestaltung des uns umgebenden sozialen Kulturlebens in seinem universellen, aber deshalb natürlich nicht minder individuell gestalteten, Zusammenhange und in seinem Gewordensein aus anderen, selbstverständlich wiederum individuell gearteten, sozialen Kulturzuständen heraus" (M. Weber 1956, S. 214). - Was aber war und ist die Wirklichkeit des Lebens für Juden und Soziologen in Vergangenheit, Gegenwart und vielleicht sogar in Zukunft?

"Es kommt ein Ruf aus Seir in Edom: Wächter, wie lange noch die Nacht? Der Wächter spricht: Es kommt der Morgen, aber noch ist es Nacht. Wenn ihr fragen wollt, kommt ein ander Mal wieder." Mit diesem Zitat aus dem edomitischen Wächterlied des Propheten Jesaja (21,11-12) ließ Max Weber (1869-1920) im Jahre 1919 seinen ersten Vortrag 'Vom inneren Beruf zur Wissenschaft' ausklingen: Das Volk, dem das gesagt worden sei, habe gefragt und geharrt, "und wir kennen sein erschütterndes Schicksal. Daraus wollen wir die Lehre ziehen: daß es mit dem Sehnen und Harren allein nicht getan ist, und es anders machen: an unsere Arbeit gehen" (M. Weber 1956, S. 339), - was somit in aller Bescheidenheit einmal mehr versucht wird, wobei Max Webers hier zutage tretendes, vielleicht nicht ganz unproblematisches Juden-Bild an dieser Stelle einmal unkommentiert bleiben mag.

'Juden in der Soziologie' als ein bemerkenswerter, vielleicht sogar spannender Tatbestand soll in der folgenden Vortragsreihe von verschiedenen Seiten her aufzuschlüsseln versucht werden, und zwar in diesem Beitrag vor allem in Form von einführenden und einstimmenden Textcollagen - im Sinne von Porträt-, Situations- und Deutungsskizzen - in folgenden abschnittsweisen Anläufen: 1. Außenseiter: Affinität und Marginalität; 2. Intellektuelle: Spiritualität und Kreativität; 3. Nonkonformisten: Innovation und Revolution; 4. Heilspropheten: Monotheismus und Universalismus; 5. Sozialkritiker: Humanismus und Messianismus; 6. Soziologen: Radikalität und Rationalität; 7. Futurologen: Realität und Potentialität. - Wiederholungen im Text sind beabsichtigt.

## 1. Außenseiter: Affinität und Marginalität

"Jetzt weiß ich wenigstens, was Soziologie ist! Soziologie ist eine jüdische Sekte!" Diese scherzhafte Anekdote sei in den zwanziger Jahren in Deutschland umgegangen, vermerkt René König in seinem frühen Beitrag über 'Die Freiheit der Distanz - Der Beitrag des Judentums zur Soziologie' von 1961: Sie stamme aus Heidelberg, wahrscheinlich von dem Soziologenkongreß des Jahres 1924, und werde dem hervorragenden jüdischen Germanisten Friedrich Gundolf zugeschrieben, so daß man sie als politisch unverdächtig den Erörterungen voranstellen könne, was insoweit auch hier geschieht (vgl. R. König 1961, S. 70 u. 1987, S. 329; F. Heer, S. 301f.; E.R. Wiehn 1986, S. 732). - Aufgrund eigener Studien kann sich Dirk Käsler "zwar der Einschätzung Königs dieser Anekdote von Gundolf als 'scherzhaft' und 'politisch unverdächtig' nicht anschließen", vielmehr sieht er darin "eine tendenziell denunziatorische Wiedergabe des antisemitischen Vorurteils von der Soziologie als einer 'jüdischen Wissenschaft'", will sie aber "wie König interpretieren als den zeitgenössischen Hinweis auf die Tatsache, 'daß unter den bedeutenden Soziologen die Zahl der jüdischen Gelehrten um ein Vielfaches höher ist als sonst der Anteil von Juden am Leben der Wissenschaft und der Kultur'" (D. Käsler 1987, S. 56f.).

Das Wort 'Sekte' stehe hier wohl für die Leidenschaftlichkeit der soziologischen Diskussionen, so René König, für die zeitweilig unübersehbare Esoterik des soziologischen Fachjargons, für den Eifer, mit dem die Soziologen ihre Unterschiedenheit von anderen Wissenschaften betont und eifersüchtig auf ihre Besonderheit gepocht, und schließlich auch für die harte Kritik, welche sie gegen das traditionelle Wissenschaftssystem und gegen die Grundlagen der alten Logik gewandt hätten: "Das Wort jüdisch steht dagegen ganz zweifellos für die Tatsache, daß unter den bedeutenden Soziologen die Zahl der jüdischen Gelehrten um ein Vielfaches höher ist als sonst der Anteil von Juden am Leben der Wissenschaft und Kultur. So ist die Frage nach dem Beitrag des Judentums zur Soziologie sicher viel aktueller und berechtigter als in anderen Zusammenhängen." (R. König 1961, S. 70 u. 1987, S. 329)

Die Wahrheit dieser Feststellung könne man sehr leicht beweisen durch die Aufzählung der jüdischen Gelehrten, die in allen Ländern einen hervorragenden Beitrag zur Entwicklung der Soziologie und der Sozialwissenschaften insgesamt geleistet hätten, fand René König: Aber der Beitrag des Judentums zur Soziologie sei nicht durch eine Aufreihung von Namen und Werken zu würdigen, sondern einzig dadurch, daß die besondere Affinität des jüdischen Gelehrten zur Soziologie aus der allgemeinen sozialen und kulturellen Situation des Judentums in den modernen Gesellschaften verstanden werde. Nun erhebe sich sofort die Frage, wie denn die Kultur aussehe, die wir gemeinhin als 'jüdisch' bezeichneten. Dabei werde es eine wesentliche Rolle spielen, daß die Juden Max Weber zufolge nach Verlust ihrer Eigenstaatlichkeit ein eigentliches 'Pariavolk' seien, also "ein rituell, formell oder faktisch von der Umwelt geschiedenes Gastvolk", das von seiner Umgebung diskriminiert werde (vgl. R. König 1987, S. 329ff.). - Genau diese Webersche These von den Juden als 'Paria'-Volk wird übrigens von Schmuel N. Eisenstadt zurückgewiesen: Der Ausdruck 'Pariavolk' zur Charakterisierung der Beziehungen der Juden zu den sie umgebenden Völkern sei falsch, sowohl in der Periode des Zweiten Tempels als auch in der Periode der Zerstreuung danach (S.N. Eisenstadt 1981, S. 228ff.).

Die Beziehungen zwischen Judentum und Soziologie sei ein Thema mit mehreren Dimensionen, stellt Karl-Siegbert Rehberg in seinem Beitrag über 'Das Bild des Judentums in der frühen deutschen Soziologie' von 1988 fest: "Zuerst wäre zu denken an den bedeutenden Beitrag, den jüdische - wenigstens aus jüdischen Familien stammende - Gelehrte zur Entwicklung der Soziologie geleistet haben, für Deutschland sei an Georg Simmel, Max Scheler, Franz Oppenheimer, Karl Mannheim, Norbert Elias und Helmuth Plessner erinnert, des weiteren auch an die Vertreter der 'Frankfurter Schule'." - Wenn es nun tatsächlich so sei, daß ein überproportional hoher Anteil der Hochschullehrer und des wissenschaftlichen Nachwuchses in diesem Fach Juden gewesen seien, so liege es nahe, danach zu fragen, ob es zwischen Judentum und Soziologie 'Wahlverwandtschaften' gebe. Ebenso stelle sich die Frage nach 'inneren' Affinitäten und weiterhin stelle sich 'inhaltlich' die Frage nach Gleichgerichtetheiten von jüdischer Existenz und soziologischer Problemstellung. - Daß der Autor diese Frage jedoch nicht beantwortet, begründet er am Ende selber mit der Bemerkung: Er wollte lediglich zeigen, daß die frühe Soziologie in Deutschland die Bedeutung des jüdischen Beitrags zur Schaffung der europäischen Kultur von verschiedenen Standpunkten aus gewürdigt habe (K.-S. Rehberg 1987, S. 80ff. u. 1988, S. 150, 153, 182).

Wichtig erscheint jedoch zunächst eine Frage, die bereits Ralf Dahrendorf stellte: "Warum war die Zahl der Emigranten gerade in den Sozialwissenschaften so hoch? Warum mußten diejenigen, die emigrierten, Deutschland verlassen? Wer die Liste der Namen einmal an sich vorüberziehen läßt, dem drängt sich eine Antwort auf diese Frage auf: viele von ihnen waren Juden. In der Tat dürfte der Anteil der jüdischen Soziologen besonders hoch gewesen sein, wie er es übrigens heute noch in den Vereinigten Staaten und andernorts ist. Aber ist diese Feststellung schon eine Erklärung?" Dahrendorf bezog sich dabei gar nicht auf die Tatsache, daß nicht jeder jüdische Wissenschaftler so rasch seine Universität und Deutschland habe verlassen müssen, wie die meisten es taten; es habe hier zwischen den einzelnen Universitäten beträchtliche Unterschiede gegeben. Er meinte vielmehr, daß die Feststellung, viele Soziologen seien im willkürlichen Sinne nationalsozialistischer Rassentheorie Juden gewesen, uns der weiteren Frage nicht enthebe: "Warum waren denn so viele Soziologen Juden?" (R. Dahrendorf 1965, S. 113f.)

Christian von Ferber hatte für das Gebiet des Deutschen Reiches im Jahr 1933 nahezu 500 Wirtschafts- und Sozialwissenschaftler nachgewiesen; von allen Wirtschafts- und Sozialwissenschaftlern in Deutschland 1933 seien nun nicht weniger als 47 Prozent in der Nazizeit emigriert: Bedenke man, so Ralf Dahrendorf in einem bemerkenswerten Beitrag aus dem Jahr 1965, daß die Wirtschaftswissenschaften an den deutschen Universitäten immerhin bestehengeblieben, die Soziologie dagegen nahezu völlig verschwunden sei, so dürfte der Anteil der Emigranten an den Soziologen noch erheblich höher liegen, möglicherweise seien zwei Drittel aller deutschen Soziologen der Weimarer Republik emigriert (vgl. R, Dahrendorf 1965, S. 111f.). - Was dieser Exodus der deutschen Soziologie einerseits für diese, andererseits für die internationale Forschung bedeutet hat, steht hier zumindest nicht im Vordergrund des Interesses; was die Emigration für die von ihr Betroffenen bedeutete, davon wird später noch die Rede sein.

"Als erstes wäre zu untersuchen, wer wegging und wer blieb", meint Irving Louis Horowitz 1988 in einem Beitrag zur Emigration deutscher Sozialwissenschaftler der Jahre 1933-1945: "Alles weist darauf hin, daß die deutsche intellektuelle Emigration in überwältigendem Maße eine deutsch-jüdische und österreichisch-jüdische war. Letztlich machte es wenig aus, ob sich ein Wissenschaftler in höherem oder geringerem Maße als Jude fühlte, ob er aus einer assimilierten oder zionistisch orientierten Familie stammte. Ähnlich war die Frage der jüdischen Marginalität oder Zentralität für diejenigen belanglos, bei denen sich die Träume eines deutschen Nationalismus in die Alpträume deutscher Krematorien verwandelten. Wer leugnen oder verniedlichen möchte, daß das Judentum in der intellektuellen Emigration aus Deutschland den entscheidenden Faktor darstellte, ist von vornherein gezwungen, gequälte, peinliche und letztlich hohle Erklärungen für die Tragödie der deutschen Geschichte des 20. Jahrhunderts abzugeben." (I.L. Horowitz 1988, S. 37f.) - Jüdisches Überleben sei allgemein von einer relativ demokratischen Gesellschaft abhängig gewesen, in der Individuen, nicht Typen, Rassen oder Klassen von Menschen zählten; das Überleben der Sozialwissenschaft hänge ebenfalls von einer demokratischen

Gesellschaft ab, in der sich Analyse von Ideologie unterscheidet und in der Irrtümer mit wissenschaftlichem Tadel und nicht mit Gewehrfeuer bestraft würden: "Ich möchte dieses Zwillingsphänomen - jüdische Marginalität *und s*ozialwissenschaftliche Marginalität - wenigstens vorläufig als Teil der Geschichte und des Erbgutes der deutschen Emigration 1933-1945 untersuchen." (I.L. Horowitz 1988, S. 39)

Ernst Grünfeld, vor 1933 Direktor des Instituts für Sozialforschung in Frankfurt, veröffentlichte 1939 in Holland sein Buch über 'Die Peripheren. Ein Kapitel Soziologie', und schon sein Titel erinnert an Georg Simmels 'Exkurs über den Fremden', es verweist überdies auf die Figur des von Robert E. Park erfundenen 'marginal man'. "Es gibt Menschen, die am Rande ihrer Gesellschaft stehen", interpretiert Ralf Dahrendorf: "Sie kennen die Normen ihrer Gesellschaft, vielleicht akzeptieren sie sie auch, aber sie sind doch immer in der Lage, sie in Frage zu stellen. Ihre Zugehörigkeit ist nie unbezweifelt, ihr Glück nie ungetrübt. Sie sind Teil der Gruppen, in denen sie leben, und sie sind es doch nicht. Man denkt an Alfred Webers von Karl Mannheim ausgeführten Gedanken der 'freischwebenden Intelligenz' derer, die zu ihrer Freiheit gekommen sind, indem sie so oft mit ihren Eigengruppen brachen, bis sie schließlich zwischen allen Stühlen sitzen." (R. Dahrendorf 1965, S. 114)

"In allen Gesellschaften mit der einzigen Ausnahme Israels sind die Juden 'Periphere', Menschen, die sich erst auf dem Umweg über die Reflexion eine soziale Identität zu schaffen vermögen", argumentiert Ralf Dahrendorf weiter: "Schon diese Tatsache, daß sie also auch in den Vereinigten Staaten, ja selbst in New York noch 'Fremde' sind, macht sie den Intellektuellen verwandt und vergrößert die Wahrscheinlichkeit, daß sie sich der Wissenschaft, und hier wieder insbesondere der Sozialwissenschaft (unter Einschluß der Psychologie) zuwenden." Da alle Soziologen sozial, nämlich in ihrer peripheren sozialen Stellung, ein wenig wie Juden sein müßten, würden so viele Juden Soziologen; hier seien sie gleichsam zuhause bei den anderen, die auch nirgends zuhause sind: "Da jedes Soziologen Haltung zu seiner Gesellschaft gebrochen und daher ein wenig traurig ist, mußte die Zahl der Emigranten unter den Soziologen in einem Regime besonders hoch sein, das den 'Fremden' verfolgt, weil es die Überlegenheit der kritischen Distanz in seiner peripheren Perspektive fürchtet." (R. Dahrendorf 1965, S. 115)

Doch meinte Ralf Dahrendorf damals zweifellos zu Recht, dies sei trotz allem eine allzu idyllische Darstellung der deutschen Soziologie in der Zeit des Nationalsozialismus: Es habe schließlich einen Karl-Heinz Pfeffer gegeben, der eine 'antisemitische Soziologie' forderte; einen Karl Valentin Müller, der zwischen Deutschen und 'Untermenschen' unterschied; einen Hans Freyer, der sich bereitgefunden habe, "gegen Leopold von Wiese die Deutsche Gesellschaft für Soziologie zu liquidieren (wenngleich von Wiese mit seiner unvergleichlichen Noblesse dem Soziologen-'Führer' von 1933 nach dem Krieg bescheinigte, seine 'Herausstellung' sei 'unter den obwaltenden Umständen ... die günstigste Lösung' gewesen)" (R. Dahrendorf 1965, S. 115).

René König stützt sich auf die Berechnungen von Christian von Ferber, wonach 234 Vertreter der Wirtschafts- und Sozialwissenschaften Deutschland verlassen haben, ca. 8 Prozent der insgesamt emigrierten Universitäts- und Hochschullehrer, aber 47 Prozent der auf diesem Gebiet tätigen Personen. - In ihren dauernden Begegnungen mit der Fremdenpolizei hätten die Emigranten zugleich gelernt, was es heißt, grundsätzlich so verdächtig wie Landstreicher zu sein, und schließlich habe man erkennen müssen, daß ein Mensch nur so viel wert sei wie seine Papiere: "... das Erlebnis der Diskriminierung und der sozialen Entrechtung, das Juden und Nicht-Juden miteinander traf und damit wohl zum ersten Male nichtjüdischen Gelehrten die jüdische Situation denkbar nahe brachte, indem sie sich buchstäblich in der gleichen Lage befanden wie ihre jüdischen Kollegen", sei ein sehr wesentliches Moment der Emigranten-Situation gewesen: "Es gibt nämlich kein nachhaltigeres Mittel, den Kampf gegen den Antisemitismus zu aktivieren, als wenn man selber in der Lage der Diskriminierung gewesen ist." (R. König 1959, S. 114f. u. 121f.)

In seinem bis heute kaum übertroffenen soziologischen Essay 'Der Fremde' ist für Georg Simmel (1858-1918) der Fremde "nicht in dem bisher vielfach berührten Sinn gemeint, als der Wandernde, der heute kommt und morgen geht, sondern als der, der heute kommt und morgen bleibt - sozusagen der potenziell Wandernde, der, obgleich er nicht weitergezogen ist, die Gelöstheit des Kommens und Gehens nicht ganz überwunden hat." Das Fremdsein ist also "natürlich eine ganz positive Beziehung, eine besondere Wechselwirkungsform"; denn der Fremde sei ein Element der Gruppe selbst, nicht anders als die Armen und die mannigfachen "inneren Feinde", ein Element, dessen immanente und Gliedstellung zugleich ein Außerhalb und Gegenüber einschließe. Aber "Diese Position des Fremden verschärft sich für das Bewußtsein, wenn er, statt den Ort seiner Tätigkeit wieder zu verlassen, sich an ihm fixiert." Und "Das klassische Beispiel gibt die Geschichte der europäischen Juden." (G. Simmel 1968, S. 63f.)

Es gebe nämlich eine Art von Fremdheit, so Georg Simmel, bei der gerade die Gemeinsamkeit auf dem Boden eines Allgemeineren , die Parteien Umfassenden, ausgeschlossen sei, und hierfür sei etwa das Verhältnis der Griechen zum 'barbaros' typisch, also "all die Fälle, in denen dem Andern gerade die generellen Eigenschaften, die man als eigentlich und bloß menschlich empfindet, abgesprochen werden. Allein hier hat 'der Fremde' keinen positiven Sinn, die Beziehung zu ihm ist Nicht-Beziehung, er ist nicht das, als was er hier in Frage steht: ein Glied der Gruppe selbst." Im übrigen würden die Fremden eigentlich nicht als Individuen, sondern als die Fremden eines bestimmten Typus überhaupt empfunden. Aber mit all seiner unorganischen Angefügtheit sei der Fremde (im allgemeinen) doch ein organisches Glied der Gruppe, deren einheitliches Leben die besondere Bedingtheit dieses Elementes einschließe: "nur daß wir die eigenartige Einheit dieser Stellung nicht anders zu bezeichnen wissen, als daß sie aus gewissen Maßen von Nähe und gewissen von Ferne zusammengesetzt ist, die, in irgendwelchen Quanten jedes Verhältnis charakterisierend, in einer besonderen Proportion und gegenseitigen Spannung das spezifische, formale Verhältnis zum 'Fremden' ergeben" (G. Simmel 1968, S. 68ff.).

In seinen 'Materialien zu einer Soziologie des Fremden' aus dem Jahre 1925 konstatiert Robert Michels (1876-1936) : "Der Fremde ist der Repräsentant des Unbekannten. Das Unbekannte ist die Absenz von Assoziation und flößt keimhafte Antipathie ein." Hier liege die natürliche Grundlage der Xenophobie; freilich bei einem Volk von hoher Kultur, Assimilationskraft, Selbstsicherheit, Humanität und Bonhomie vermöge ein Fremder, sobald die Barriere der Sprache gefallen sei, durchaus als gleich empfunden und behandelt zu werden. Die Stellung des Fremden werde jedoch durch Masseneinwanderung erschwert, wie das Beispiel der Juden zeige (R. Michels 1925, S. 303), - und auch in diesem Zusammenhang wurde die Weimarer Republik von den Nationalsozialisten als "Judenparadies" bezeichnet (vgl. H.G. Adler 1987, S. 139). - In seinem Aufsatz 'Der Fremde. Ein sozialpsychologischer Versuch' von 1944 schreibt Alfred Schütz (1899-1959) einleitend: "Für diesen Zweck soll der Begriff 'Fremder' einen Erwachsenen unserer Zeit und Zivilisation bedeuten, der von der Gruppe, welcher er sich nähert, dauerhaft akzeptiert oder zumindest geduldet werden möchte." Der Fremde sei ein Mensch, der fast alles, was den Mitgliedern der Gruppe, der er sich nähert, unfraglich erscheine, in Frage stelle. Er sei vom Standpunkt der Gruppe aus ein Mensch ohne Geschichte, der keinerlei Status als Mitglied der Gruppe besitze (A. Schütz 1972, S. 53, 59, 60, 62 u. 54). - Gilt das auch für Juden?

Der französische Soziologe Georges Friedmann fand 1968: Der Antisemitismus habe einerseits die Persönlichkeit des Juden geformt, "der ein Fremder ist in der Gesellschaft, in der er lebt, und gleichzeitig ein fremdartiges und unheilvolles Wesen", und in einer Fußnote schreibt der Verfasser dazu: Er habe einmal einen bekannten Philosophen gefragt, einen Juden, der während des Dritten Reiches aus Deutschland vertrieben worden und in die Vereinigten Staaten ausgewandert sei, was seiner Meinung nach ein Jude sei: "Ein Mensch", habe er geantwortet, "der sich überall fremd fühlt." - Da also die Juden stets verdächtigt, verachtet, abgesondert, in ihrer beruflichen Entfaltung beschränkt worden seien, hätten ihre Eigenheiten zwangsläufig immer stärker hervortreten müssen: "Aus den Gesetzen dieses komplexen Determinismus erklären sich: a) die übertriebene Ausprägung gewisser physischer Züge, ein biosoziales Phänomen, das sich häufig in Kollektivitäten findet, die abgesondert leben und in denen Endogamie herrscht; ... b) die übertriebene Ausprägung gewisser von der Literatur des Gettos genau beschriebener psychologischer Züge, darunter ein sehr starker Hang zur Kritik und zur destruktiven Analyse, eine Neigung zur Flucht in den Traum, eine lebhafte Einbildungskraft (sie findet sich bei allen Minoritäten, die sich gegen eine feindliche Umwelt zur Wehr setzen müssen... ), die Vorliebe für makabre Scherze, die Verunglimpfung seiner selbst und der Gemeinschaft, zu der man gehört; c) die weitgehende kulturelle Autarkie, mit anderen Worten, das Bemühen, alle Bedürfnisse innerhalb der geschlossenen Gemeinde zu befriedigen..." Diese im Verlauf von Jahrhunderten entstandene jüdische Basis-Persönlichkeit verschwinde nicht vollständig, wenn das Milieu, das sie hervorgerufen habe, sich ändere. Und sie könne nicht verschwinden, solange es noch irgendwo in der Welt Antisemitismus und Diskriminierung gebe (G. Friedmann 1968, S. 236f.).

In seinen 'Autobiographien von Juden der Nachkriegsgeneration in Deutschland und Österreich von 1979 bis 1988' vertritt Daniel Krochmalnik die Auffassung: In Deutschland falle die Außenseiterstellung der Juden natürlich besonders kraß aus: "Ein jüdisches Dasein in Deutschland heißt, sich immer am Abgrund zu bewegen, instinktiv auf der Lauer zu sein, mit einer undefinierbaren und immer präsenten Furcht zu leben." - Es treffe aber nicht zu, daß das Judenproblem in Deutschland ein Teil des Ausländerproblems sei, zumal die Juden derzeit nur ungefähr 0,005 % der Bevölkerung der Bundesrepublik Deutschland ausmachten. - Immerhin Juden seien als Juden gefragt, die schlichte Tatsache ihres Judentums, wie auch immer gelebt, sichere ihnen das größte Interesse ihrer nichtjüdischen Umwelt, und mit ebensoviel Schaulust wie Überdruß verfolge das Publikum, wie sich die symbolisch hochbedeutsame Minderheit in Deutschland entwickle. Dabei seien die Juden als Repräsentanten des Opferkollektivs tabu. Das garantiere eine gewisse Narrenfreiheit, bringe aber auch Gefahren mit sich. - Insgesamt müsse man wohl davon ausgehen, daß von einer Normalität im deutsch-jüdischen Verhältnis keine Rede sein könne. Bereits im Ausgangspunkt sei eine Distanz gegeben, die durch intellektuelle Kritik und politisches Engagement noch verstärkt werde, aber es gebe gewissermaßen auch "angepaßte Außenseiter": "Die ältere Generation, deren Leben und Überleben in diesem Land eine einzige Anomalie darstellte, forderte von der nächsten Generation einen bedingungslosen Konformismus mit den geltenden politischen und gesellschaftlichen Normen. ... So züchteten sie einen monströsen, vielleicht lebensunfähigen Zwitter: den angepaßten Außenseiter, den konformistischen Rebellen." (D. Krochmalnik 1988, S. 584ff. u. 588f.)

Bei seiner weiteren Betrachtung der 'Peripheren' vermerkt Ralf Dahrendorf nicht zuletzt: Wer am Rande der Gesellschaft stehe und diese vor allem kritisch sehe, sei insbesondere anfällig für den Entwurf einer perfekten Zukunft, - daher könne man vielleicht eine sozialpsychologische Regel formulieren: "Der 'Fremde' ist in seiner Gesellschaft unglücklich; aber ihn hält die Hoffnung auf eine bessere Welt." Diese Hoffnung nehme für ihn konkrete Gestalt an, er male sich eine schöne Zukunft in lieben Details aus, sein Bild der Zukunft überschreite nicht nur die Unvollkommenheiten der Gegenwart, sondern auch ihre gesellschaftlichen Gesetze und die aller Vergangenheit. Der Soziologe sei also, als Intellektueller, anfällig für die Utopie, das konkret Unmögliche zum Leitfaden der Kritik des Wirklichen zu machen, sei eine seiner Lieblingsbeschäftigungen. Daß er in dieser Hinsicht 'anfällig' sei, sei dabei durchaus so gemeint, daß die Utopie eine 'Krankheit', ein Irrweg des Geistes sei (R. Dahrendorf 1965, S. 116).

Was hier für den Intellektuellen gesagt worden sei, gilt Ralf Dahrendorf zufolge für einen Typus des Intellektuellen, den Soziologen, a fortiori: Es sei nahezu unmöglich, Soziologe zu sein, ohne die Gesellschaft, in der man lebe, die Normen, die das Verhalten der Menschen in ihr bänden, in Frage zu stellen. Der Soziologe sei immer unbequem; aber das Leben in Gesellschaft sei auch immer unbequem für ihn. Wer ungebrochen in seinen sozialen Zusammenhängen lebe, werde diese schwerlich zum Gegenstand der Forschung machen; wer sie erforsche, führe immer schon eine gebrochene Existenz (R. Dahrendorf 1965, S. 115). - In der Tat, auch der Jude müsse zur Gesellschaft auf Distanz gehen, da sie ihn immer wieder diskriminiere und zurückstoße, so René König, und die intensive Teilnahme jüdischer Gelehrter an der Entwicklung der Soziologie wachse also "aus einer einzigartigen Konstellation, die kaum ein anderer nachzuleben vermag" (R. König 1987, S. 339). - Doch Dahrendorf zufolge sind nicht alle 'Peripheren' Intellektuelle, aber im Intellektuellen werde der Fremde zu einer schöpferischen, in einer lebendigen Gesellschaft zugleich unentbehrlichen und lästigen Figur (R. Dahrendorf 1965, S. 114). - Außenseiter als Intellektuelle?

## 2. Intellektuelle: Spiritualität und Kreativität

José Ortega y Gasset beginnt seinen bemerkenswerten Beitrag 'Der Intellektuelle und der Andere' von 1942 mit der Feststellung: "Der Intellektuelle, von dem hier die Rede ist, ist weder der 'Schriftsteller' noch der 'Mann der Wissenschaft' noch der 'Professor' noch der 'Philosoph'". All das seien Namen von Ämtern oder Berufen, also sozialen Figuren, öffentlichen Profilen, die das Individuum annehme und die nicht im mindesten die Glaubwürdigkeit einer unbezwinglichen geistigen Berufung in dem garantierten, der sie ausübe. Aber "hier wird nur von dem Intellektuellen gesprochen, der es wirklich ist, welches auch seine scheinbare oder offenkundige Beschäftigung sei. Intellektueller sein ist nicht etwas, was mit dem sozialen Ich des Menschen zu tun hat: Man ist nicht Intellektueller für die übrigen, mit diesem oder jenem Vorsatz, um Geld zu verdienen, um zu glänzen, um sich in dem stürmischen Meer der Gemeinschaft zu behaupten. Man ist Intellektueller für sich selbst, trotz sich selbst, gegen sich selbst, unweigerlich." (J. Ortega y Gasset 1949, S. 127)

"Hier ist die Rede von dem Intellektuellen, der Intellektueller mit verzweifelter Echtheit ist, der es rettungslos ist, aus unerforschlichem und unerbittlichem Ratschluß Gottes", so Ortega y Gasset weiter: "Intellektuell ist der Name einer Berufung. Talent ist der Name einer Begabung." Und obwohl jene mit dieser zusammenzufallen pflege, gebe es doch Gelegenheiten, wo sie nicht zusammengingen; man könne eine entschiedene Berufung und kein Talent haben, man könne Talent haben und keine Berufung. Es sei klug, sich auf das Schlimmste gefaßt zu machen, und was er über den Intellektuellen sage, gelte selbst dann, wenn er träge sei (J. Ortega y Gasset 1949, S. 130f.).

Wichtig scheint die Beschreibung der Verfassung des Intellektuellen selbst: "Wie es mit jeder wesentlichen Weise, Mensch zu sein, geschieht, so erscheint dem Intellektuellen, daß dies zu sein die natürlichste Sache der Welt sei, und daß alle übrigen Bürger so sind wie er. Denn dies ist eine wesentliche Art des

Mensch-Seins. Sie schließt alles Menschliche ein, jedoch in einer bestimmten Richtung, und wer so geartet ist, glaubt naiv, daß dies Mensch sein heißt, alle übrigen mit sich zu verwechseln. ... - Demzufolge lebt der Intellektuelle ein gut Teil seines Lebens in einem ständigen quid pro quo. In seinem Umgang mit den übrigen geht er wie von etwas Selbstverständlichem von der Voraussetzung aus, daß sie zum selben Zweck da seien, wie er selbst, daß sie zum selben Geschlecht gehören. Seine eigene Existenz ist so wunderbar, daß er erstaunt wäre, wenn er entdeckte, daß die meisten an ihr gar keinen Anteil haben." (J. Ortega y Gasset 1949, S, 133f.)

"Denn das ist die reine Wahrheit: das Dasein des Intellektuellen ist wunderbar. Er lebt beständig auf dem Gipfel eines Tabors, von dem aus immer neue Verwandlungen stattfinden. Jeder Augenblick und jede Sache ist im Wechsel, Phantasmagorie, ein großes Schauspiel, ein Melodrama, ein Nordlicht. Sein Kalender besteht aus reinen Feiertagen. Das Leben, wörtlich das Leben vergeht in Arbeit. Aber kann man das, was der Intellektuelle tut, Arbeit nennen? Seine Arbeit besteht darin, ein beständiges Fest herbeizuführen. Man versteht, daß andere Zeiten in ihm eine göttliche Verfassung vermuteten. Arbeitet Gott? Gott hört nicht auf, zu wirken, vor allem nicht der Gott, der Schöpfer ist. Waren die Schöpfungstage Arbeitstage? Haben wir nicht den Eindruck, daß Gott traurig war an dem Tag, als er beschloß, auszuruhen wie ein Maurer? Liegt nicht ein Irrtum im Wortlaut des Textes der Bibel? War es nicht so, daß er nach der Erschaffung der Welt, als er nichts anderes zu tun hatte und der erste Sabbat kam, sich die Brille aufsetzte und ein Sonett: *Die Welt* verfaßte? Dann verstünde man den Irrtum im Ausdruck, denn ein Sonett schreiben - ist das eine Arbeit oder ein Vergnügen?" (J. Ortega y Gasset 1949, S. 134.)

"Bei allem Abstand - so löst der Intellektuelle alles in seinem Umkreis auf und fügt es wieder zusammen. Man stelle sich vor, daß wir dem ersten Schöpfungstag beiwohnten. Welch ein Nijinsky Adam! Welch eine Pawlowa Eva! Und der wirkliche Vogel aus wirklichem Feuer! Denn das sind alle Tage des Intellektuellen bis zu gewissem Grade: von einem Mal zum andern wohnt er der Entstehung der Dinge bei und stattet Dank ab, daß sie sind, was sie sind. Er schreitet von Überraschung zu Überraschung. Seine Alltäglichkeit besteht ausschließlich aus Überraschungen. Sein Auge ist voll Staunen. Er geht in Halluzinationen. Er ist immer von neuem trunken. Er hat den rasenden Blick, den der Erzengel annimmt, wenn er sich in irdischen Gefilden niederläßt." (J. Ortega y Gasset 1949, S. 135f.)

"Selbstverständlich: betrachtet unter einem gewissen Winkel, scheint er sein Leben lang naiv, wie vom Mond gefallen. Sehr spät erst ermittelt er, daß sein Umgang mit dem Nächsten lächerlich ist. Er braucht lange, um zu entdecken, daß der Nächste nicht der Intellektuelle ist, sondern gerade der Andere, der absolut Andere. Immer war ihm etwas Seltsames in der Unterhaltung mit dem Nächsten aufgefallen. Die Sache ging niemals gut. Es war, als fehlte den Rädern des Gesprächs das Öl. Jedem Anstieg zur Höhe setzt der Nächste seine Last entgegen, wenn er ihn nicht überhaupt herunterzog. Aber endlich kommt ein Tag, an dem das Ziel sich klärt. Er sieht nun deutlich, daß die Dissonanz nicht zufällig, noch durch einzelne Motive herbeigeführt ist. Es ist eine Differenz der Temperamente, Launen und Begabungen. Es ist eine totale Diskrepanz, die größte, die es geben kann. Es handelt sich um zwei radikal verschiedene Arten, das Leben zu nehmen, in der Welt zu sein." (J. Ortega y Gasset 1949, S. 136)

"Wenn der Intellektuelle dies entdeckt, empfindet er eine tiefe Betretenheit, eine plötzliche Scham. Er begreift, daß er das Lächerliche getan hat und nichts anderes. Es erscheint ihm lächerlich, nackt vor den übrigen gelebt zu haben, in einer Nacktheit, die schlimmer ist als die Entblößung der Haut, denn er hat dahingelebt, indem er den andern seine letzte Heimlichkeit zeigte: was er denkt, was er fühlt über die Welt, über die andern Menschen, über die Vergangenheit, über das, was er tut, über die keimende Zukunft. Nun merkt er, daß dies Tun eine Unschicklichkeit war, daß Intellektuell-Sein eine Verfassung ist, die verborgen bleiben soll wie das Räuber-, Spion-, Prostituierte-Sein. Über die Dinge denken - begrifflich oder poetisch - ist ein pudendum." (J. Ortega y Gasset 1949, S. 136f.)

Der Intellektuelle komme jedoch mit dem Andern nicht wegen einzelner und konkreter Motive in Konflikt, bemerkt José Ortega y Gasset weiter, er gerate sofort in Konflikt, weil seine ursprüngliche Lebensenergie die entgegengesetzte sei: "Die Welt, die der Intellektuelle antrifft, scheint ihm nur da zu sein, damit sie in Frage gestellt werde. Die Dinge an sich genügen ihm nicht, denn er läßt sie nicht ruhig verweilen, sondern er analysiert sie sogleich, legt sie auseinander, sieht sie von innen an, sucht ihre Kehrseite, kurz, aus vermeintlichen Gründen macht er sie zu Problemen. Auf den ersten Blick scheint er ein Zerstörer zu sein, denn man sieht ihn immer mit den Eingeweiden der Dinge in den Händen wie einen Metzger. Aber ganz das Gegenteil ist der Fall." (J. Ortega y Gasset 1949, S. 139f.)

Denn "Der Intellektuelle kann nicht, auch wenn er es möchte, egoistisch sein im

Hinblick auf die Dinge. Er macht sich ein Problem aus ihnen. Und das ist das größte Symptom der Liebe. Die Dinge sind nicht einfach da, um benutzt zu werden, wie es sich für den Andern verhält, sondern sein Leben ist Dienst an ihnen, Kult an ihrem Sein. Dieser Kult ist grausam, wie alle starken Kulte; er legt die Dinge auseinander, löst sie auf, um sie wieder zu ihrem höchsten Glanz zusammenzusetzen. Er weiß, daß die Dinge nicht wirklich sind, wenn der Mensch nicht ihr wunderbares Sein entdeckt, das sie durch einen Schleier, durch Finsternis, verdeckt haben. Daher heißt es für den Intellektuellen, mit Feuereifer hinterher zu sein, damit jede Sache in Wahrheit sei, was sie ist, und erhoben werde zur Fülle ihrer selbst." - Er verstehe die periodische Erdrosselung des Intellektuellen, die sich in der Geschichte ereigne, sehr gut, so José Ortega y Gasset zu Ende seines Essays: "Ich verstehe, daß den Andern dieser Mensch langweilt und beunruhigt, der immer durch die Dinge hindurchgeht und selbst kein Ding ist, sondern etwas Flüssiges, Feuriges, Magnetisches." (J. Ortega y Gasset 1949, S. 140 u. 143)

Braucht man die Intellektuellen? Paul Markus Michel hat diese Frage in negativer Analogie zu Henri de Saint-Simon folgendermaßen formuliert: "Und wenn es die Intellektuellen fortan nicht mehr gäbe - was würde sich ändern? Diese Frage, die windig und illegitim erscheinen mag, ist in verschiedenen Thesen über die heutige Intelligenz schon implizit beantwortet: nichts würde sich ändern, denn in Wahrheit gibt es sie gar nicht mehr, jedenfalls nicht als sozial oder geistig profilierte Gruppe, die ernst zu nehmen wäre, die Veränderungen bewirken könnte wie bisher. Was von dieser Gruppe überlebt, sind Rückstände der Geschichte, Nachzügler, mit denen man fertig werden muß wie mit anderen Fehlangepaßten oder Außenseitern: Besserwisser, Nörgler, Querulanten, von denen vielleicht Verkehrshindernisse zu erwarten sind, aber keine Fortschritte, schon gar nicht Revolutionen." (P.M. Michel 1967, S. 200; vgl. E.R. Wiehn 1986, S. 591f.)

Das also ist eine Möglichkeit einer Bewertung der intellektuellen Existenz; José Ortega y Gasset vertrat eine andere und konträre Position: "... die Dinge, die der Andere braucht und mißbraucht, die er handhabt und benutzt in seiner schmutzigen Existenz, sind alle von dem Intellektuellen erfunden worden. Alle! Das Automobil und das Aspirin, Blume, Gesang und Weib. Oder glauben Sie, daß alle diese Dinge, alle diese wunderbaren Dinge da waren ohne weiteres? Das werden Sie schon sehen: wenn der Intellektuelle, wie schon so oft in der Geschichte, ganz oder beinahe verschwinden wird, um unterzutauchen wie der Taucher in der Tiefe. Die Tiefe par excellence ist das Schweigen. Sie werden sehen, wie das Wunderbare verschwinden wird von der Oberfläche der Erde und das Leben, auch das des Andern, Anmut, Spannung und Begeisterung einbüßt. Damit die Dinge *sind*, bedarf es (ob man will oder nicht) des Intellektuellen. Was der Andere für Wirklichkeiten hält, ist nichts als eine Menge alter Ideen des Intellektuellen, alte Petrefakten seiner Phantasien. Wenn nur der Andere auf dem Planeten lebte, so würde dieser nicht sein, was er ist. Jedes Ding ist in seinem wahren Wesen Legende, Axiom, Vers oder Mythos." (J. Ortega y Gasset 1949, S. 140f.; vgl. E.R. Wiehn 1987, S. 591f.) - Beide Positionen sind sicherlich übertrieben, denn *die* Intellektuellen gibt es nicht, die Intellektuellen sind vor allem Einzelne.

Intellektuelle sind Einzelne, die Kritiker sind oder für solche gehalten werden: "'Kritik' kommt vom griechischen 'krinein'; dies bedeutet: 'sondern', 'absondern' und so 'das Besondere herausheben'. Diese Abhebung gegen anderes entspringt einem Hinaufheben auf einen neuen Rang. Der Sinn des Wortes 'Kritik' ist so wenig negativ, daß er das Positivste des Positiven meint, die Setzung desjenigen, was bei aller Setzung als das Bestimmende und Entscheidende im voraus angesetzt werden muß. So ist Kritik Entscheidung in diesem setzenden Sinne. Erst in der Folge, weil Kritik Absonderung und Heraushebung des Besonderen, Ungemeinen und zugleich Maßgebenden ist, ist sie auch Zurückweisung des Gewöhnlichen und Ungemäßen." (M. Heidegger 1962, S. 93)

Darin deutet sich bereits eine erste Ambivalenz an, die Ambivalenz der Kritik selbst: Sie ist in gewissem Sinne sicher etwas 'Positives', und doch kann sie zugleich vom Geruch der 'Zersetzung' niemals ganz loskommen. Kritik ist nicht nur intellektueller Sport, wie Ernst Topitsch meint, "gewissermaßen ein Abschießen von Wortlemuren, sondern eine Tätigkeit, von nicht zu unterschätzender praktisch-politischer Bedeutung" (E. Topitsch 1969, S. 165). Kritik ist nicht selten mit erheblichem Risiko verbunden, denn gerade das Kritisierte selbst wird oft von einem Mächtigen geschützt. So zieht jede Kritik den prinzipiellen Verdacht der Illoyalität und des Verrates auf sich (M.R. Lepsius 1964, S. 76; vgl. H. Ritter, 1.2.1989, S. N3). - Denn der Intellektuelle hat einerseits immer die Hand seiner Kritik 'am schlechten Puls' seiner Gesellschaft und schaut wohl weniger dem Volk, vielmehr den Herrschenden 'aufs Maul' und auf die Finger; andererseits ist er deshalb zugleich und schon immer der 'Fremde' in der eigenen Gesellschaft, - und hier liegt abermals eine Ambivalenz der Intelligenz: Er ist nicht der Fremde, der heute kommt und morgen geht, sondern der, "der heute kommt und morgen bleibt", obgleich ihn viele lieber schon heute wieder gehen sähen. Und hier liegt auch letzten Endes eine andere Ambivalenz des Intellektuellen als Soziologen, wenn er sich mit dem Verhalten der Menschen, mit den Verhältnissen und daher auch mit dem Verhalten der Intellektuellen in der Gesellschaft befaßt: Nicht jeder sozial-engagierte kritische Intellektuelle muß ein Soziologe sein, nicht jeder Soziologe muß zur sozialengagierten kritischen Intelligenz gehören. Wenngleich kritische Intellektuelle nicht selten Soziologen waren, darf man auch hier die Unterschiede nicht verwischen, und zwar gerade weil sie so leicht zu verwischen sind. Denn nicht allein die Vermittlung von politischem und kritisch-intellektuellem Geist, auch dessen Vermittlung mit dem wissenschaftlichen Geist ist ein Problem.

Es handelt sich um zwei verschiedene Verhaltensweisen, die zwar von demselben Menschen geäußert werden können, aber nicht geäußert werden müssen, jedenfalls nicht bewußt geäußert werden brauchen. Der Unterschied und die Ambivalenz liegen darin, daß etwa Max Weber zufolge der Wissenschaftler als Wissenschaftler nur sagen kann, was ist, und warum etwas so ist, wie es ist, und was geschieht, wenn dies oder jenes getan wird oder nicht getan wird. Fragen nach dem, was ist, sind kognitive Fragen; Fragen nach dem, was sein soll, sind ethische Fragen. Der Erkenntnis des Seienden unterliegen andere Prämissen als den Postulaten des Sein-Sollenden, das nämlich auf ethische Axiome gründet. Wissenschaft kennt in diesem Sinne keine ethischen Imperative, und auch der Wissenschaftler kann als Wissenschaftler keine ethischen Direktiven geben, außer denen vielleicht, die sein eigenes wissenschaftliches Tun bestimmen. Denn die Wissenschaft ist selbst in ihren eigenen Erkenntnismöglichkeiten beschränkt, insofern alle empirische Wissenschaft nur ein hypothetisches Wissen sein kann: "Eine empirische Wissenschaft vermag niemanden zu lehren, was er *soll*, sondern nur, was er *kann* und - unter Umständen - was er *will*", dekretierte Max Weber bereits im Jahre 1904 (M. Weber 1922, S. 151; 1956, S. 190). - Wobei allerdings die Frage ist, ob dies auch heute noch gilt.

Die Aufgabe der Soziologen als Soziologen kann zunächst nur darin bestehen, die Ereignisse der sozialen Welt zu beschreiben, zu erklären und zu prognostizieren. Wenn sie bis heute dieses Geschäft vielleicht nur unzulänglich verrichtet haben, dann mag dies auch daran liegen, daß eben viele Soziologen zugleich sozial engagierte Intellektuelle waren oder sind und daher ihr eigenes Verhalten und das der Menschen ihrer Gesellschaft nicht mit der nötigen Distanz zu analysieren in der Lage waren. Doch mag dieser Verlust vielleicht noch zu verschmerzen sein, wenn er dadurch kompensiert wird, daß Soziologen als kritische Intellektuelle auch dazu beitragen, diese Welt zu verändern. Wenn sie vielleicht oft noch wenig genug wissen, so kennen sie die Probleme der Gesellschaft möglicherweise eben doch profunder als manche anderen Zeitgenossen. Vielleicht werden sie indessen beide Aufgaben um so besser erfüllen, je schärfer sie ihre Rollen für sich und andere trennen. Vielleicht auch nicht.

Denn der Beruf des Soziologen ist die Gewinnung von Erkenntnis; der Beruf des Intellektuellen ist die Kritik. Manche kritischen Charaktere haben die Erkenntnisse der Soziologie gefördert, und manche Erkenntnisse der Soziologie haben kritischen Charakter. Manche hat die Soziologie zu Kritikern gemacht, mancher Kritiker ist Soziologe geworden. - Fremdheit in der eigenen Gesellschaft, Teilnahme und Beobachtung, Engagement trotz Distanz sind Kennzeichen der Soziologen und der sozial engagierten Intelligenz. Für beide ist die periphere Perspektive nicht eine Frage der Wahl. Engagement, Interesse, Erkenntnisse und Entscheidung sind für beide miteinander verbunden. - Denn eine weitere Ambivalenz der Intelligenz besteht wohl darin, daß auch der Intellektuelle weder Klarheit noch Wahrheit gepachtet haben kann, sofern nach Wolfgang Stegmüller von einem Skeptiker einen Beweis für seine Behauptung zu verlangen nichts anderes bedeutet, als von jemandem zu verlangen, daß er einen Selbstwiderspruch begehe: "Wir haben keine Vorstellung von einem archimedischen Punkt außerhalb unseres Selbst. - Bauen wir alles auf Einsicht auf? Aber 'hinter' der Einsicht steht ein Entschluß. Haben wir also alles auf Nichts gestellt? Die einzige Antwort: Wir haben überhaupt nicht auf etwas gestellt. Wir schweben. Aber ist nicht der Glaube an 'absolute' Einsicht eine menschliche Selbstvergottung? - Wird diese gefährliche Formulierung nicht als solche zurückgewiesen, dann ist der Mut zur Erwiderung vonnöten: Sofern die 'Selbstvergottung' gänzlich verschwindet, 'ist nichts mehr'. - Muß 'etwas sein'? - 'Wo das Wort versagt, schreitet die Entscheidung zu schlichter Tat'." (W.Stegmüller 1954, S. 390)

In seiner 'Intellektuellendämmerung' definiert Wolfgang Schivelbusch die 'Intelligenz' als "jene Bevölkerungsgruppe, die in ihren geistigen Produktionen Stellung zu ihrer geschichtlichen Situation bezieht, wobei gleichgültig ist, ob diese Stellungnahme sich ausdrücklich als politisch oder ausdrücklich als unpolitisch bezeichnet. - Es war übrigens ein Frankfurter Soziologe, Karl Mannheim, der die eigentümliche soziale Situation der Intelligenz zuerst gesehen und klar beschrieben hat. Die 'freischwebende Intelligenz', wie er sie in Anlehnung an den von Alfred Weber geprägten Begriff nennt, rekrutiert sich aus der Mittelklasse und teilt deren psychologische Grundstimmung, 'sich von unten und oben bedroht (zu) fühlen und sozial instinktiv von vornherein eine Vermittlung zwischen den Extremen (zu) suchen.' Doch entsteht daraus nicht eine einseitige Klassenideologie, sondern etwas Eigenständiges und Unabhängiges. ... Die Intelligenz ... ist, mit Mannheims Worten, zu erkennen an ihrer 'stets experimentierende(n), eine soziale Sensibilität in sich entwickelnde(n), auf die Dynamik und Ganzheit ausgerichtete(n) Haltung.'" (W. Schivelbusch 1985, S. 14f.)

Es ist vielleicht ganz interessant, daß Wolfgang Schivelbusch in seiner 'Intellektuellendämmerung - Zur Lage der Frankfurter Intelligenz in den zwanziger Jahren' unter anderem bemerkte: Der konservative Rabbiner Nehemias Anton Nobel habe wie mit magischer Kraft junge Männer angezogen, die gerade das Alter der Rebellion gegen das liberal-assimilierte Elternhaus erreicht hätten: "Zu diesen jungen Männern gehörten Siegfried Kracauer, Erich Fromm, Leo Löwenthal und Ernst Simon." Aus dem Schülerkreis um Nobel hätten neben Siegfried Kracauer noch Erich Fromm, Ernst Simon und Leo Löwenthal am Betrieb des 'Freien Jüdischen Lehrhauses' teilgenommen: "Andere Persönlichkeiten, die irgendwann einmal für kürzere oder längere Zeit hier lehrten, waren Nahum Glatzer, Leo Strauss, Joseph Horowitz, Nathan Birnbaum, Gerhard Scholem, Margarete Susman und der damals, vor seiner Übersiedlung nach Palästina, in Bad Homburg lebende (gerade aus Polen zugewanderte) Dichter Samuel Joseph Agnon, der später den Nobelpreis für Literatur erhielt." (W. Schivelbusch 1985, S. 37 u. 47).

Errungenschaften wie die des Juden Albert Einstein würden dann als 'jüdische Physik', die eines Paul Ehrlich als 'jüdische Serologie', die eines Walter Rathenau als 'jüdische Wirtschaftskunde' angesprochen, meint Alphons Silbermann (A. Silbermann 1984, S. 38f.). Als eine nationalsozialistische Zeitung einmal behauptet habe, es gehöre sich nicht, daß ein Jude den Reichspräsidenten Hindenburg porträtiere, habe Max Liebermann den Angriff leichtgenommen und darauf vertraut, daß Hindenburg ihn ebenso lächerlich finden würde: "Ich bin doch nur ein Maler, und was hat die Malerei mit dem Judentum zu tun?" (P. Gay 1989, S. 120 u. 122)

In seinem Beitrag 'Die Intellektuellen als gesellschaftlicher Faktor' schrieb Alfred von Martin u.a.: "Wenn aber bürgerliche Intellektuelle ein freies politisches Bündnis mit der proletarischen Klasse eingingen, waren - ... - doch Unstimmigkeiten unausbleiblich zwischen den existentiellen, primär materiellen Interessen der Klassenangehörigen und den Weltbefreiungsvorstellungen gruppenfremder und relativ wirklichkeitsfremder weltbürgerlicher Ideenträger, unter denen übrigens nicht zufälligerweise Juden zahlreich vertreten waren: der Protest gegen die eigene Pariastellung, verbunden mit der angeborenen Neigung, abstrakt zu denken, mußte ihnen eine rationale Erlösungsideologie besonders nahe bringen - schon seit Börne und Heine bis zu Gustav Landauer und Rosa Luxemburg." (A. v. Martin 1965, S. 199)

'Zur gegenwärtigen Situation der amerikanischen jüdischen Intellektuellen' bemerkte Norman Birnbaum unlängst, daß es nicht stimme, daß die Wende zum Neokonservatismus für die Mehrheit der jüdischen Intellektuellen in den Vereinigten Staaten charakteristisch sei: "Genauso wenig stimmt im übrigen die (mit besonderem Nachdruck von ausgesprochen vulgärwissenschaftlicher Seite vorgebrachte) These, daß die Unruhen und Gesellschaftskritik der sechziger Jahre (und vor allem der vorangegangenen Jahrzehnte) vorwiegend das Werk von Juden gewesen seien." Die Fragen einer spezifisch jüdischen Politik ließen sich nicht vom breiteren Kontext der amerikanischen Politik und deren ideologischen und intellektuellen Ausformungen lösen. Vielleicht erschienen die Juden unter den Neokonservativen deswegen letztlich so wenig jüdisch oder der jüdischen Tradition so entfremdet: "Sie glauben weder an den Messias noch an das Gesetz, noch an deren säkulare Derivate. Sie haben ihren Sinn für historische Bewegungen verloren und damit jede prophetische Gabe, sich in eine moralische Distanz zur Gegenwart und den unmittelbaren Umständen zu begeben." (N. Birnbaum 1986, S. 21f. u. 41) - Idealisten als Nonkonformisten?

### 3. Nonkonformisten: Innovation und Revolution

Der amerikanische Kulturhistoriker Peter Gay, ein in Berlin geborener jüdischer Emigrant, meint in seinem (1978 in Amerika und Anfang 1989 als deutsche Taschenbuchausgabe erschienenen) Buch über 'Freud, Juden und andere Deutsche - Herren und Opfer in der modernen Kultur' : Der Mythos vom beweglichen, vom unerträglich modernen Juden sei nicht das Monopol von Dorfphilosophen oder politischen Demagogen gewesen, er habe ehrbare Unterstützung in den Schriften von Soziologen wie Werner Sombart und weniger ehrbare, doch um so wirkungsvollere in satirischen Zeitschriften wie dem 'Simplicissimus' gefunden: "Es wurde fast schon zu einem Ritual - bei selbstbewußten Juden wie bei nervösen Antisemiten -, die magischen Namen Marx, Freud und Einstein zu beschwören, um den unverhältnismäßig hohen Anteil und den dramatischen Einfluß der

Juden auf den kulturellen Wandel aufzuzeigen; Namen von nur wenig geringerer Leuchtkraft wie Max Liebermann, Max Reinhardt oder Georg Simmel rundeten lediglich das Bild ab, in dem der Jude als der große Erneuerer - oder große Umstürzler gezeichnet wurde. Als Urtyp des Modernen im gesellschaftlichen Leben begriffen, erschien er auch als der urtypische Moderne in der Kultur." ( P. Gay 1989, S. 41f.)

Diese Lesart der Moderne sei nun höchst ungenau, und sie verleihe den Juden größere Publizität, günstige und ungünstige, als sie verdienten; es habe viele Männer und Frauen der Moderne gegeben, die keine Juden, viele Juden, die keine Modernen waren. Und zahlreiche Juden unter den Modernen seien es nicht darum gewesen, weil sie Juden waren: "Es ist reines antisemitisches Tendenzdenken oder philosemitische Engstirnigkeit, das große Phänomen der Moderne vom Standpunkt der jüdischen Frage aus zu erörtern. Diese Perspektive kann vielleicht einige Aspekte der kulturellen Umwälzungen erhellen, die aus uns das machten, was wir heute sind; auf die meisten Aspekte jedoch kann sie kein Licht werfen." (P. Gay 1989, S. 42f.)

Während das kulturelle Leben der Juden in der Form und Substanz deutsch gewesen sei, habe sich hartnäckig das Vorurteil gehalten, es sei irgendwie anders und diese Andersartigkeit sei leicht erkennbar. Den Antisemiten sei es natürlich als unbestreitbar erschienen, daß viele Juden unabänderlich Fremde in der teutonischen Welt seien: "Viele Juden, auch wenn sie den Vorwurf zurückwiesen, ein 'negatives' oder 'destruktives' Element zu sein, ließen die weitverbreitete Behauptung gelten, es gäbe in der jüdischen Wesensart 'rassische' Eigenheiten, die sich sehr deutlich in den Erzeugnissen der hohen Kultur erkennen ließen: Gewandtheit, ruhelose Intelligenz und eine gewisse unmißverständliche Innerlichkeit. Es müßte einmal eine Studie über den 'dummen' Juden geschrieben werden; Material wäre reichlich vorhanden, und es würde so die weitverbreitete und unhaltbare Meinung korrigiert werden, die Juden seien von Natur aus intelligenter als andere Menschen." ( P. Gay 1989, S. 120)

Im zweiten Band seiner 'Soziologie der Juden' von 1931 schreibt Arthur Ruppin: Die Rolle der Juden in der Kulturentwicklung in der Gegenwart sei nicht nur eine passive in dem Sinne, daß sie sich die Resultate dieser Kultur aneigneten; sie sei vielmehr in hohem Grade auch eine aktive, indem sie an der Weiterbildung dieser Kultur mitarbeiteten. Nicht nur in West- und Mitteleuropa, auch in den kulturell rückständigen Ländern Osteuropas sei der kulturelle Einfluß der Juden erheblich. Die Kultur eines Landes bekomme heute nicht von den Dörfern und Kleinstädten, sondern von den Großstädten die entscheidenden Anstöße. In den Großstädten seien die Juden viel stärker vertreten als im übrigen Lande: "Wenn wir dies am Beispiel Deutschlands erläutern, dessen kulturelles Leben in Berlin gipfelt, so sehen wir, daß der Prozentsatz der Juden unter der Bevölkerung in Berlin 4,8 mal größer ist als in ganz Deutschland. Da ferner die Juden infolge ihres größeren Anteils in höheren Schulen und Universitäten unter der kulturbildenden Schicht in Berlin stärker, sicherlich wenigstens doppelt so stark vertreten sind als unter der Gesamtbevölkerung Berlins, so läßt sich ihr Anteil an der kulturschöpferischen Schicht auf 10 % schätzen, d.h. auf elfmal mehr als ihr Anteil an der Bevölkerung in Deutschland beträgt. Die Juden sind in den Kulturmittelpunkten angehäuft und lassen die kulturarme Peripherie unbesetzt. Deshalb üben sie auf die Kultur des Landes einen weit über ihre Zahl hinausgehenden Einfluß aus." (A. Ruppin 1931, S. 310f.)

In der Wissenschaft lasse sich der Einfluß der Juden bis ins Altertum zurückverfolgen, bemerkt Arthur Ruppin: In hellenistischer Zeit habe der Jude Philo die griechische Philosophie popularisiert und sei eine der Hauptquellen geworden, aus denen folgende Jahrhunderte ihre Kenntnisse geschöpft hätten. In Spanien hätten die Juden unter der arabischen Herrschaft in Philosophie und Astronomie Hervorragendes geleistet. Ihnen sei es zum nicht geringen Teil zu verdanken, daß das Wissen der Griechen, vermehrt durch die Erkenntnisse der Araber, in das Abendland gekommen sei und hier in der Renaissance die Grundlage zur heutigen Kultur gelegt habe. Im 17. Jahrhundert habe Baruch Spinoza das philosophische Denken seiner Zeit entscheidend beeinflußt. In der Neuzeit habe Heinrich Hertz ("Halbjude") durch die Entdeckung der elektrodynamischen Wellen eine neue Welt, voll von Wundern, für uns erschlossen. Albert A. Michelson (Chicago) habe für die Bestimmung der Lichtgeschwindigkeit neue Wege gewiesen. Albert Einstein und Sigmund Freud hätten unsere Kenntnis des Universums und der menschlichen Psyche durch die Relativitätstheorie und die Psychoanalyse auf neue Grundlagen gestellt. Henri Bergson sei einer der größten philosophischen Denker der Gegenwart: "Außer ihm haben Hermann Cohen, der die Lehre Kants neu belebte und weiterbildete, Edmund Husserl, der Schöpfer der Phänomenologie, und Georg Simmel für die philosophische Erkenntnis Bedeutendes geleistet." Die Medizin verdanke in der Neuzeit z.B. Paul Ehrlich die Entdeckung des Salvarsan, August v. Wassermann die Blutreaktion zur Feststellung von Syphilis-Infektion, Karl Landsteiner die Entdeckung der verschiedenen menschlichen Blutgruppen. Darüber hinaus wird an die Leistung von Juden in der Technik, in der Musik, im Theater, in den bildenden Künsten, in der

Literatur, in Wirtschaft und Politik verwiesen (A. Ruppin 1931, S. 310ff.).

Im Jahre 1926 vermerkte Sigmund Freud: "Was mich ans Judentum band, war - ich bin schuldig, es zu bekennen - nicht der Glaube, auch nicht der nationale Stolz, denn ich war immer ein Ungläubiger, bin ohne Religion erzogen worden, wenn auch nicht ohne Respekt vor den 'ethisch' genannten Forderungen der menschlichen Kultur. Ein nationales Hochgefühl habe ich, wenn ich dazu neigte, zu unterdrücken mich bemüht, als unheilvoll und ungerecht, erschreckt durch die warnenden Beispiele der Völker, unter denen wir Juden leben. Aber es blieb genug anderes übrig, was die Anziehung des Judentums und der Juden so unwiderstehlich machte, viele dunkle Gefühlsmächte, um so gewaltiger, je weniger sie sich in Worte erfassen ließen, ebenso wie die klare Bewußtheit der inneren Identität, die Heimlichkeit der gleichen seelischen Konstruktion. Und dazu kam bald die Einsicht, daß ich nur meiner jüdischen Natur die zwei Eigenschaften verdankte, die mir auf meinem schwierigen Lebensweg unerläßlich geworden waren. Weil ich Jude war, fand ich mich frei von vielen Vorurteilen, die andere im Gebrauch ihres Intellekts bestärkten, als Jude war ich dafür vorbereitet, in die Opposition zu gehen und auf das Einvernehmen mit der 'kompakten Majorität' zu verzichten..." (In: A. v. Borries 1988, S. 214f.).

"Was die Juden verbindet und seit Jahrtausenden verbunden hat", so Albert Einstein 1938, "ist in erster Linie das demokratische Ideal der sozialen Gerechtigkeit und die Idee der Pflicht zur gegenseitigen Hilfe und Duldsamkeit aller Menschen untereinander. Dies soziale Ideal durchdringt schon die ältesten religiösen Schriften der Juden und hat durch das Christentum und die mohammedanische Religion mächtig und wohltätig auf die soziale Gestaltung eines großen Teils der Menschheit eingewirkt. Es sei hier auch der Einführung des wöchentlichen Ruhetages gedacht, einer unermeßlichen Wohltat für alle Menschen. Persönlichkeiten wie Moses, Jesus, Spinoza, Karl Marx, so verschieden sie auch sein mögen, sie alle lebten und opferten sich für das Ideal der sozialen Gerechtigkeit." - Der zweite charakteristische Zug der jüdischen Tradition sei die hohe Wertschätzung jeder Art intellektuellen Strebens und geistiger Arbeit. Dieser hohen Wertung der Erkenntnis allein sei es zuzuschreiben, daß die Juden an allen Fortschritten der Erkenntnisse im weitesten Sinne des Wortes in einem Maße mitgewirkt hätten, daß im Hinblick auf ihre verhältnismäßig geringe Zahl und auf die bedeutenden äußeren Hemmungen, die ihnen stets und allenthalben im Wege gestanden hätten, die Anerkennung aller ehrlichen Menschen verdiene. Nach seiner Überzeugung war dies nicht auf einen besonderen Reichtum an Begabung zurückzuführen, sondern darauf, daß die Wertschätzung der geistigen Leistung unter den Juden eine Atmosphäre schaffe, die der Entwicklung der vorhandenen Begabungen besonders günstig sei. Dabei herrsche ein kritischer Geist vor, der es verhindere, daß irgendeiner menschlichen Autorität blinde Gefolgschaft geleistet werde (A. Einstein: A. v. Borries 1988, S. 217).

In einer Betrachtung über Gustav Landauer schreibt Margarete Susman: Für ihn sei die Revolution nicht allein Sühne und Opfer gewesen, für ihn sei sie "allem voraus Glück: das Glück der Befreiung zum Menschentum; Befreiung vom Druck jahrhundertealter Vergewaltigung, vom Druck eines grauen, hohen, ungerechten Lebens. Aber freilich, diese Befreiung konnte nur fühlen, wer vorher den Druck gefühlt, wer unter ihm gelitten hatte. Gustav Landauers ganze Seele bebte vor Zorn und Leid über das, was die kapitalistische Welt aus den Menschen, aus den von ihm so sehr geliebten Menschen gemacht hatte. Seine Seele litt ihr Leid. Sein ganzer Traum war, sie herauszuführen aus ihrem Elend, einer besseren und würdigeren Welt entgegen." (M. Susman 1965, S. 259)

Die Wanderungen der Hebräer übrigens machten von jeher die Weigerung offenkundig, bemerkt Zvi Rudy, dem Raum einen Wert beizumessen, und diese Weigerung werde zum historischen Zeitmaß. So stehe auch die griechische Auffassung von Gerechtigkeit in absolutem Gegensatz zur sozialen Lehre der Hebräer, die zuerst im Munde der Propheten zum Ausdruck gekommen sei und die Zeitdauer auszunutzen gedenke, um die Mängel und Schwächen auszumerzen und weitmöglichst das Unvollständige zu ergänzen bzw. zu reduzieren: "Sie zogen aus Ägypten aus, weil sie eine Minorität waren", bemerkt Zvi Rudy, "Nonkonformisten von Geburt, und sie gingen in die Welt, um Minoritäten zu bleiben, Nonkonformisten aus Neigung und durch Schicksal." (Z. Rudy 1965, S. 146f. u. 199)

"Ich bin der Gott deines Vaters, der Gott Abrahams, der Gott Jizchaks, der Gott Jaakobs... - nun geh, ich schicke dich zu Pharao, führe mein Volk, die Söhne Jisraels aus Ägypten! Mosche sprach zu Gott: Wer bin ich, daß ich zu Pharao gehe, daß ich die Söhne Jisraels aus Ägypten führe! Er aber sprach: Wohl, ich werde dasein bei dir... Mosche sprach zu Gott: Da komme ich denn zu den Söhnen Jisraels, ich spreche zu ihnen: Der Gott eurer Väter schickt mich zu euch, sie werden zu mir sprechen: Was ists um seinen Namen? - was spreche ich dann zu ihnen? Gott sprach zu Mosche: Ich werde dasein, als der ich dasein werde. - ... Und weiter sprach Gott zu Mosche: So sollst du zu den Söhnen Jisraels sprechen: ER, der Gott eurer Väter, der Gott Abrahams, der Gott Jizchaks, der Gott

Jaakobs, schickt mich zu euch. Das ist mein Name in Weltzeit..." (M. Buber u. F. Rosenzweig 1954, S. 157ff.).

"Ich werde dasein" ist aber kein Name, denn man könnte Gott nicht so benennen; vielmehr ist es jemand, der steten Beistand, ständige Gegenwart verspricht, der sich aber nicht auf bestimmte Erscheinungsformen festlegen läßt, und auf diesen einzigen, gänzlich gegenwärtigen Gott der Väter richtet sich der Glaube des einzelnen im Glauben des Volkes, im Sinne der Glaubensweise des Vertrauens vor allem, weshalb Buber sagen kann: Der Gottesglaube Israels kennzeichne sich letztlich dadurch, daß das Glaubensverhältnis seinem Wesen nach für das ganze Leben gelten und in das ganze wirken wolle. Wer zu seinem Gott aber dieses singularische Du spreche, könne nicht dazwischen sich in Bezirken aufhalten, "für die jener nicht zuständig wäre: er muß sie alle dem Einen unterwerfen". Die Einzigkeit im "Monotheismus" sei also nicht die eines "Exemplars" , sondern sie sei die des Du in der Ich-DuBeziehung, sofern diese an der Ganzheit des gelebten Lebens nicht verleugnet werde (M. Buber 1964, S. 63 u. 629).

In diesem Sinne sei die Bibel das große Dokument der Weltgeschichte, der Bericht vom Versuch des dialogischen Lebens, der Begegnung von Gott und Mensch, deren Ort die Welt sei, eines Gottes, der sich buchstäblich im "brennenden Dornbusch", d.h. in der Irdischkeit offenbare: "Hier ist keine Trennung zwischen Glauben und Wirken, zwischen Wahrheit und Bewährung, in heutiger Sprache: zwischen Moral und Politik; hier ist alles Ein Reich, Ein Geist, Eine Wirklichkeit." - In seiner Deutung des Chassidismus wird die jüdische Lehre als "ganz auf die doppelgerichtete Beziehung von Menschen-Ich und Gott-Du, auf die Gegenseitigkeit, auf Begegnung gestellt" gekennzeichnet: "Israel hat das Leben als Angesprochenwerden und Antwortgeben, Ansprechen und Antwortempfangen verstanden, vielmehr eben gelebt... Anruf ins Nichts und Antwort der Dinge durch Erstehn, die Schöpfungssprache dauernd im Leben aller Kreaturen, das Leben jedes Geschöpfs als Zwiesprache, die Welt als Wort - das kundzugeben war Israel da." (M. Buber 1963, S. 742f. u. 1954, S. 294)

'Ich und Du', Bubers 'Zwiesprache', Kernstück seiner Philosophie, Sprach- und Geschichtsphilosophie, alle in seiner Sozialphilosophie und Soziologie umgriffen, beruhen auf seinem Verständnis des Grundthemas der hebräischen Bibel, sind stark beeinflußt vom Geist der chassidischen Lehre, sind Lösungsversuche im Hinblick auf das Problem der Moderne, das Zusammenleben der Menschen angesichts ihrer eigenen Krisis: Denn die jüdische Grunderfahrung des Exils und der Hoffnung auf Befreiung jedenfalls sind heute unübersehbar dringende und bedrängende Erfahrungen vieler Menschen aller Gesellschaften in mancherlei Sinn. In der Erklärung der dialogischen Grundverhältnisse des Sozialen durch den Soziologen, in der ideellen Innovation und in der wenigstens verbal-antizipatorischen Veränderung der dialektischen Mißverhältnisse des Sozialen durch den Intellektuellen entbirgt sich also nicht die geringste Ähnlichkeit zur soziointdividuellen Inspiration und zur soziohistorischen Dynamik der Träger jüdischer Utopie (vgl. E.R. Wiehn 1986, S. 477-601).

"Die Antisemiten werfen den Juden seit jeher ihre zu rege Beteiligung an allen emanzipatorischen Bewegungen vor", schreibt Manès Sperber, und es treffe in der Tat zu, daß ihr Anteil an den Befreiungsbewegungen in unserer Zeit relativ größer gewesen sei als der anderer Intellektueller: "Dies erklärt sich daraus, daß die Intelligenz fast aller religiösen oder nationalen Minoritäten sich zu den Malkontenten hingezogen fühlt, sofern sie für das Recht der Entrechteten und gegen jegliche Diskrimination einstehen. Andererseits fördert die biblische Erziehung tatsächlich das Streben nach Gleichheit und ungeschmälerter Gerechtigkeit für alle." Er sei nie einer Idee begegnet, die ihn so überwältigt und seinen Weg so bestimmt habe wie die Idee, "daß diese Welt nicht bleiben kann, wie sie ist, daß sie ganz anders werden kann und es werden wird" (M. Sperber in: H.J. Schultz 1979, S. 185f., 190, 194).

Robert Jungk schreibt schließlich: Sein Judentum habe seinen Pazifismus mitbestimmt, sein Judentum sei aber auch die Wurzel einer Bemühung, die seine schriftstellerische Tätigkeit wie keine andere bestimme: "die Bemühung, das Getrennte zu einen, das Ganze durch den Überblick über die zahllosen Einzelheiten wieder zu erfassen. Ich bin 'Generalist' geworden, weil ich als Jude aus dem 'Nest' geworfen wurde, weil ich erlebt habe, wie jede Sparte, jedes Fach, jede Spezialisierung, so notwendig sie zeitweise sein mag, durch Verengung zu Fehlschlüssen führt." - Alfred Grosser vermutet: "vielleicht bin ich so sehr auf Vernunft, auf Universalismus versessen, weil ich jüdischen Ursprungs bin." (R. Jungk u. A. Grosser, in: H.J. Schultz 1979, S. 284 u. 56)

Der Schriftsteller Günther Anders bemerkt: Tatsächlich sei die Zahl von jüdischen Gründern und Neudenkern ganz unverhältnismäßig groß, und ebenso unverhältnismäßig groß sei auch die Zahl der Juden, die zu Revolutionären geworden seien: "Deshalb nämlich, weil wir, nicht anders als unsere orthodoxen Ahnen, deren Erbe wir unbewußt weitertrugen und auch heute noch weitertragen, stets davon überzeugt gewesen sind, daß der Messias noch nicht gekommen sei, daß dessen Kommen noch ausstehe, und daß wir diesem den Weg zu bahnen haben. - Diese Ausrichtung auf die Zukunft schien auch durch den Triumph des bürgerlichen Fortschrittsbegriffs bestätigt, den die Ideologen der Revolution als unbezweifelbares Credo übernahmen. 'Noch nicht' - diese Kategorie ist ja gerade zum Leitbegriff eines Philosophen geworden, der sich der Revolution sehr nahe gefühlt hat und der sehr viel jüdischer gewesen ist, als er es wahrhaben wollte: Ernst Bloch. Das Hinwarten auf das Noch-nicht-Eingetretene hat sich bei uns, den der Orthodoxie entflohenen Juden, säkularisiert und in revolutionäre Aktivität verwandelt." Schon als Kind sei ihm, obwohl er weder etwas von Messianismus noch von Marxismus gehört hatte, nichts so wenig glaubwürdig vorgekommen wie die Behauptung, von der er habe läuten hören, daß der Erlöser bereits dagewesen sei. Dies zu glauben sei ihm angesichts der schreienden Not einfach als eine Zumutung erschienen. Günther Anders bekannte sich zur "Salz-Rolle" der Juden (G. Anders in: H.J. Schultz 1979, S. 68f. u. 74).

In der "Doppelhaltung von Identität und Ferne", so Margarete Susman, habe Heinrich Heine das Land empfunden, das er liebte und unter dem er litt: Heine habe zu den ersten seiner Zeit gehört, die eine reale Umgestaltung der deutschen Wirklichkeit herbeizuführen strebten: "Fast alle jüdischen unter den deutschen Dichtern und Denkern waren zugleich Kritiker der Wirklichkeit ihres Landes." - Und: "Es sind die aus jüdischem Geist gespeisten drei großen Analysen des Wirklichen durch Marx, Freud und Husserl: die soziologische, die die wirkliche Gestaltung des Gesellschaftslebens aufzudecken sucht; die psychologische, die die echte Struktur der seelischen Erscheinungen in Traum und Wachen zu ergründen und zu sondern strebt, und die phänomenologische, die in strengem Rückgang von allem nur Ungefähren auf das Wesenhafte die mit sich selbst identischen Formen und Akte des Denkens zu ergreifen sucht." Diese letztere Analyse verschmähe grundsätzlich jede Beziehung auf das Wirkliche; sie erstrebe nichts anderes als die allem Erfassen des Wirklichen vorausgehende Klärung des Denkens in sich selbst. Den beiden anderen, der soziologischen und der psychologischen, gehe es auf verschiedenen Gebieten und von völlig verschiedenen Gesichtspunkten aus um eine Veränderung der Wirklichkeit selbst: "Um Rettung und Tat der einen, um Erweckung und Heilung der anderen. Für beide ist der Geist um des Geistes willen nichts; er ist nur da, um Wege für eine Umgestaltung und Neugestaltung des menschlichen Lebens zu finden. Mit der Frage nach der realen Not der lebendigen geschichtlichen Menschen ist das Leben in den Schutz und die Verantwortung des Geistes gestellt. Der Geist soll von nun an nicht mehr schweifen; er soll Verantwortung tragen." (M. Susman 1965, S. 175 u. 177f.)

Den Juden sei es leichter, die Idee zu vertreten, meint Arthur Ruppin, daß die Interessen der einzelnen Völker mit den höheren Interessen der Menschheit übereinstimmen müßten, und daß es neben der Rücksicht auf die Interessen des eigenen Volkes noch eine höhere Instanz gebe, welche Recht und Unrecht abwäge. Die Juden seien deshalb die "natürlichen" Apostel der Völkerversöhnung und der Kriegsächtung. Tatsächlich habe der Völkerbund in keinem anderen Volke so viel begeisterte Anhänger wie bei den Juden, sie seien die Pazifisten par excellence. Jede soziale Reformbewegung in den letzten hundert Jahren habe Juden in übergroßem Maße als Führer und Teilnehmer gehabt: "Sicher trug dazu der Umstand bei, daß die Juden selbst Unterdrückte waren und sich deshalb mit den anderen Unterdrückten verbunden fühlten. Aber vielleicht liegt hier auch eine Fortsetzung der Tradition vor, die auf Amos und Jesaja zurückgeht und für die Armen und Unterdrückten eine Besserung ihres Loses verlangte. In der ganzen griechischen und römischen Literatur würde man solch ein Eintreten für die 'unteren Klassen' vergeblich suchen. Jakob Wassermann sieht in der sozialen Gesinnung der Juden 'die Überpflanzung der vom Judentum empfangenen Messias-Idee aus dem Religiösen ins Soziale'." (A. Ruppin 1931, S. 314ff.) - Nonkonformisten als Heilspropheten?

## 4. Heilspropheten: Monotheismus und Universalismus

"Man hört oft", meinte Georges Friedmann, "daß die Unruhe zugleich das Wesen und das unerläßliche Ferment der jüdischen Geistigkeit darstelle. Dank ihrer hätten die Juden auf den verschiedensten Gebieten - Wissenschaft, Kunst, Mystik, Aktion - ihre wichtigsten Leistungen vollbracht. Ohne sie gebe es kein Judentum. 'Das Judentum ist im wesentlichen eine Tragödie, die man auf sich nimmt': eine ausgezeichnete Formel, die in wenigen Worten viele Züge und Determinismen der so verstandenen jüdischen Geschichte zusammenfaßt." - Es sei richtig, daß dieses "Bewußtsein von der Unsicherheit des Lebens" zweifellos heute die "eigentliche Würde der Juden" darstelle: "Paradoxerweise erinnern sich die Juden, wenn sie alles aufgegeben haben, den Glauben und den Ritus, immer noch des Frevels, den die Geschichte an ihnen verübt hat. Er hat einen festen Platz in ihrem kollektiven Unterbewußtsein und hält ein unentrinnbares Gefühl der Angst wach, das sich auch dem am Rande oder an der Peripherie stehenden Juden mitteilt." Die jüdische Unruhe sei eine psychologische, ethische, soziale Tatsache, die sich je nach Zeit und Ort verschieden ausdrücke, sich steigere oder verringere: "Ein Plädoyer für die Unruhe muß betonen, daß sie sich speist aus der Unzufriedenheit mit der Gegenwart, der Realität, aus der Suche nach etwas Anderem, Besserem: die Unruhe ist wesentlich ein Streben nach Höherem." (G. Friedmann 1968, S. 251ff.)

Aus makrosoziologischer Sicht bleibe zu fragen, so Alphons Silbermann, ob die geistigen Prozesse und der sich in ihnen widerspiegelnde jüdische Geist möglicherweise vom Stigma der Entwurzelung und Desorientierung geprägt seien; vor allem bleibe zu diskutieren, ob der Geschichte der Juden als einer Geschichte des Leidens integristische Kraft und Dynamik zuzuschreiben sei, so daß sich hieran ein jüdischer Geist erkennen lasse, der, wenn er allumfassend sein solle, d.h. das Kollektiv Juden erfasse, nur im Kollektivgedächtnis verfestigt sein könne. Denn unentwegt projiziere das Kollektivgedächtnis die historische Vergangenheit auf die Gegenwart und eine hoffnungsfreudige Zukunft, immer wieder berührte es das Jude-Sein: "Es prägt die Determinanten einer Schicksalsgemeinschaft, mit der der einzelne selbst dann verbunden ist, wenn er nie zu leiden oder sie verlassen hatte, sich von ihr abgesondert hat oder sie als Agnostiker oder Renegat verneint oder bekämpft: Die Geschichte des Leidens liegt auf den Schultern eines jeden Juden." Dabei spiele es keine Rolle, ob er sich des Jude-Seins bewußt sei, sich dazu bekenne oder nicht, es empfinde oder ablehne, es hervorhebe oder verheimliche, dafür einstehe oder dagegen angehe, es ihm bedeutungsvoll oder gleichgültig sei - "irgendwann, irgendwo und irgendwie kommt ihm aus der im Kollektivgedächtnis verankerten Geschichte der Juden als Geschichte des Leidens ein das geschichtliche Jude-Sein betreffendes Moment entgegen: aus seinem Innern, aus dem Munde oder dem Verhalten anderer Juden oder durch die nichtjüdische Umwelt." (A. Silbermann 1984, S. 104 u. 116f.)

"Hier, in der Geschichte des Leidens als Geschichte der Juden sehen wir einen geistigen Prozeß, ein Zusammenwirken physischer und moralischer Faktoren, der jenem ésprit générale zugrunde liegt, der, jüdischer Geist benannt, im Bilde seiner Auswirkungen real erfaßbar wird", argumentiert Alphons Silbermann: "Das Ideensystem der Juden ist durch eine Geschichte als Leidensgeschichte geprägt, dessen Wesenszüge sich seit Moses' Gedenken auf Überleben ausrichtet. - Während sich die einen ans Leben klammern, indem sie sich den Ausstrahlungen der sozialen und der geistigen Leidensgeschichte anpassen, indem sie sie hinnehmen und zu ertragen versuchen, sehen die anderen ihr Lebensheil darin, auf die Geschichte des Leidens standhaft zu reagieren, zu kämpfen, um nicht von der Geschichte überwältigt zu werden. Beide Male geht es um Akte der

Bewältigung von Gegenwart und Zukunft, die ihnen die Geschichte des Leidens überliefert und eingeprägt hat, kurz, die in ihren, den jüdischen Geist eingedrungen sind und als Manifestationen dieses Geistes von der Öffentlichkeit als typisch verstanden werden." Das Fazit sei eindeutig: "In das Kollektivgedächtnis als einem Instrument wirksamer Kraft eingegangen, haben sich einzelne Aspekte historisch bedingter geistiger Prozesse zusammengefunden. Sie sind zu einem das Gesamt der Juden umfassenden, sich integristisch auswirkenden Geist geworden, der die Geschichte der Juden als Geschichte des Leidens durchzieht und der, wo immer er im Real-Erfaßbaren in Erscheinung tritt, den Namen trägt - Geist der Bewährung im Überleben." (A. Silbermann 1984, S. 118ff.)

Die Simmel-Schülerin Margarete Susman bemerkte einmal zur Berufung des jüdischen Volkes: "Nicht es selbst soll sein, sondern das von ihm verkündete: die Eine geeinte Menschheit, in der allein die gottebenbildliche Gestalt des Menschen sich vollendet. - ... Diese Gestalt steht am Ende der Zeit: in der reinen Zukunft. Es ist nicht starre Ewigkeit, es ist an sich reißende Zukunft; es ist nicht ein in sich ruhendes Gestirn; es ist lebendige Hoffnung: Hoffnung, die allen Zeiten, aller irdischen Zeit überhaupt voranleuchtet." - Aber es sei diese unsere auch noch heutige Lage, der Max Weber unmittelbar nach dem Ersten Weltkrieg in seiner Rede über 'Die Wissenschaft als Beruf' Ausdruck gegeben habe, und es sei kein Zufall, daß der große Gelehrte die Frage dieser Weltstunde ausgesprochen habe mit dem Wort Jesaja 21,11f.: "Es kommt ein Ruf aus Seir in Edom: Wächter, wie lange noch die Nacht?" Er habe ein biblisches Wort zur Bezeichnung der Not gewählt, in ihm habe er die Frage allen religiösen Harrens gesehen, auf sie habe er, der Wächter der Stunde, die Antwort erteilt: "Noch ist es Nacht: wenn ihr fragen wollt, kommt ein andermal wieder." Der Tag, auf den sich alle Hoffnung richtet, das wäre der Tag des Friedens: "Friede bedeutet Vollkommenheit, ist der Heilsbegriff der jüdischen Religion: ist als die messianische Idee der Vollendung zur Einen Menschheit, als Inhalt der paradoxen Hoffnung, selbst ein reines Paradox zu aller irdischen Existenz." - Die Verheißung der Propheten, so Margarete Susman, liege nicht hinter uns, sie liege noch vor uns (M. Susman 1965, S. 57f. u. 60).

Also nicht das Volk sei die Aufgabe, sondern die Menschheit: "Einzig die Propheten konnten unter dem Angesicht des Einen die Eine Menschheit enthüllen. Und damit zeigt sich: das, wozu der Jude aufgerufen ist, ist nichts - absolut nichts als: Mensch zu werden. Das Höre Israel! - ich bin der Einzige Dein Gott - bedeutet dasselbe wie: Werde Mensch! Denn Mensch werden ist nichts anderes als sich Gott entgegenbilden." Und nur in der Gemeinschaft könne der Mensch zu dem werden, was er sein soll; darum entsprächen den übergroßen prophetischen Visionen von der Endzeit, diesen überschwenglichen Bildern von Frieden und Versöhnung, als Taten, die zu ihrer Verwirklichung von den Menschen verlangt würden, nicht heroische Kämpfe, gewaltsame Eingriffe, machtvolle schöpferische Umgestaltungen der Welt: "Sondern wunderbar: den überschwenglichen Visionen vom Weltfrieden entspricht als Forderung an den einzelnen Menschen das Allerschlichteste: die Forderung der Gerechtigkeit, der einfachen menschlichen Güte." (M. Susman 1965, S. 116)

Martin Bubers Bericht von einer "Bekehrung" gibt Kunde, wie sehr sich seine Religiosität zunehmend darauf gründete: Er berichtet, daß ihm in jüngeren Jahren das "Religiöse" die Ausnahme gewesen sei, als Stunden, die aus dem Gang der Dinge herausgenommen waren; die "religiöse Erfahrung" sei die Erfahrung einer Anderheit gewesen, die in den Zusammenhang des Lebens nicht eingestanden habe. Doch die Folgen einer "Vergegnung" mit einem Menschen habe Bekehrung bewirkt: "Seither habe ich jenes 'Religiöse', das nichts als Ausnahme ist, Herausnahme, Heraustritt, Ekstasis, aufgegeben oder es hat mich aufgegeben. Ich besitze nichts mehr als den Alltag, aus dem ich nie genommen werde... Ich kenne keine Fülle mehr als die Fülle jener sterblichen Stunden an Anspruch und Verantwortung. Weit entfernt, ihr gewachsen zu sein, weiß ich doch, daß ich im Anspruch angesprochen werde und in der Verantwortung antworten darf, und ich weiß, wer spricht und Antwort heischt. Viel mehr weiß ich nicht. Wenn das Religion ist, so ist sie einfach alles, das schlichte gelebte Alles in seiner Möglichkeit der Zwiesprache." (M.Buber 1954, S.143 u.145)

In seiner Schrift 'Was ist jüdischer Geist? Zur Identität der Juden' von 1984 bemerkt Alphons Silbermann, die Bibel habe neben und zusammen mit einer Doktrin von Gott auch eine Doktrin vom Menschen zu postulieren gewußt: "daß Menschen keine Dinge sind, menschliche Wesen nicht wie Werkzeug zu behandeln sind, Beziehungen ebenso wie Haltungen von Mensch zu Mensch persönlich sind, weil jedes menschliche Wesen in sich die Ähnlichkeit Gottes hegt; daß Macht, Rang, Reichtum oder Armut belanglos sind und nur (der) Mensch als Mensch von Bedeutung ist, kurzum, daß alle Menschen im wesentlichen gleich sind, wie immer unterschiedlich ihre Verhältnisse und ihre Gaben auch sein mögen." Auch das seien Facetten des jüdischen Geistes, der für die einen im guten, für die andern im schlechten als 'Judaisierung' gelobt oder angeprangert werde (A. Silbermann 1984, S. 18f.).

Der ehemalige Landesrabbiner von Baden und Vorsitzende der deutschen Rabbinerkonferenz, Nathan Peter Levinson, schreibt in einer jüngsten 'Einführung in die jüdische Religion': "Im Judentum kann man Theologie - das Sprechen von Gott - nicht von der Anthropologie - der Lehre vom Menschen - trennen." Schon in der Genesis zähle nicht das Schicksal eines oder mehrerer Götter, sondern das des Menschen, der als Krone der Schöpfung erscheine, und in einer kühnen Exegese von Jesaja 43,10 heiße es: "Wenn ihr meine Zeugen seid, bin ich Gott, wenn ihr nicht meine Zeugen seid, bin ich nicht Gott." ( Pesikta de R. Kahana 102b) Das sei der Grund, weshalb das Judentum als ethischer Monotheismus definiert werde: Das Sittliche stehe im Mittelpunkt dieser Lehre, das Schicksal sei dem Menschen nicht auferlegt, vielmehr gehe an ihn das Gebot, es zu bewältigen (N.P. Levinson 1988, S. 15).

"Der heilige Gott wird" nach Jesaja (5,16) "geheiligt durch Gerechtigkeit", und diese göttliche Gerechtigkeit werde ein Vorbild für den Menschen - die Gerechtigkeit und die Liebe: "Es sind besonders die Unterprivilegierten, die sozial Schwachen", so Nathan Peter Levinson, "denen die ganze Aufmerksamkeit der biblischen Gesetzgebung gilt. Auch hier ist es die Gerechtigkeit, die ihnen zuteil werden muß." Kein Gebot werde in der hebräischen Bibel mehr betont als das Einstehen für die Waisen, die Witwen und für die Fremden. Im übrigen hätten die jüdischen Mystiker gemein, daß alles in der Welt göttliche Funken enthalte, die es zu erlösen gelte (N.P. Levinson 1988, S. 17 u. 20).

Das Reich Gottes, das da kommen werde, nachdem der Bundesvertrag eingehalten worden sei, fand Zvi Rudy, werde auf verschiedene Weise dargestellt - zuallererst als ewiges Reich, das imVolke, welches den Worten der Propheten entspreche, nach außen hin erstehen werde: "Nach der Konzeption der Propheten wird es sich hierbei ohne jeden Zweifel um ein Reich des Friedens und der Gerechtigkeit handeln, in welchem der Gott zusammen mit seinem Volk von geistigen Herrschern alle Völker des Erdballs regieren wird." Die einzige entscheidende Bedingung zur Einhaltung des Bundes sei die Forderung gewesen, sich dem fremden Gotte zu unterwerfen und ihm gehorsam zu sein, eben dem Gotte, welcher nach der Definition des Maimonides "ein und einzig" ist und sich nicht anthropomorph auslegen lasse: "Andererseits wurden nicht Glück und persönlicher Vorteil versprochen, sondern Glück und Segen für alle die Stämme, die sich zu einem organischen Ganzen zusammenschließen und im Laufe der Zeit der gesamten Menschheit einverleibt werden." (Z. Rudy 1965, S. 130f.)

Alphons Silbermann resümierte richtig, daß sich für Martin Buber der geistige

Prozeß des Judentums im "Streben nach einer immer vollkommeneren Verwirklichung dreier untereinander zusammenhängender Ideen: der Idee der Einheit, der Idee der Tat und der Idee der Zukunft" vollziehe; dabei unterstreiche er, daß er sich mit diesen 'Ideen' nicht auf abstrakte Begriffe beziehe, sondern auf 'natürliche Tendenzen des Volkscharakters, die sich mit so großer Kraft und mit so großer Dauer äußern, daß sie einen Komplex von geistigen Werken und Werten erzeugen, welcher als das absolute Leben des Volkes angesprochen werden darf'." (A. Silbermann 1983, S. 34f.)

Zurecht weist Georg Fohrer darauf hin, daß die Bibel den Eingottglauben überhaupt nicht begründet, sondern von der geschichtlichen Erfahrung Israels mit seinem Gott ausgeht; begründet werde lediglich, daß der ausschließliche Anspruch dieses Gottes auf Israel berechtigt sei: "Er hat es aus Ägypten hinausgeführt - aus der Knechtschaft in die Freiheit." Daraus ergäben sich vier bezeichnende Eigenarten des biblischen Eingottglaubens: "1. Der Dienst dieses Gottes besteht im Einhalten und Erfüllen seiner Gebote, die das ganze Leben des einzelnen und der Gemeinschaft umspannen. - 2. Die Gemeinschaft derjenigen, die den göttlichen Willen befolgen, ist zusammengeschlossen zum Volke Gottes. - 3. Die eigentliche Sünde gegen diesen Gott ist der Abfall von ihm zu anderen wirklichen oder vermeintlichen Göttern. - 4. Als Abfall gilt auch die Herstellung und Verehrung von Gottesbildern, da man Gott nicht in eine menschliche oder eine andere Gestalt bannen kann und die Unmittelbarkeit seiner Beziehung zum Menschen nicht durch derartige Gestalten beeinträchtigt werden darf." - Der Gott Israels sei jedoch nicht ein Nationalgott, sondern der Vater der ganzen Menschheit (G. Fohrer 1985, S. 14 u. 27).

So weist der biblische Glaube auch Georg Fohrer zufolge eine durchaus personale Struktur auf: Alles Tun und Lassen des Menschen erfolge nicht isoliert im menschlichen Bereich, sondern stehe in einer Wechselbeziehung zum Handeln Gottes. Glauben und Handeln gehörten aufs engste zusammen, aber alles spiele sich im diesseitigen Leben ab - hier und jetzt: "Entsprechend den vorgegebenen Grundlagen betreffen die ethischen Grundsätze vor allem das Verhalten gegenüber dem Mitmenschen: die Sorge für sein Leben und seine Gesundheit, die Achtung vor seinem Eigentum - nicht zuletzt im wirtschaftlichen Leben, die Rücksicht auf seine Ehre und das Sichkümmern um sein Wohlergehen." Aber schon die Zehn Gebote bezögen die Haustiere in die Sabbatruhe ein: Gerechtigkeit sei das vom Menschen gegenüber Gott geforderte rechte Verhalten, Gerechtigkeit sei das rechte Gesamtverhalten des Menschen: "Das Wort ist ein

Verhaltensbegriff. Es kennzeichnet nicht einen Zustand oder ein Sein, sondern ein Tun und Handeln oder ein Verhalten, ferner kein unerreichbares Ideal, sondern etwas, das verwirklicht werden kann." (G. Fohrer 1985, S. 32ff. u. 171)

Aber das Judentum lehrt nach Nathan Peter Levinson nicht nur, daß Gott der Eine ist, neben dem keine andere Macht anerkannt werden könne, es lehre auch die Einheit des Menschengeschlechts. Die Lehre der Verantwortung führe zur Überzeugung des Judentums, daß der Mensch allein als Individuum keinen wirklichen Zugang zum Göttlichen finden könne, und so sei das Judentum Glaube der Gemeinschaft, der Gemeinde, des jüdischen Volkes. Nach biblischem Verständnis kümmere sich der Fromme jedoch zugleich um das Heil der Welt: "Die Sehnsucht nach dem Reich Gottes, der Zeit des ewigen Friedens und der Geschwisterlichkeit zwischen den Menschen, fand ihren Ausdruck in der messianischen Hoffnung, wie sie die Propheten Israels ausgedrückt hatten: 'An jenem Tage wird der Ewige einzig sein und sein Name Einziger... Sie werden ihre Schwerter zu Pflugscharen umschmieden und ihre Lanzen zu Rebmessern. Nicht wird Volk gegen Volk ein Schwert erheben und nicht mehr werden sie den Krieg lernen... Es wird der Wolf beim Lamme wohnen und der Panther beim Böcklein lagern, Kalb, junger Löwe und Masttier zusammen und ein kleiner Knabe leitet sie... Sie werden nicht Böses tun und nicht verderben auf meinem ganzen heiligen Berge, denn voll ist die Erde der Herrlichkeit Gottes, wie Wasser die Erde bedeckt.' (Secharja 14,9; Jesaja 2,4f.; 11,6ff.)." (N.P. Levinson 1988, S. 22f.)

Der erste Akt der Schöpfung sei eine Selbstnegation, so die erstaunliche Habermassche Argumentation, durch die Gott sozusagen das Nichts hervorrufe, und dieses Modell biete die einzig konsequente Lösung des Theodizeeproblems, wozu er Gershom Scholem zitiert: "Eine vollkommene Welt kann nicht erschaffen werden, weil sie dann Gott selber wäre, der sich nicht verdoppeln, sondern eben nur einschränken kann. ... Gerade weil Gott sich niemals wiederholen kann, muß eine Schöpfung dieser - ... - Entfremdung unterliegen, in der sie, um sie selber zu sein, das Böse aus sich herausstellen muß." - Die Selbstverschränkung Gottes sei die archetypische Form des Exils, der Selbstverbannung, die erkläre, "warum alles Sein von jenem Urakt an ein Sein im Exil ist und der Rückführung und Erlösung bedarf". Von dieser Konzeption des Abgrundes oder der Materie oder des Zorns, wohinein ein Gott sich in seinem wörtlich verstandenen Egoismus zurückziehe, führten verschiedene Linien über Schelling und Hegel zu Marx... Es liege auf der Hand, daß ein Gott, der sich selbst verbanne, die historischen Erfahrungen des Exils mit schwerer Bedeutung auflade: "Und zwar mit einer apokalyptischen Bedeutung dort, wo die Gewalt des Negativen, das Leiden an den Katastrophen der Vertreibung, der Unterdrückung und der Isolierung, schon als Anzeichen für die schöpferische Kraft des Negativen, für eine Wende zum Guten gedeutet wurden." Das Hölderlinsche Wort von der größten Gefahr, in der das Rettende wachse, sei hier vorweggenommen: "Wenn sogar die Schöpfung mit einer Selbstexilierung Gottes beginnt, dann bedeutet der Augenblick der größten Katastrophe einen Hinweis auf die Chance der Erlösung", und vom frühen Marx bis zu Bloch und dem späten Benjamin heiße es dann: "keine Resurrektion der Natur ohne Revolutionierung der Gesellschaft." Die politische und geistige Energie von vielen Generationen jüdischer Intellektueller habe sich niedergeschlagen in den universalistischen Werten der Emanzipationsbewegung, der bürgerlichen wie der sozialistischen (J. Habermas 1981, S. 386-389).

Die Struktur der jüdischen Weltanschauung läßt sich (in Anlehnung an Alexander Barzel) vielleicht unter folgenden Aspekten beschreiben: Messianismus, Prophetismus, Gemeinschaft, Gebot, Geschichtlichkeit und Einheit: 1. Messianismus heißt, daß die bessere Welt noch vor uns liegt und in der Geschichte verwirklicht wird; den Menschen ist es aufgegeben, die bessere Welt durch ihre Taten herbeizuwirken: Also bewußte und tätige Anwesenheit hier und jetzt; denn Weltverbesserung ist kein einmaliges Geschehen, sondern ein Prozeß, und der Mensch wird darin zum Mitschöpfer der Welt. - 2. Prophetismus heißt: Entscheidend ist das Verhältnis zwischen den Menschen, ihre Verantwortung für die Welt ist unbegrenzt und bezieht sich auf jede einzelne Tat. Die prophetische Anforderung ist an den Menschen des Alltags gerichtet, nicht an Auserwählte, die den Menschen gestellten Anforderungen haben menschliche Dimensionen. - 3. Gemeinschaft heißt: Leben in der Dimension der Zugehörigkeit; denn der Einzelne bekommt seine Bedeutung in der Gemeinschaft, und die Gemeinde ist vor allem Lebensgemeinschaft, und zwar Gemeinschaft von Gleichen. Jeder einzelne trägt Verantwortung für das Ganze; die Verbesserung der Welt kommt durch die Verbesserung der Gemeinde zustande. - 4. Gebot heißt: Nicht alles, was möglich ist, ist auch erlaubt. Die Gebote bilden eine Struktur und gewährleisten historische Kontinuität. Freiheit verwirklicht sich durch den Entschluß, gebothaft zu handeln. - 5. Geschichtlichkeit heißt: Der Mensch lebt in der Zeit, die historische Wirklichkeit hat keine Alternative; Menschsein bedeutet Erinnerung und Überlieferung; denn Vergangenheit und Zukunft sind in der Gegenwart präsent, und die messianische Zeit ist in der Geschichte einbegriffen. Die Umkehr als Hinwendung zur besseren Zukunft ist in jedem Augenblick möglich. -

6. Einheit heißt: Das ganze Sein ist eine einzige sowohl sichtbare als auch verborgene Einheit. Religion ist Existenzerlebnis dieser Einheit im Bewußtsein der Ganzheit. Glaube ist Verpflichtung des Menschen, der Einheit des Seins zu dienen, ist Bereitschaft, die Einheit der Welt verwirklichen zu helfen.

Wahrheit und Gutheit sind also in einem bewußten Handlungsprozeß voranzubringen, bestärkt durch jene einzigartige jüdische Philosophie der Hoffnung, diesem so wesentlichen Kernstück von Judentum und Jüdischkeit, der Hoffnung und Glaubensgewißheit nämlich, daß die bessere Welt noch vor uns liegt, sich in Geschichte auf dieser Erde verwirklichen wird, und zwar durch nichts anderes als durch die Taten der Menschen selbst. Das bedeutet die Berufung des Menschen zum Mitschöpfer und damit auch zur Verantwortung für die Welt, nämlich im Bewußtsein der noch zu vollendenden Einheit des Ganzen gemäß biblischer Weisung. - Heilspropheten als Sozialkritiker?

## 5. Sozialkritiker: Humanismus und Messianismus

"Worin besteht das besonders Ethische", fragt Zvi Rudy, "das die einen oder anderen Juden in das Gebiet der allgemeinen Philosophie oder der einen oder anderen Wissenschaft hineingebracht haben? Worin besteht das spezifisch 'Judentümliche', das man beim Studium der Schöpfungen bzw. Systeme all derer herausspüren kann, die ihrer Herkunft nach Juden sind? Und zuallerletzt: Läßt sich die Wissenschaft nach nationalen Schichten oder geographischen Zonen klassifizieren?" Die Suche nach rein deutschen, französischen, slawischen, jüdischen und anderen Elementen in der Wissenschaft sei daher nicht weniger absurd als ein Versuch, russische oder negroide Bakterien oder Atome ausfindig zu machen; Philosophie, theoretische und praktische Wissenschaft seien nicht nur nicht national bedingt, auch nicht international, sondern übernational; denn sie seien an kein Land und keine Sprache gebunden, sicherlich an kein Volk und an keine Rasse (Z. Rudy 1965, S. 149).

Gleichwohl: Wer sich mit der modernen Psychologie befasse, dem falle zugleich die große Anzahl jüdischer Forscher auf, die auf diesem Gebiete tätig seien, das zwischen den exakten Naturwissenschaften und der deskriptiven Geisteswissenschaft liege: "Ähnliches wird wahrgenommen, wenn man den Beitrag untersucht, den Forscher und Gelehrte jüdischer Abstammung zu den Wissenschaften der Gesellschaft und Wirtschaft, besonders der Soziologie geleistet haben. Auch auf dem Gebiete der Soziologie - einer an und für sich jungen Wissenschaft - ist das Vorhandensein des Hebraismus als Erbgut im Gefühlsleben wie in der Geisteswelt der Wissenschaftler und Soziologen jüdischer Abstammung auffallend." Als Beispiel nennt Zvi Rudy Emile Durkheim mit seiner Lehre von der organischen Solidarität, in welcher der universelle Prozeß der Arbeitsteilung festgelegt sei und hinter der sozusagen das alte Gebot seines Volkes 'Alle Kinder Israels haften füreinander' stehe. - In einer Fußnote werden nach Karl Marx auch Lucien Lévy-Bruhl, Hüber, Marcel Mauss, René Worms, Georges Gurvitch und Raymond Aron in Frankreich, Simmel, Gumplowicz, A. Salomon, Karl Mannheim, Hans Kelsen u.a. im deutschen Sprachkreis, Maurice Ginsburg, Harold Laski, Paul Lazarsfeld und viele andere in der angelsächsischen Welt und in Osteuropa genannt, die weniger bekannt seien (Z. Rudy 1965, S. 152f. u. 218f.).

Abschließend argumentiert Zvi Rudy: Methodologisch lasse sich unter 'jüdischer Soziologie' nur das verstehen, was jüdische Forscher auf allen Gebieten der Soziologie geleistet hätten, ebenso wie man von einer deutschen, französischen, amerikanischen usw. Soziologie sprechen könne: "Aber wenn man auch auf eine große Zahl bedeutender Soziologen jüdischer Abstammung hinweisen kann, die in den verschiedenen Ländern und Sprachen gewirkt haben, so werden sie alle zusammen doch keine regionale Soziologie bilden, wie es etwa eine regionale englische, italienische oder russische Soziologie gibt. Denn alle diese Soziologen jüdischer Abstammung schufen ihre Werke weder in einem jüdischen Lande noch in einer jüdischen Sprache, sondern wirkten und forschten als Franzosen (z.B. E. Durkheim, L. Lévy-Bruhl, Marcel Mauss), als Deutsche (Karl Marx, L. Gumplowicz, G. Simmel, Karl Mannheim) usw." (Z. Rudy 1965, S. 198)

Der Beitrag des Judentums zur Soziologie könne einzig dadurch gewürdigt werden, so René König weiter, daß die besondere Affinität des jüdischen Gelehrten zur Soziologie aus der allgemeinen sozialen und kulturellen Situation des Judentums in den modernen Gesellschaften verstanden werde; denn das allein wäre die spezifisch soziologische Weise, das Problem anzugehen. Aber natürlich sei es ihm vollkommen unmöglich, auch nur den Versuch einer jüdischen Glaubensanalyse unternehmen zu wollen; außerdem interessiere das Glaubensphänomen nur insofern, als es für den Soziologen relevant sei. Immerhin: "Die Züge, die das Judentum der Diaspora vom Christentum unterscheiden, beziehen sich vor allem, und das macht sie für uns interessant, auf den zentralen Gegenstand der Soziologie, nämlich das Verhältnis des Menschen zur Gesellschaft." Im Gegensatz zu den weltflüchtigen christlichen Urgemeinden seien die konkreten Wirklichkeiten der unmittelbarsten gesellschaftlichen Existenz in den

Vordergrund jüdischen Lebens gerückt: Ehe, Familie und Beruf. So entstehe das unendlich rührende Bild der wandernden jüdischen Familie in der hellenistischen und römischen Kultur, die eine kontinuierliche Einheit setze zwischen dem Diesseits und der Verheißung des Messias: "Diese mangelnde Diesseitsentsagung ohne Kreaturvergötzung hat auf Grund der besonderen Umstände sehr unmittelbare Folgen für das Erleben des Sozialen als solchen, das als zentraler Wert des Alltags emphatisch bejaht wird." Dem Gott der Väter allein "gehört denn auch die Zukunft, darum interpretierte schon Max Weber 'das ganze Verhalten der antiken Juden zum Leben' als 'durch diese Vorstellung einer künftigen gottgeleiteten politischen und Sozialrevolution bestimmt'" (R. König 1961, S. 71f.).

Das Soziale gehört René König zufolge in der jüdischen Tradition also nicht wie im Christentum einer niederen Ordnung an, sondern es sei im Grunde die einzige Dimension, in der dem Menschen zu leben gegeben sei, so daß auch sein Tun innerhalb dieser Dimension ein gottgefälliges Tun sein könne. Darum erwachse schon im antiken Judentum eine Ethik des Diesseits, eine Moral, deren Existenz für sich allein beim Juden - genau wie beim Calvinisten - eine Affinität zum soziologischen Denken begründen müsse. Diese Ethik des Diesseits erfahre übrigens eine beträchtliche philosophische Vertiefung während der einzigartigen Kultur des sich seit dem 8. und 9. Jahrhundert bis nach Spanien ausbreitenden arabischen Herrschaftsgebietes; das unbestrittene Haupt dieser Denkschule sei der große Maimonides am Ende des 12. Jahrhunderts. - Die Problematik der Soziologie entwickelte sich allerdings erst sehr viel später, nämlich seit dem Ende des 18. Jahrhunderts, insbesondere im 19. und 20. Jahrhundert. Dennoch aber sei es nicht gleichgültig zu wissen, aus welchen Ideen sich die jüdische Tradition nähre, wenn man verstehen wolle, wie sie auf neuartige kulturelle, soziale, wirtschaftliche und auch politische Reize reagiere: "Ganz gleich wie in der Vergangenheit die Geschichte des Judentums auch immer verlaufen sein mag, als ein dauerndes Hin und Her zwischen Aufstieg und Verfolgungen, das insbesondere seit den Kreuzzügen tragische Formen anzunehmen begann, um während der spanischen Inquisition einen schauderhaften Höhepunkt zu erreichen - all das ist primär nicht so sehr direkt relevant für das Verhältnis des Judentums zur Soziologie, als vielmehr für die definitive Erniedrigung der Juden zu einem Pariavolk und ihre aufgezwungene wie selbstgewählte Absonderung in einer Getto-Existenz, mit der sich die Zweiheit der Moralen beim Judentum entscheidet, die Binnenmoral und die Außenmoral. Damit entscheidet sich auch die Frage, wer ein Jude sei. Jude ist, wer sich als Jude weiß. Das hat mit Rasse nichts zu tun, wohl aber mit der gemeinsam erlittenen Diskriminierung durch die Umwelt." (R. König 1987, S. 333)

Damit sei eine ganz bestimmte Ausgangslage geschaffen, die sich erst mit der Emanzipation der Juden zu ändern beginne, und das Ergebnis habe wiederum einen doppelten Aspekt: "1. Die jüdische Emanzipation wächst offensichtlich parallel mit der Entwicklung und Befreiung der bürgerlichen Gesellschaft vom absolutistischen Staate, was zugestandenermaßen eine der wesentlichsten Voraussetzungen für die Entstehung der Soziologie ist. ... Die Voraussetzungen, aus denen das Judentum emanzipiert wurde, waren also weitgehend die gleichen wie die, aus denen die moderne Wirtschaftsgesellschaft und mit ihr die Soziologie als das zugehörige Instrument der Erkenntnis dieser Gesellschaft erwuchs." Gleichzeitig seien die Juden in diese neue Welt mit einer Vorstellung vom diesseitigen Leben eingetreten, die im Grunde zutiefst dieser Welt verwandt gewesen sei: "2. Die weitere Folge dieser Entwicklung scheint auf den ersten Blick sehr überraschend. Mit der Emanzipation trifft das Judentum plötzlich die soziale Diskriminierung wieder mit ganzer Schwere, der man sich vorher teilweise in der Gettoexistenz hatte entziehen können, mindestens zeitweise. Sie trifft es sogar schwerer als jemals; denn wenn sich bis zum 18. Jahrhundert das Judentum aus allen Verfolgungen und allen Leiden in der Hoffnung einer letzten Befreiung hatte retten können, in der die Verfolgten erlöst und die Verfolger verdammt würden, bröckelte diese Möglichkeit in Westeuropa auch bei den Juden allmählich ab mit der allgemeinen Säkularisationstendenz aller Religionen." Im Westen habe das Leiden plötzlich seinen Sinn verloren, es sei keine Prüfung mehr gewesen, sondern einfach eine sinnlose Quälerei. Und es gehöre schon viel Weisheit dazu, um in einer solchen Situation nicht zu verzweifeln. Es sei nun zu zeigen, wie aus dieser Wurzel nicht nur der jüdische Witz, sondern auch die jüdische Affinität zur Soziologie erwachsen sei (R. König 1987, S. 333ff.).

Soziologisch gesehen habe es sich bei der Situation des Judentums in den europäischen Gesellschaften des 19. Jahrhunderts um eine Mitgliedschaft mit Vorbehalt gehandelt, meint René König, Vorbehalt von seiten der religiösen Majorität: Man habe dem Judentum zwar formelle Freiheit und Gleichheit zugebilligt, aber materiell hätten die sozialen Unterschiede vorgeherrscht, die sich in zahlreichen diskriminierenden Zurückstellungen äußerten. Darüber hinaus sei zu fragen, ob man die damalige soziale Lage des Proletariats nicht auch auf das Judentum anwenden könne: "In der Tat säkularisiert sich in Marx die alte jüdische Verheißung der diesseitigen Erlösung aus unerträglicher Not und endlosem Leiden zu einer allgemeinen Philosophie der revolutionären Vernunft." Im übrigen habe sich eine heilsgeschichtlich gebundene Form der jüdischen Sozialphilosophie in zahllosen jüdischen Revolutionären als lebendig erwiesen, und manches davon klinge auch noch nach im schulmäßig gewordenen Gelehrtendenken bürgerlicher Observanz (R. König 1961, S. 72ff. u. 1987, S. 335ff.).

Darüber hinaus bewegten sich aber die Beziehungen zwischen dem Judentum und der Soziologie auf weniger dramatischen und subtileren Kanälen, die vielleicht noch entscheidender seien als die großen Unheilspropheten, argumentiert René König weiter: Die jüdische Religion in der Diaspora habe in keiner Epoche ihrer Existenz mit der weltlichen Macht paktiert; da nun die Säkularisation im Judentum langsamer verlaufe und ein Bündnis mit der Macht nicht in Frage komme, fänden sich jüdische Denker überall beteiligt, wo das soziale Denken sich als soziale Kritik, vor allem als Kritik der Macht darstelle: "Seit Spinoza haben jüdische Denker auf der Seite derer gestanden, die es unternahmen, 'die Grenzen der Wirklichkeit des Staates zu bestimmen' und dem großen 'Leviathan' einen Ring durch die Nase zu ziehen, um ihn an der Leine zu führen. Sofern die Soziologie zu einem guten Teil daran mitgewirkt hat, finden wir aus dieser Lage heraus wiederum zahlreiche jüdische Sozialdenker, die an ihr teilnehmen aus einer inneren Berufung heraus, geschehe nun die Kritik des Staates im liberalen oder im sozialistischen Geiste." - Allerdings sei die Haupttendenz dieser Bewegung noch immer praktisch ausgerichtet, was man als letztes Echo der messianischen Einstellung deuten könne, die auf eine bessere Welt hoffe (R. König 1987, S. 337).

"Alles soziale Handeln trägt seinen Sinn in sich, so daß wir immer schon wissen, was gemeint ist, wenn wir von irgendwelchen sozialen Phänomenen sprechen", so René König: "Wir sind ja selber diese Phänomene und nehmen in unserer Alltagsexistenz aktiv an ihnen Anteil. ... Das gilt grundsätzlich für jedermann, ganz gleich, wo er im sozialen System stehen mag, nur für einen einzigen nicht - nämlich den Juden. - Denn seine Art der sozialen Verflochtenheit ist grundsätzlich unterschieden von der aller anderen Menschen. Er ist zwar ein Mitglied der Gesellschaft, die er zu erkennen unternimmt, aber er ist es auch wieder nicht, indem der Rest der Gesellschaft ihn diskriminiert und ihn zurückstößt. Es handelt sich um eine Mitgliedschaft auf Widerruf. Nun kann dieses dauernde Zurückgestoßenwerden auf die Dauer nicht ohne Wirkung bleiben. So muß der Jude in der Gesellschaft, die ihn diskriminiert, auf Distanz gehen. Mit dieser Distanznahme entscheidet sich aber in grundlegender Weise seine Affinität zur soziologischen Wissenschaft; denn keine Wissenschaft ist ohne Distanzierung möglich. Seine ganze soziale Lage bringt den Juden dem sozialen Dasein gegenüber wie von selbst in die theoretische Situation." (R. König 1987, S. 338f.)

"Im Gegensatz zum naiven Mitglied einer Gesellschaft durchschaut der Jude schnellstens alle die kulturellen Selbstverständlichkeiten, die in einer gegebenen Gesellschaft umgehen und eine rationale Erkenntnis verhindern. Er muß ja seine eigene Verschiedenheit darum erfahren, weil die anderen sie ihm ständig vorhalten. So ist der Jude, solange gegen ihn diskriminiert wird, den übrigen Mitgliedern einer Gesellschaft immer überlegen, weil er sieht, was an dieser Gesellschaft besonderes ist, indem er selber von seiner Umwelt als anders gekennzeichnet wird. Wenn man hat sagen können, Jude sei man nur durch das Wissen um die eigene Lage, so kann man daraus folgern, daß dies Wissen nicht nur jüdisches Selbstbewußtsein zeugt, sondern eine einmalige Chance gibt, die umgebende Gesellschaft adäquat zu erkennen - ohne sich durch irgendeines der eingebauten Interessensysteme dieser Gesellschaft die Unbescholtenheit der Augen verderben zu lassen. Aus der empfundenen Distanz zu den anderen, die eine aufgezwungene ist, erfährt der Jude nicht nur sich selbst in einem Wissen besonderer Art, sondern er gewinnt auch die Freiheit und Unbefangenheit der Erkenntnis der anderen, wobei ihm wiederum zustatten kommt, daß er mindestens zum Teil auch ein Mitglied dieser Gesellschaft ist und ihre Abläufe und Regeln von innen her erlebt wie irgendein anderer. Was ihn von jenen unterscheidet, ist mit der Möglichkeit der Distanznahme die unbestechliche Freiheit und Unabhängigkeit des Blicks." (R. König 1987, S.339)

Da aber letztlich in der jüdischen Tradition die diesseitige gesellschaftliche und berufliche Existenz des Menschen ein positiver Wert sei, so müsse sich zunächst diese Freiheit des theoretisch-leidenschaftslosen Blicks auf die Gesellschaft richten, woher dann auch die intensive Teilnahme jüdischer Gelehrter an der Entwicklung der Soziologie resultiere: "Sie erwächst aus einer einzigartigen Konstellation, die kaum ein anderer nachzuerleben vermag; denn nur der Jude kommt immer und immer wieder in die Lage, die erwähnte Distanz nehmen zu müssen, weil man ihn in sie hineinzwingt." (R. König 1987, S. 339)

Einer der wohl bisher bemerkenswertesten Beiträge über Juden in der Soziologie mit dem Titel "Das 'Judentum' als zentrales Entstehungs-Milieu der frühen deutschen Soziologie" wurde von Dirk Käsler in den Jahren 1983/84 verfaßt und in der vorliegenden Form 1987 veröffentlicht. (Da sich Dirk Käsler dankenswerterweise an der laufenden Vortragsreihe beteiligen wird, soll hier nicht allzuviel vorweggenommen, aber wenigstens darauf hingewiesen werden, daß er vermerkt:) In zahlreichen Gesprächen sei ihm bewußt geworden, "daß dahinter nicht die Überzeugung steht, daß zwischen der 'Jüdischkeit' einer bedeutungsvollen Fraktion der frühen deutschen Soziologen und deren wissenschaftlicher Produktion keine Beziehung bestehen würde. Ganz im Gegenteil, im Gespräch wurde mir immer wieder versichert, daß es hier bedeutungsvolle Zusammenhänge gebe. Hinter der Scheu, sich diesem Fragekomplex jedoch in veröffentlichter Form zu nähern, standen häufig sehr persönliche Motive." Im übrigen wird ausdrücklich festgestellt, daß zu dieser Thematik bis heute keine umfassende Darstellung vorliege, wenn man einmal von dem brillianten Essay von René König über 'Die Juden und die Soziologie' absehe (D. Käsler 1987, S. 52 u. 56).

Die Darstellung der 'Affinität' gerade jüdischer Intellektueller zur Soziologie der Jahrhundertwende bis in die 30er Jahre sei bei der Untersuchung der von ihm ausgewählten deutschen Soziologen als forschungsleitende Arbeitshypothese von Nutzen, schreibt Dirk Käsler: Dabei sei es jedoch notwendig gewesen, die ständig in der Literatur wiederholten Stereotype von der 'Marginalität' und der 'Entfremdung' der jüdischen Intellektuellen kritisch zu überprüfen, was ihn zur Annahme "unterschiedlicher 'Marginalitäten'" führt, und zwar im Zusammenhang einer Typologie der 'Juden' im Sinne von "Bekennenden Juden", von "Juden auf der Suche nach einer 'nicht-jüdischen Identität'", und von "Juden, die zu einer 'jüdischen Identität' (zurück)gelangten" (D. Käsler 1987, S. 59ff.).

Die "Distanz zur Gesellschaft", die zumeist als außerordentlich schmerzvoll empfunden, in einigen Fällen jedoch auch selbstbewußt betont worden sei, die "Kritik der Macht", aber ebenso die oft besonders nachdrücklichen Versuche, "dazuzugehören", bemerkt Dirk Käsler, eben diese "oppositionelle Identität", zudem verbunden mit einer besonders ausgeprägten Sensibilität für alle Anzeichen sozialer Ungleichheit, wären derartige Momente, die sich im Werk "der" jüdischen frühen deutschen Soziologen nachhaltiger aufzeigen ließen als etwa im Werk der Brüder Weber, die nie hätten "nachweisen" müssen, zu "den Deutschen" zu gehören. So sei es Georg Simmel zeit seines Lebens nicht gelungen, "der Zurechnung zum Judentum zu entgehen, und er sei nie von jener Frage weggekommen, die ihm schon sein zukünftiger Schwiegervater beim ersten Besuch gestellt habe: "Sind Sie Jude?" - "Meine Nase verrät es unverkennbar." (D. Käsler 1987, S. 69f. u. 72f.)

"Die wissenschaftssoziologische Fragestellung lautet" für Dirk Käsler, "welche

Zusammenhänge zwischen dem jeweiligen, in unserem Zusammenhang: jüdischen Herkunfts-Milieu und der jeweiligen wissenschaftlichen Produktion gesehen werden können. Über die von mir vorgeschlagene, idealtypische Trennung von drei Formen des 'Jüdischseins' der frühen deutschen Soziologen hinweg, glaube ich auch hier einen (fast) durchgängigen Bruch mit dem Herkunftsmilieu und eine Hinwendung, bzw. Betonung der Ideale der Geistigkeit, Bildung, Kultur und Gelehrsamkeit feststellen zu können. ... - Die Suche nach Harmonie, nach Ausgleich, nach dem 'Dritten Weg', - nach Synthese entsprach nach meiner Ansicht eben jener spannungsreichen Distanz und Verbundenheit deutscher Juden zur sie umgebenden Gesellschaft. Die besonders ausgeprägte Sensibilität für Erscheinungsformen sozialer Ungleichheit, der Zorn über die Ungerechtigkeit dieser Gesellschaft, war auch Ausdruck der Zugehörigkeit zur jüdischen 'Aufsteiger'-Kultur." Die Distanz sei vielmehr die "Resultante" aus dem "Dazugehören-Wollen" und dem "Nicht-Angenommen-Werden" gewesen: "Soziologie war demnach jenes Fach im Bereich der Geistes- und Kulturwissenschaften, in dem man - als 'Jude' - (gerade noch) einen, wenn auch noch so bescheidenen, Platz finden konnte. Dort war man dann zwar immer noch 'der Fremde' in der Gesellschaft, vielleicht sogar noch innerhalb dieses Faches, das selbst auch als 'fremd' im akademischen Bereich eingeschätzt wurde, - aber man hatte doch eine Art von 'Heimat' gefunden, - zumindest bis zum Beginn der Herrschaft des Nationalsozialismus!" (D. Käsler 1987, S. 76f.)

Das Rückgrat der deutschen Soziologie habe in der Auseinandersetzung mit den großen Problemkreisen Klasse, gesellschaftliche Schichtung und Rasse, gepaart mit dem philosophischen Interesse darin bestanden, wie sich Menschen Freiheit und Ordnung aneignen, bemerkt Irving L. Horowitz, und er möchte nicht behaupten, daß die Werke jener Zeit spezifisch jüdische Themen behandelten: "Eine derartige Behauptung wäre leicht zu widerlegen und angesichts der Tatsachen absurd. Aber es ist weder ein Irrtum noch eine Übertreibung zu behaupten, daß solche Themen deutliche Bezüge zum Alten Testament aufweisen und Entsprechungen bei den großen deutsch-jüdischen theologischen Lehrern gefunden haben, so etwa bei Franz Rosenzweig, Martin Buber und Hermann Cohen. ... Behaupten möchte ich allerdings, daß die Juden sich zu diesen großen Fragen und von daher oft auch zur Sozialwissenschaft hingezogen fühlten, da ihr Schicksal mit einer Weberschen Perspektive verknüpft war. Sie konnten die groben Begriffe nationaler Interessen, die ein Gustav Schmoller auf der Rechten und ein Vladimir Lenin auf der Linken gemein hatten, weder intellektuell noch emotional akzeptieren." Und: "Wir sollten auch nicht vergessen, daß viele klassische, auf Deutsch verfaßte Texte der Sozialforschung, von Georg Simmel bis Paul Lazarsfeld, eigentlich Ergebnisse einer jüdischen Tradition waren, die im Deutschen eine universelle Sprache besaß, um ihre sozialwissenschaftlichen Ideen auszudrücken." (I.L. Horowitz 1988, S. 40f.)

Im übrigen seien die deutschen Juden ein besonders interessantes Beispiel für eine Gruppe, die trotz erheblichen Assimilationsdrucks sich der völligen Eingliederung in die deutsche Gesellschaft widersetzt habe. Das verbindende Element der deutschen Juden sei eher in der Ablehnung der Tyrannei als in einer einheitlichen Gesellschafts- und/oder Religionstheorie zu suchen, und auch dies sei für das jüdische Leben kennzeichnend, dem von den talmudischen bis zu den Midrasch-Traditionen eher ein gemeinsamer Haß auf Tyrannei als eine einheitliche Vorstellung von jüdischer Kultur gemeinsam sei; daher der enorme kulturelle Einfluß der deutschen Juden und ihr Anteil an der ersten massiven Kritik des Totalitarismus. - Während nun viele Mitglieder der Frankfurter Schule jüdisch gewesen seien, hätten sie eine Auffassung des Judaismus geteilt, die eher von Karl Marx und Heinrich von Treitschke bestimmt gewesen sei als von Buber oder Rosenzweig: "Das heißt, sie setzten Judaismus mit dem Prozeß der Verbürgerlichung (sprich: Verseuchung) in der Gesellschaft der Weimarer Republik gleich. " Und: "Wissenschaftler deutsch-jüdischer Herkunft wie Marcuse distanzierten sich von beiden dem Faschismus opponierenden Hauptströmungen, von der kapitalistischen Demokratie und vom totalitären Sozialismus, ohne jedoch Alternativen anzubieten außer Utopismus oder eine vage chiliastische Vision - die Zwillingspole der jüdischen Sehnsucht nach einer Welt vollkommener Gerechtigkeit - aber ohne jüdische Praxis, das heißt ohne Sinn für eine Gemeinschaft, der man verpflichtet ist." (I.L. Horowitz 1988, S. 42f., 51f., 54) - Sozialkritiker als Soziologen?

## 6. Soziologen: Radikalität und Rationalität

"In der Tat säkularisiert sich in Marx die alte jüdische Verheißung der diesseitigen Erlösung aus unerträglicher Not und endlosem Leiden zu einer allgemeinen Philosophie der revolutionären Vernunft. Und dieser Geist bleibt im Grunde bei ihm lebendig bis zum 24. Kapitel des 'Kapitals', wo von der 'sogenannten ursprünglichen Akkumulation' als dem 'Sündenfall' der politischen Ökonomie gesprochen wird und es am Ende heißt: 'Die Stunde... schlägt', d.h. der letzte Akt der Befreiung, der Emanzipation, der Erlösung hat begonnen. Das Kapital, der

Dämon, der die Welt in seinen Fängen hält, 'von Kopf bis Zeh, aus allen Poren, blut- und schmutztriefend', wie es in biblischer Wendung bei Marx heißt, 'der Greuel der Verwüstung' ist an sein Ende gelangt, und der Prophet ruft auf zum 'Sprunge' aus dem 'Reich der Notwendigkeit' in das 'Reich der Freiheit', wie es Engels in einer ebenfalls theologischen Wendung später deuten sollte." (R. König 1987, S. 335f.)

Es sei interessant zu sehen, so René König, daß sich ganz ähnliche Gedanken bei einem anderen jüdischen Sozialdenker kurz vorher fänden, nämlich bei dem rheinischen Sozialisten Moses Hess, der Marx stark beeinflußt habe, aber gleichzeitig einer der Gründungsväter des Zionismus sei. Man könne die Weite und Tiefe des Unterschieds dieser aus dem bewußten oder unbewußten Erlebnis der Stellung des Juden in der modernen Welt entworfenen philosophischen Vision mit ihrer unheimlich erregenden Radikalität nicht deutlicher erfassen als durch einen Vergleich mit den entsprechenden Gedanken eines nicht-jüdischen Denkers wie Lorenz von Stein: Bei aller Ähnlichkeit fehle bei ihm das Entscheidende: "die Unerbittlichkeit und Radikalität der Formulierung, die der Unerbittlichkeit einer sinnlosen Situation entsprach. Da die Verheißung mit den Jahrhunderten zerronnen ist, eröffnet sich auch von hier aus kein Weg mehr zu Gott, sondern nur noch der Weg zur Weltrevolution, die der neue Gott der Zukunft ist." Vielleicht sei sogar Marx die letzte große Epiphanie des jüdischen Prophetentums, das aus der Wüste ungefragt seine Verdammungen der eitlen Welt über die Zerstreuten und Irrenden ergossen habe. Das sei die noch am meisten heilsgeschichtlich gebundene und damit wohl auch radikalste Form der jüdischen Sozialphilosophie: "Wo denn soll ein Jude Hoffnung finden, nach zweitausend Jahren erlittener Unbill, wenn nicht unter Überspringung der unerträglichen Gegenwart, die einzig in seiner Familie zuzeiten zu einem vorübergehenden feiertäglichen Frieden gebracht wird, in eine ferne Zukunft, die man andererseits in verzweifelter Sehnsucht so nahe wie möglich spüren möchte." So versetze Marx mehrfach die Revolution in 'die nächste Zukunft' (R. König 1987, S. 336f.).

In diesem Zusammenhang erscheint René König die Tatsache, daß Emile Durkheim Jude war, in mehrfacher Weise für seine Soziologie insgesamt von Bedeutung zu sein: "Sein Vater war Rabbiner, und zeitlebens hat Durkheim mit der Anfechtung gekämpft, ob er sich selber nicht eher dem geistlichen Amte als der Wissenschaft widmen sollte. Seine Hörer erblickten gelegentlich in ihm den Visionär der neuen Religion, die er allerdings im Gewande der strengsten Wissenschaft vortrug." Gerade mit seinem zentralen Problem der soziologischen Methode kämen wohl die tiefsten Rückverbundenheiten der jüdischen Situation mit der Soziologie zum Vorschein: So war ihm die Gesellschaft nicht ein Gegenstand neben vielen anderen Gegenständen: "Vielmehr ist Gesellschaft das wesentliche Lebenselement des Menschen. Im normativen Charakter des Sozialen erfährt die menschliche Existenz, die allzu leicht von romantischen Exzessen und dem Durst nach dem Unendlichen verführt wird, ihre Limitation, ihre Formung und ihre Grenze." (R. König 1987, S. 337f.)

Selbstverständlich bezieht sich René König hier auch auf Georg Simmel, demzufolge der Fremde mit den anderen durch Gleichheiten verbunden werde, die über ihn und sie hinausreichten, womit wiederum "eine Gemeinsamkeit auf dem Boden des Allgemeineren aufgeschlossen werde, die eine Verbindung zwischen einer Beziehung und einer Nichtbeziehung sei: Dies Allgemeinere eröffnet aber nicht nur allgemein-menschliche Züge der Gleichheit und Brüderlichkeit jenseits der traditionalen Lebenszusammenhänge, sondern gleichzeitig auch eine ideale existentielle Position der theoretisch-interessenlosen Einstellung, die sich in diesem Falle speziell an gesellschaftlichen Tatbeständen bewährt, also zur Soziologie wird." Gewiß erwachse aus dieser Situation gelegentlich eine gefährlich flackernde Freiheit, wie wir sie etwa in der Affinität von Ernst Bloch zu den Wiedertäufern und anderen adventistischen Sekten fänden. Aber sie werde auch zu einem wesentlichen Bestandteil der sozialen Kritik, die daraus erst jene Radikalisierung erfahre, ohne die sie nicht wesentlich werden könne: "Wesentlich sein heißt hier notwendigerweise radikal sein. Radikal sein bedeutet aber nicht nur, die Sache an der Wurzel zu packen, die - nach dem Worte des jungen Marx - für den Menschen immer nur der Mensch sein kann; sondern es bedeutet auch, die Kritik in die Erkenntnis dieser Gesellschaft fortzusetzen, die jetzt nicht nur nebenbei erkannt wird, um etwa irgendwelche Reformprogramme ins Werk zu setzen, sondern in jener zentralen Weise zum Objekt der Erkenntnis gemacht wird, in der die Gesellschaft mit ihrem eigenen Gesetz nicht nur sich selbst, sondern auch das Gesetz des Menschen offenbart, dem es bestimmt ist, in Gesellschaft zu leben." (R. König 1987, S. 340ff. u. 1961, S. 74 u. 76)

In seinem Kapitel 'Begegnung mit der Moderne - Die deutschen Juden in der Wilhelminischen Kultur' bemerkt Peter Gay, die Familiengeschichte des Soziologen Georg Simmel sei charakteristisch: "sein Vater, ein Kaufmann, vom Judentum zum Katholizismus übergetreten, heiratete ein Mädchen aus jüdischer Familie, das evangelisch getauft worden war. Georg Simmel selber wurde in dem Glauben seiner Mutter getauft und heiratete 1890 ein Mädchen aus einer evangelisch-katholischen Mischehe. Aber wir werden sehen, daß diese konfessionellen Anpassungen der beruflichen Laufbahn Simmels keinen Nutzen brachten." (P. Gay 1989, S. 119)

Das Leben Georg Simmels sei nun ebenso lehrreich wie das Hermann Cohens, so Peter Gay, doch um vieles erschütternder: "Während Cohen nicht darunter zu leiden hatte, was er war, litt Simmel unter dem, was er nicht war. Er wurde als Jude abgelehnt, obwohl seine Religiosität fern jeder Doktrin, jedem Sektierertum, auch dem jüdischen, war; man mißtraute ihm als einem kritischen Geist, während er doch in seinen soziologischen und philosophischen Arbeiten auf anspruchsvolle und umfassende Verallgemeinerungen aus war. Einige Mißgeschicke sind sicher auf seine Persönlichkeit zurückzuführen - sie waren sein 'Kismet', wie er 1908 etwas resigniert an Max und Marianne Weber schrieb." - Simmel sei nicht nur geistreich gewesen, sondern habe auch geistreich gewirkt, und über seinen auffallenden Witz habe man privat und öffentlich gesprochen, eine Eigenschaft, derer er sich selber bewußt gewesen sei und die er mannhaft unter Kontrolle zu halten versucht habe: "Und, schlimmer, es war eine Eigenschaft, die, wie viele glaubten, den modernen Juden kennzeichnete: Simmel war klug, tiefsinnig, beweglich." (P. Gay 1989, S. 140)

Simmels Redekunst, seine aristokratische Haltung und seine beneidenswerte Popularität hätten seine Feinde und Verleumder veranlaßt, nach den kränkendsten und verletzendsten Beschimpfungen zu greifen: "Im Februar 1908, nachdem Max Weber und Eberhard Gothein ihn für einen Lehrstuhl in Heidelberg empfohlen hatten, gab der Treitschke-Schüler Dietrich Schäfer dem Kultusminister von Baden einen gehässigen Bericht über Georg Simmel, den Menschen und Gelehrten. Er wisse nicht, begann er, ob Simmel getauft sei; aber das spiele keine Rolle: 'Er ist Israelit durch und durch, in seiner äußeren Erscheinung, in seinem Auftreten und seiner Geistesart.'" Und "seine Lehren wichen in der fundamentalsten Weise von 'unserer deutschen christlich-klassischen Bildung' ab. Für Schäfer war Simmels schlimmster Fehler und (implizit) hervorragendster jüdischer Zug seine Bindung an die Soziologie: die Gesellschaft als die wichtigste Triebkraft in der menschlichen Gemeinschaft anstelle von Staat und Kirche zu sehen, sei 'ein verhängnisvoller Irrtum'. Schäfer kannte wahrscheinlich Durkheims stolzen Ausspruch nicht, 'die Soziologie ist im wesentlichen französisch', sonst hätte er ihn wahrscheinlich dahin abgeändert, daß die Soziologie im wesentlichen jüdisch sei." (P. Gay 1989, S. 140ff.)

Die Arbeiten Simmels, so Peter Gay, hätten seine unausrottbare Herkunft verraten: "Einige nichtjüdische Soziologen wie Gustav Schmoller und Max Weber hätten diese Doktrin zurückgewiesen; doch gab es viele, die Schäfers Diagnose zustimmten, wenn auch mit einem Verzicht auf deren Bösartigkeit. - In einem Punkt allerdings hatte Schäfer recht: die Soziologie stand im Mittelpunkt von Simmels Werk, trotz seiner vielen Interessen. 'Simmel', hatte Schäfer geschrieben, 'verdankt seinen Ruf wesentlich seiner 'soziologischen' Betätigung.'" - Aber Simmels bedeutsamste Leistung bleibe seine Soziologie, so Peter Gay, besonders sein Bemühen, die Formen gesellschaftlicher Beziehungen und das Wesen gesellschaftlicher Konflikte zu erfassen: "Ließ sich solche Arbeit in irgendeiner Weise als 'jüdisch' bezeichnen? Simmel beschäftigte sich immer wieder mit dem Problem der Entfremdung. Es gibt von ihm einen berühmten kleinen Essay, *Der Fremde...*" - Simmels Interesse an der Soziologie als etwas Jüdisches anzusehen, sage weniger über ihn als über uns aus, weniger über seine Zeit als über unsere. Und doch sei es mit Sicherheit richtig, daß Simmel in seiner anomalen Stellung als nichtjüdischer Jude ein zweifacher Außenseiter gewesen sei: "er war der Gemeinschaft seiner Väter entfremdet wie der Gesellschaft, auf die er Anspruch erhob, und nur zum Teil war er in der deutschen Gelehrtenwelt zu Hause", - aber Georg Simmels Soziologie sei nicht stärker jüdisch und nicht weniger deutsch gewesen als die Max Webers (P. Gay 1989, S. 143f. u. 146).

Karl Löwith weist in seinem Lebensbericht von 1940 darauf hin, Max Weber hätte um keinen Preis die Diffamierung seiner jüdischen Kollegen geduldet, - "nicht aus Vorliebe für die Juden als Juden, sondern aus ritterlichem Empfinden und einem rigorosen rechtlichen Sinn". Als er, Karl Löwith, 1934 in Rom einem deutschen Professor diese Ansicht entgegengehalten habe, bekam er als Antwort die Frage zurück: "Ja, aber war denn Max Weber nicht auch von jüdischer Herkunft?" Es sei diesem Herrn offenbar unvorstellbar gewesen, "daß so ein hundertprozentiger Deutscher für die Juden, die sich selber nicht wehren konnten, hätte eintreten können" (K. Löwith 1989, S. 17).

Margarete Susman bemerkt in ihrer kleinen Schrift über 'Die geistige Gestalt Georg Simmels': Ihm selbst sei das Biographische dem Werk gegenüber immer als unwichtig erschienen, das Biographische als Rohstoff sei nach ihm für die Darstellung der Philosophie ohne Wert, - und doch spiele gerade auch in Simmels Werk das Biographische eine bedeutende Rolle. - Inwiefern? - Dies kann hier natürlich nur angedeutet werden. Immerhin meint Margarete Susman: Was ihn an der Soziologie so mächtig angezogen und zu einer ganz neuen Erfassung der Gesellschaft gedrängt habe, was er die Vergesellschaftung als "die objektive

Form subjektiver Seelen" nannte, "der geheimnisvolle Sinn, die Struktur der Beziehung von Mensch zu Mensch, das hier nichts für sich, alles füreinander ist und sich gegenseitig bedingt und aneinander verwandelt, hat nie aufgehört, Simmel zu beschäftigen". Er sehe die Gesellschaft letzthin als einen Kosmos einander tragender Beziehungen: "Wir sind in jedem Augenblick solche, die Getrenntes verbinden und Verbundenes trennen"; wir seien aber, so könnte man hinzufügen, "auch solche, die in jedem Augenblick vom Schicksal getrennt und verbunden werden". Auch dies sei für Simmel kein fremder Gedanke und in seiner Soziologie bekräftigt, wenn er die räumliche Nähe und Ferne als eine der Grundlagen der Verschiedenheit menschlicher Beziehungen ansehe: "Wechselwirkung und Beziehung ist hier alles." (M. Susman 1959, S. 2 u. 13)

Margarete Susman hebt übrigens hervor, daß in Simmels Soziologie die Drei eine durchaus entscheidende und sogar eine doppelte Rolle spielt: Sie sei einmal das die Zweiheit menschlicher Verbindungen störende, verstörende Element, zum anderen das vermittelnde, und zwar von der Form des Geldverkehrs über eine ganze Welt bis in die religiöse Sphäre: "Wiewohl Simmel aus seiner mystischen Überzeugung den Mittler grundsätzlich ablehnen muß, spielt er doch in soziologischen Beziehungen auch für ihn eine wesentliche Rolle." Das unsagbare Dritte, das Simmel jenseits der beiden Welten von Transzendenz und Immanenz immer als Lösung aufgestellt habe, sei ja selbst ein Mittleres oder auch Vermittelndes, und Simmels sehr düsteres, sehr irdisches Wort, daß keine Schuld wieder gutzumachen sei, weil jede Handlung in einer anderen Lage, unter anderen Bedingungen geschehe, auch es weise auf ein Drittes, einen Dritten in der Gestalt des Mittlers hin, wie sie die beiden Testamente in verwandter Weise kennten: "Die Kraft des Menschen reicht nicht aus, seine Schuld bis hineinzutragen in Sühne und Vergebung. Ein Dritter muß sie als Gesamtschuld auf sich nehmen. Hier wächst das Soziologische unmittelbar in das Religiöse hinein, indem es sich überhaupt auf einer höheren Ebene immer wieder verbindet." Denn was bleibe nun, nachdem mit dem Fortziehen der göttlichen Substanz das Sein wie die Denkbarkeit aller Dinge verlorengegangen sei? - "Es bleibt das reine Füreinandersein, aufeinander Angewiesensein aller Dinge, Wesen und Wahrheiten. Diese reine Welt der Beziehungen, in der alles einander trägt, alles einander hält, alles aufeinander angewiesen ist, ist als die Welt Simmels übriggeblieben." (M. Susman 1959, S. 16f.)

Georg Simmel sah und "fühlte bis zur Verzweiflung das Unvollendete, das in der Welt und in ihm selber lebte", so Margarete Susman, und in dem "für uns

Heutige nicht mehr aussprechbaren Namen des Dritten Reiches" als "ein letzter Ausdruck seiner Beziehung zum Dritten" zeige sich "am offensten ein Element, das sonst nur verborgen in Simmels Denken lebt und ohne das es doch nicht möglich wäre: das Messianische, das jeder echte Jude in sich trägt. Wir glauben in seinem rastlosen Denken immer den Schritt des verhüllten Messias zu hören, der ewig das Unerreichbare suchend, ewig an ihm vorübereilen muß." Zwar habe er die Religion auch als soziologische Erscheinung, als eine Welt von Beziehungen metaphysischer Art gesehen, daß aber sein Verhältnis zur Religion keineswegs nur ein soziologisches gewesen sei, zeige schon sein klares Wissen: "Nicht nur sein Buch über die Religion, sein Verhältnis zur religiösen Kunst, vor allem auch seine tiefsinnige Abhandlung über die Persönlichkeit Gottes enthüllt den religiösen Kern seines Wesens. In ihr untersucht er mit seiner ganzen Denkkraft den letzten Sinn dieser Gotteserfassung." Noch kein abendländischer Denker sei wohl je soweit in der Auflösung aller Transzendenz gegangen, daß aus dieser Auflösung selbst ein neuer Glaube, und zwar nun ein Glaube an das dem Menschen einwohnende Religiöse gewonnen worden sei: "Nicht Religion als Glaube an ein Übersinnliches ist, was er suchte und fand, sondern Religion als Qualität eines religiösen Daseins. Es ist die reine Transzendenz ohne einen Jenseitsbegriff, die fast an die Wahrheit des Alten Testamentes gemahnt." (M. Susman 1959, S. 29 u. 31ff.)

"Die Leiden und das Böse in der Welt, zu dem auch das Verflochtensein des Todes in das Leben gehört", alle existentiellen Kategorien seien bei Simmel nur weniger klar formuliert ausgesprochen, lägen aber all seinen Deutungen des Lebens zugrunde, und: "Das Schicksal des deutschen Juden ist im Existenzgrund Simmels unverkennbar. Er, ganz und gar ein Deutscher, der deutsch gedacht und deutsch geschrieben hat, der, obwohl er seine jüdische Abstammung nie verleugnete, an Deutschland als sein Vaterland noch glaubte, als er die ganze europäische Kultur bereits zusammenbrechen sah, hat doch in allen seinen Beziehungen das Schicksal des deutschen Juden erfahren. Als das Schicksal des Fremden überhaupt hat er es in seiner Soziologie unübertrefflich dargestellt. Er hat sich als Deutscher und als Jude, als ganz Beheimateter und doch als Fremder empfunden, nicht 'als der Wandernde, der heute kommt und morgen geht, sondern als der, der heute kommt und morgen bleibt... der so die Gelöstheit des Kommens und Gehens nicht ganz überwunden hat'." Alle Nuancen von Nähe und Ferne seien in diesem Bild des Fremden enthalten, fremd sei immer der von außen Kommende, der bei aller Nähe nicht im selben Boden wurzelt, was eine ganz andere Art der Beziehung begründe. Denn: "Der Fremde ist eben seiner

Natur nach kein Bodenbesitzer, wobei Boden nicht nur in dem physischen Sinne verstanden wird, sondern auch in dem übertragenen einer Lebenssubstanz. Auch in den intimeren Verhältnissen von Person zu Person mag der Fremde alle möglichen Attraktionen und Bedeutsamkeiten entfalten; aber er ist, solange er eben als Fremder empfunden wird, in dem Anderen kein 'Bodenbesitzer'." Simmel sei in der Tat auch da, wo eine warme Freundschaft bestanden habe, in der Beziehung zu seinen deutschen Freunden kein "Bodenbesitzer" gewesen. Er habe dies gewiß auch in seiner Ehe empfunden: in der Verbindung mit einer ihm geistig ebenbürtigen, von ihm geliebten und ihn nicht minder liebenden Frau, die aber als "reine Deutsche" doch eine ihm in der Tiefe Fremde war: "Und so wie im Privaten mußte er auch in der Öffentlichkeit immer wieder erleben, daß er trotz aller begeisterten Zustimmung, die er in seiner Vaterstadt erfuhr, in ihr nicht völlig aufgenommen war, da er, einer der gefeiertsten Philosophen seiner Zeit, dort nie ein Ordinariat erlangte." (M. Susman 1959, S. 37f.)

"Hätten wir nicht die unmenschliche Katastrophe des deutschen Judentums erlebt, so wäre das Bild des Juden in Deutschland in dieser Darstellung des Fremden vorweggenommen", bemerkt Margarete Susman: Als die äußerste Steigerung dieser Nähe und Ferne erscheine uns Heutigen die Gestalt Rathenaus, der um seiner Liebe zu den Deutschen willen von den Deutschen ermordet worden sei, - und Margarete Susman weist darauf hin, daß die Juden patriotischer waren als die große Mehrzahl der Deutschen, sei nur auf den ersten Blick befremdlich, denn dieser Patriotismus sei darum so echt gewesen, weil Deutschland für sie nicht nur die Heimat, sondern zugleich die Fremde gewesen sei: "Man kann ja sich selber nie so lieben, wie man das Fremde lieben kann. Das hat jeder der großen jüdischen Philosophen Deutschlands in einer besonderen Weise erfahren." (M. Susman 1959, S. 38f.)

In seiner Jerusalemer Antrittsvorlesung von 1938 mit dem Titel "Die Forderung des Geistes und die geschichtliche Wirklichkeit" sagte Martin Buber einleitend: "Die moderne Soziologie als selbständige Wissenschaft ist als eine kritische und fordernde Wissenschaft entstanden. Der Mann, auf dessen Einfluß ihre Begründung zurückgeht, Henri de Saint-Simon, der kein Soziolog und überhaupt kein Mann der Wissenschaft war und den man dennoch als den Vater der modernen Soziologie verzeichnen darf, war ein sozialer Kritiker und Forderer, der den inneren Widerspruch des Zeitalters wahrnahm und als den entscheidenden Schritt zu seiner Überwindung die wissenschaftliche Erkenntnis der gesellschaftlichen Zustände bezeichnete." Die moderne Soziologie entstamme der Begegnung des

Geistes mit der Krisis der menschlichen Gesellschaft, die er als seine eigene verstanden und durch eine geistige Wendung und Wandlung zu überwinden unternommen habe: "die Einsicht in das Wesen der Krisis, ihre Ursachen und die durch sie gestellten Probleme, der Anfang dieser Wendung und Wandlung, sollte eben die Soziologie sein." (M. Buber 1953, S. 121 u. 123)

Aber: "Wie kann der Geist auf die Änderung der gesellschaftlichen Wirklichkeit einwirken?", fragt Buber weiter; die historische Erfahrung scheint nicht sehr ermutigend, Platon und Jesaja erscheinen hier als zwei unterschiedliche, aber exemplarische Fälle des Scheiterns, wobei Jesaja bereits am Anfang seines Weges erfahre, daß er scheitern müsse. Er werde nicht wie Platon enttäuscht; denn das Scheitern gehöre zu dem Weg, den er zu gehen habe. Aber Jesaja hatte eine Botschaft, und: "Was er auszurufen hat, ist Kritik und Forderung." Seine Kritik und Forderung ging prinzipiell darauf, daß Volk und Fürst die unsichtbare Herrschaft Gottes real anerkennen sollten, aber: "Die Kritik und Forderung geht eben deshalb auf die Gesellschaft, das Miteinanderleben der Menschen. ... Wo die soziale Ungleichheit, die Scheidung in Freie und Unfreie, die Gemeinschaft zersprengt und Abgründe zwischen Volksgenosse und Volksgenosse aufreißt, da gibt es nicht wahres Volk, da ist das Volk 'Gottes Volk' nicht mehr. Hier ergeht die Kritik und Forderung an jeden einzelnen Menschen, von dem andere Menschen abhängen, an jeden, der das Schicksal anderer mitzubestimmen hat, und das heißt, an jeden überhaupt. Wenn Jesaja Gerechtigkeit sagt, meint er nicht Institutionen, sondern dich und mich..." Schließlich gehen Kritik und Forderung auch auf das Verhältnis zu den anderen Völkern; Jesaja habe eine Wahrheit verkündigt, die in der bisherigen Geschichte noch nicht habe erprobt werden können: "einzig ein Volk, das in sich selbst, in seinem eigenen Leben den Frieden verwirklicht, wird die Völker zum Völkerfrieden führen. Realisierung des Geistes wirkt magnetisch auf eine Menschheit, die am Geist verzweifelt..." Der Prophet Jesaja scheitere in seiner geschichtlichen Stunde, aber nicht für die Zukunft seines Volkes; es bewahre seine Botschaft als etwas, das in einer anderen Stunde, unter anderen Bedingungen und in anderen Formen verwirklicht werden solle (M. Buber 1953, S. 129, 135, 137ff.).

Nun sei der soziale Denker kein Prophet, so Martin Buber weiter, sondern ein Philosoph, und er habe keine Botschaft, vielmehr eine Lehre: "Aber für die Änderung der gesellschaftlichen Wirklichkeit, die er meint, kann ihm nicht die platonische Aufgabe, die Aufrichtung des allgemeingültigen Bildes der Vollkommenheit, sondern muß ihm die Jesajanische der Kritik und Forderung in die gegenwärtige Situation hinein bestimmend sein. Er kann zwar, wo die dringende Frage herantritt, Kritik und Forderung nicht als Botschaft aussprechen, wohl aber auf dem Grunde seiner Erkenntnis. - Muß jedoch nicht auch er, wie all die Größeren, scheitern?" Der Geist sei kaum zum Diktator der kommenden Dinge berufen, aber er könne ihr Bereiter und ihr Berater sein, könne die Menschen für sie erziehen. Das menschliche Wissen von der Gesellschaft müsse heute, in der Verwirrung und Verwischung der sozialen Grundbegriffe, vielfach neu beginnen, mit einer neuen begrifflichen Klärung, mit einer Säuberung der Lettern: "Vielleicht wird ihm aber eben diese stille, schwere Arbeit zu einer neuen Gestalt verhelfen, wie sie Lorenz von Stein vor hundert Jahren ankündigte: 'Machtvoll', sagt er, wird das Wissen werden; wir wollen lieber sagen: Es wird wirkend werden." - Für Jerusalem aber sei noch mehr als das auszusprechen: Es gebe Situationen des Volkslebens, in denen das Volk für eine Stunde gleichsam plastisch und das Unmögliche möglich werde: "Diese Stunde ist die Chance des Geistes. Vielleicht ist solch eine Stunde nah. An dieses Vielleicht denken wir, wenn wir unsern Dienst tun. Wir würden ihn freilich auch tun, wenn es das nicht gäbe. Denn, resigniert oder unresigniert, der Geist arbeitet." (M. Buber 1953, S. 140f.) - Soziologen als Futurologen?

## 7. Futurologen: Realität und Potentialität

Am Ende zur Ausgangsanekdote zurück: Soziologie als 'jüdische Sekte' oder 'jüdische Wissenschaft' ? Gibt es eine Wahlverwandtschaft zwischen Judentum und Soziologie? Worin besteht die innere Affinität von jüdischer Existenz und soziologischer Fragestellung? Juden und Soziologen als Fremde, Intellektuelle, Periphere? 'Juden in der Soziologie' gar als eine Art Erbschaft und Auftrag? - Argumente und Beispiele, Beschreibungen und versuchsweise Erklärungen sind vorhanden, Schlüsse sind hier jedoch nicht zu ziehen; denn es sollte nur auf einen möglichen Wirklichkeitszusammenhang, auf einige Aspekte eines vielleicht bemerkenswerten Tatbestandes hingewiesen werden, dessen wirkliche Möglichkeiten nun freilich interessant genug erscheinen, um sich weiter damit zu befassen. Daher ist hier auch kein Versuch einer Zusammenfassung am Platze, sondern eher noch ein Beispiel für das, was Erbschaft und Auftrag bedeuten könnten: Martin Buber als Soziolog, der nicht den Weg selbst zeigen wollte und doch vielleicht gewisse Wegzeichen hinterlassen hat, die wenigstens in Kürze zu vergegenwärtigen sich lohnen mag.

Martin Buber hat sich auch als "Soziolog" sein Leben lang mit der jüdischen Bibel befaßt (freilich auch mit dem christlichen Neuen Testament), immer wieder hat er ihr Grundthema hervorgehoben und in vielen Kommentaren expliziert: Die Begegnung der Menschen und des Volkes "mit dem Namenlosen, den sie, seine Ansprache erfahrend und ihn anredend, zu benennen wagte(n)..."; denn alles Geschehende geschieht mit menschlichen Menschen, im Volk, in seiner Geschichte, in der Welt, und der Spruch der traditionellen jüdischen Exegese, "die Thora rede die Sprache der Menschenkinder", darf nach Buber dahin verstanden werden, "daß das Unsagbare nur so, wie es hier in der Sprache der Menschenkinder gesagt wird, gesagt werden kann" (M. Buber 1964, S. 849f. u. 858).

Er habe keinerlei Neigung, sich mit seiner Person als "Gegenstand" zu befassen, und er fühle sich auch keineswegs dazu verpflichtet; er möchte die Welt beeinflussen, aber er möchte nicht, daß sie sich von ihm beeinflußt fühle, schreibt Buber als 74jähriger: "Ich bin, wenn ich das sagen darf, beauftragt, den Menschen Wirklichkeiten zu zeigen, und ich suche das so getreu wie möglich zu tun." - Hier muß man zunächst verstehen, daß wirkliche Wirklichkeit ja stets das Nicht-Hinterfragte, weil Nicht-Hinterfragbare ist, das Unbezweifelte, weil Unbezweifelbare, die grundlegende Gewißheit unseres Lebens, die nicht wir selbst aufrechterhalten, die vielmehr uns aufrechterhält, in der wir uns bewegen, leben und sind (vgl. G. Wehr 1977, S. 270; vgl. Ortega y Gasset 1955, S. 15f.; P. Watzlawick 1976).

Die religiöse Wirklichkeit erwächst Martin Buber aus der jüdischen Bibel (also dem sogenannten Alten Testament der Christenheit), und er weist selber immer wieder darauf hin, daß der Glaube Israels nur dann in seiner Wirklichkeit begriffen werden könne, wenn man sich die doppelte Gotteserfahrung dieses Volkes in aller Konkretheit vergegenwärtige: "Die eine Erfahrung, die es als Volk macht, ist die der Wandernden: unser Gott geht uns voraus, wir gehen ihm nach, der Weg ist sein Weg, es ist an uns, ihm auf seinen Wegen zu folgen... Die zweite, von dieser freilich unablösbare Erfahrung macht das Volk in seinen Einzelnen, in den 'Kündern': den Künder, den Nabi, redet sein Gott an, redet durch ihn das Volk an". Gerade Moses, Mosche, ist nur "vom Boden einer elementaren Einheit von Religion und Gesellschaft aus zu verstehen" : Er habe das paradoxe Geschäft einer Herausführung der hebräischen Stämme aus Ägypten nur unternommen, weil er in seiner unmittelbaren Erfahrung von der Gewißheit überwältigt worden sei, "dies sei der Wille Gottes, der diese Stämme sein Volk nennt". - "Gottesherrschaft über das Volk und innerer Zusammenhalt des Volkes sind

Mose nur zwei Seiten derselben Wirklichkeit" eines Glaubens (vgl. M. Buber 1964, S. 235 u. 155).

Nach Buber gibt es letztlich nur zwei idealtypische Glaubensweisen, beide ließen sich durch schlichte Tatsachen des Alltagslebens anschaulich machen: Denn die eine Glaubensweise besteht darin, zu jemandem Vertrauen zu haben, ohne dieses Vertrauen hinlänglich begründen zu können, das klassische Beispiel aus der Frühzeit des Volkes Israel; die andere Glaubensweise besteht darin, einen Sachverhalt als wahr anzuerkennen, ebenfalls ohne dies zulänglich begründen zu können, das klassische Beispiel der Frühzeit der Christenheit. Die Glaubensweise Israels in der doppelten Gotteserfahrung erscheint erstmals und exemplarisch im Buche Exodus, wo, "aus dem brennenden Dornbusch redend, der Gott von diesem Volke als von dem seinen spricht". Darin ist dem Geheimnis vom Wesen und Auftrag Israels sein einfachster Ausdruck gegeben". Hier beginnt "das große Zwiegespräch" zwischen Gott und dem Menschen (vgl. M. Buber 1962, S. 653ff.; M. Buber u. F. Rosenzweig 1954, S. 157f.; M. Buber 1964, S. 39 u. 55).

"Die große Tat Israels ist es nicht, daß es den einen wirklichen Gott lehrte, der Ursprung und Ziel alles Wesens ist, sondern daß es die Anredbarkeit dieses Gottes als Wirklichkeit zeigte, das Du-sagen zu ihm, das Mit-ihm-Angesicht-in-Angesicht-stehn, den Umgang mit ihm. ... erst Israel hat das Leben als ein Angesprochenwerden und Antworten, Ansprechen und Antwortempfangen verstanden, vielmehr eben gelebt. ... Gott in aller Konkretheit als Sprecher, die Schöpfung als Sprache: Anruf ins Nichts und Antwort der Dinge durch ihr Entstehn, die Schöpfungssprache dauernd im Leben aller Kreaturen, das Leben jedes Geschöpfs als Zwiegespräch, die Welt als Wort, - das kundzugeben war Israel da." (M. Buber 1963, S. 742f.)

In diesen Sätzen Martin Bubers findet sich die ganze Breite und Tiefe dessen angelegt, was "Zwiesprache" mit ihm meint; denn "Zwiesprache" ist für ihn das besondere Schlüsselwort, womit sich uns sein Grundproblem und seine Grundlösung erschließen können: "Zwiesprache" bedeutet im Grunde "Schöpfungssprache", Sprache des jüdischen Schöpfer-Gottes, im Akte der Schöpfung, mit seinen dadurch geschaffenen Geschöpfen. Zwiesprache als Urphänomen wird damit zur bleibenden Möglichkeit einer besonderen Beziehung der Geschöpfe zu ihrem Schöpfer-Gott, und diese Urbeziehung wird zugleich zum Vorbild der Grundbeziehung unter den Menschen: Zwiesprache als genutzte oder ungenutzte Möglichkeit jedweder sozialen Beziehung, der Schaffung neuer Beziehungen, der Erhaltung oder Veränderung bestehender Beziehungen. Zwiesprache, dialogische Begegnung als Ursprung des Sozialen und Erfüllung des Menschen; monologische Vergegnung zumindest als Gefahr eines Ursprungs des Asozialen, des Nicht-Sozialen, des Verlustes des Menschen. So weist die Zwiesprache über die Begegnung den konstruktiven Weg zu sozialen Beziehungen, zum Netz des Sinnes, der uns als Einzelne mit anderen in Gesellschaft und Welt einbindet und verbindet. Und sie weist in ihrer Negation als einsamer Monolog über die 'Vergegnung' den destruktiven Weg zur asozialen Beziehungslosigkeit, zur Leere der Sinnlosigkeit, in welcher vereinsamte Einzelne gegen andere in Ungesellschaft und Anomie entzweit sind.

Für Buber sind die drei Prinzipien der Französischen Revolution längst auseinandergebrochen: "Dort waren die Abstrakta Freiheit und Gleichheit durch die konkrete Brüderlichkeit zusammengehalten; denn nur wenn Menschen sich als Brüder fühlen, können sie einer echten Freiheit voneinander und einer echten Gleichheit miteinander teilhaftig werden. Als dem Losungswort der Brüderlichkeit sein Wirklichkeitsgehalt entzogen wurde, konnte jedes der beiden übrigen sich gegen das andere etablieren, um dabei immer weiter von seiner Wahrheit abzukommen und sich immer gründlicher mit fremden Elementen der Machtsucht und Besitzgier zu vermischen..." (M. Buber 1953, S. 291ff.).

Mit vielen anderen Zeitgenossen sieht Buber den fortschreitenden Zerfall der alten Formen direkten menschlichen Zusammenlebens; ihr Zerfall war der Preis, der für die politische Freimachung des Menschen in der Französischen Revolution und für die dadurch begründete Entstehung der bürgerlichen Gesellschaft habe bezahlt werden müssen; damit kam aber zugleich eine neue Steigerung der menschlichen Einsamkeit auf: "Für den Menschen der Neuzeit, der, wie wir sahen, das Gefühl der Behaustheit in der Welt, die kosmologische Sicherheit verloren hat, boten die organischen Gemeinschaftsformen eine Heimatlichkeit des Lebens, ein Ruhen in der direkten Verbundenheit mit ihresgleichen." Unser Zeitalter habe ein Erlahmen und Versagen des Menschen nacheinander in drei Bereichen erlebt: Im Bereich der Technik, insofern der Mensch mehr und mehr zur Peripherie und zum Appendix der Maschine geriet; im Bereich der Wirtschaft, sofern die Produktion zwar ins Ungeheure, aber auch Unsinnige gesteigert wurde, gleichwohl die Bedürfnisse großer Teile der Menschheit nicht befriedigt; im Bereich der Politik, sofern die Menschen schon im ersten Weltkrieg unfaßlichen Mächten ausgeliefert waren, abgesehen von dem, was seither geschehen ist und was sich erst noch anbahnen mag (vgl. Buber 1962, S. 352ff.).

Alles dies läßt sich auch zusammenfassen als das Problem der zunehmenden Verflüchtigung von Gesellschaftshaltigkeit, die mit der Verflüchtigung von Sinn, zumindest des gewesenen Sinnes alter Gewißheiten zusammenhängt. Wie aber ist eine Restrukturierung der Gesellschaft möglich? Seit mindestens zweihundert Jahren haben sich alle bedeutenden Sozialphilosophen und Soziologen genau mit dieser Frage befaßt, mit der Frage der Erneuerung der Gesellschaft. Und eben diese Erneuerung der Gesellschaft kann nur über die Erneuerung des Menschen führen, genauer, über die Erneuerung des "Zwischenmenschlichen", welches letztlich mit dem Gesellschaftlichen identisch ist. - Der Mensch in der Krise, das sei der Mensch, der seine Sache nicht mehr dem Gespräch anvertraue, womit ihm eben dessen Voraussetzung, das Vertrauen verlorengegangen sei; denn im wahren Sinn zu einem sprechen kann ich nur, "wenn ich erwarten darf, daß er mein Wort wahrhaft aufnehme". Buber glaubte gleichwohl, daß Gespräche zwischen Menschen und zwischen Völkern möglich sind, Gespräche, in denen die Partner einander wahrnehmen, bejahen und bestätigen, auch im Gegensatz, der auf diese Weise ausgetragen und der Überwindung zugeführt werden kann: "Unterfangen wir uns, trotz allem zu vertrauen!" (Vgl. M. Buber 1966, S. 226ff.)

Die Erneuerung des Menschen bedeutet Erneuerung seines Geistes im Sinne der Umkehr, der Einung der Seele, und darin bestünde zugleich die Erneuerung des Zwischenmenschlichen und der Gesellschaft selbst. Entscheidend hierfür wäre zunächst eben die Erneuerung der sozialen Grundbeziehung, der Zwiesprache zwischen Ich und Du, also das, was heute Herstellung repressionsfreien Dialogs genannt wird. Denn "Es gibt kein Ich an sich, sondern nur das Ich des Grundworts Ich-Du und das Ich des Grundworts Ich-Es"; wichtig ist hier das Grundwort Ich-Du: "Stehe ich einem Menschen als meinem Du gegenüber, spreche das Grundwort Ich-Du zu ihm, ist er kein Ding unter Dingen..." - "Das Du begegnet mir... Das Grundwort Ich-Du kann nur mit dem ganzen Wesen gesprochen werden. Die Einsammlung und Verschmelzung zum ganzen Wesen kann nie durch mich, kann nie ohne mich geschehen. Ich werde am Du; ich werdend spreche ich Du. Alles wirkliche Leben ist Begegnung." Und Gemeinde entsteht nach Buber eben daraus und darin, daß Menschen untereinander "in lebendig gegenseitiger Beziehung stehen" (vgl. M. Buber 1954 , S. 8f., 12, 15, 47).

In seiner "philosophischen Rechenschaft" schrieb Buber einmal, das Thema, sein Thema, sei nicht geeignet gewesen, zum umfassenden System ausgebaut zu werden. Es sei ihm um die große Voraussetzung für den Beginn des Philosophierens und seinen Fortgang, um die Dualität der Ich-Du- und Ich-Es-Grundworte gegangen, auf diese Dualität habe hingezeigt werden müssen: Obgleich sie der Grundverhalt im Leben jedes Menschen sei, achte man ihrer kaum: "Es mußte auf sie hingezeigt, sie mußte in den Grundfesten des Daseins aufgezeigt werden. Eine vernachlässigte, verdunkelte Urwirklichkeit war sichtbar zu machen. Das Denken, das Lehren mußte von der Aufgabe des Zeigens bestimmt sein; ... Ich sage zu dem, der mich hört: 'Es ist deine Erfahrung, besinne dich auf sie, und worauf du dich nicht besinnen kannst, wage, es als Erfahrung zu erlangen.'" Die Forderung der Stunde besteht in der "Erneuerung der dialogischen Unmittelbarkeit zwischen den Menschen". Das soziale Ideal des zu erneuernden Menschen in einer zu erneuernden Gesellschaft kann daher nur aus solcher Unmittelbarkeit von Mensch zu Mensch erwachsen (vgl. M. Buber 1962, S. 1113f.; 1953, S. 325; vgl. Kohn 1961, S. 455).

Ein dialogisches Leben als Leben erneuerter Grundbeziehungen ist nicht eines, "in dem man viel mit Menschen zu tun hat, sondern eines, in dem man mit den Menschen, mit denen man zu tun hat, wirklich zu tun hat". Gemeinschaft aber, werdende Gemeinschaft, sei das Nichtmehr-nebeneinander-, sondern Beieinandersein einer Vielheit von Personen, die, ob sie auch mitsammen sich auf ein Ziel zubewege, überall ein Aufeinanderzu, ein dynamisches Gegenüber, ein Fluten von Ich zu Du erfahre. Und was hier wichtig ist: Das Dialogische ist für Buber nicht Vorrecht der Geistigkeit wie etwa das Dialektische; es fange nicht "im oberen Stockwerk in der Menschheit an" ; Begabte und Unbegabte gebe es hier nicht, nur "Sichhergebende und Sichvorenthaltende"; denn: "Zwiesprache ist keine Angelegenheit des geistigen Luxus und der geistigen luxure, sie ist eine Sache der Schöpfung, des Geschöpfs, und das ist er, der Mensch, von dem ich rede, der Mensch, von dem wir reden, Geschöpf, triviale Unersetzlichkeit." Und das wäre die Konsequenz: Der Sinn findet sich nicht in den Dingen, er wird auch nicht hineingelegt, "aber zwischen uns und den Dingen kann er sich begeben". Aber "Echte Gemeinschaft und echtes Gemeinwesen werden sich nur in ebendem Maße verwirklichen, in dem die Einzelnen wirklich werden, aus deren verantwortendem Dasein sich das öffentliche Wesen erneuert." (Vgl. M. Buber 1954, S. 153, 171, 177f., 253)

Hier ist noch einmal daran zu erinnern, daß im Judentum stets die Tendenz mächtig war, der Vollkommenheit eine irdische Stätte zu schaffen, verkörpert in der großen messianischen Konzeption einer kommenden Vollendung auf dieser Erde, an deren Verwirklichung jedermann tätigen Anteil nehmen kann. - Und hier ist auch zu vergegenwärtigen, daß die "Umkehr" im Mittelpunkt der jüdischen Auffassung vom Weg des Menschen steht. Umkehr ist Erneuerung und Wandel, wobei es niemals um das eigene Seelenheil geht, nein, man solle sich vergessen und die Welt im Sinne haben, die es als Ganzes zu heiligen gilt. Deshalb ist einzig wichtig: "hier wo man steht". - Hier wird also gelehrt, daß die Umkehr des Einzelnen durchaus zur Wandlung der Welt helfe, und zwar sehr entschieden: Es komme einzig darauf an, bei sich zu beginnen, "und in diesem Augenblick habe ich mich um nichts anderes in der Welt als um diesen Beginn zu kümmern": Denn "Der archimedische Punkt, von dem aus ich an meinem Ort die Welt bewegen kann, ist die Wandlung meiner selbst." Dennoch soll man "sich nicht mit sich befassen": Vielmehr "Bei sich beginnen, aber nicht bei sich enden; von sich ausgehen, aber nicht auf sich abzielen; sich erfassen, aber sich nicht mit sich befassen." (M. Buber 1977, S. 37ff., 43ff., 32f.)

Das einzige, was den Menschen zum Verhängnis werden könne, sei der Glaube an das Verhängnis: Er halte die Bewegung der Umkehr nieder, hält Buber entgegen: "Das Ereignis aber, dessen Weltseite Umkehr heißt, dessen Gottesseite heißt Erlösung." Denn "Der Glaube Israels an die Erlösung der Welt bedeutet nicht, daß diese Welt durch eine andere abgelöst werde, sondern es ist der Glaube an eine neue Welt *auf dieser Erde*. Jenseits und Diesseits gibt es nicht im Hebräischen. Diese die ganze Welt einschließende Hoffnung bedeutet", sagt Martin Buber, "daß wir nicht mit Gott reden können, wenn wir die Welt sich selber überlassen. Wir können nur mit Gott reden, wenn wir unsere Arme, so gut wir können, um die Welt legen, das heißt, wenn wir Gottes Wahrheit und Gerechtigkeit in alles hineintragen." (M.Buber 1954, S. 121; 1965, S. 195)

Dabei konnte sich Buber auf eine fast in Vergessenheit geratene jüdische Tradition politischer Philosophie berufen; denn bereits zweihundert Jahre vor der Französischen Revolution waren "die Grundrechte der Völker in einigen lapidaren Sätzen ausgesprochen worden, die seither an Kraft und Klarheit nicht übertroffen worden sind." Sie besagen, daß kein Volk einem anderen untertan sein dürfe, "daß jedes Volk seinen natürlichen Ort hat und einen Anspruch, da zu leben, und daß es jedem Volk gewährt sein muß, sich seinen Gott nach seinen eigenen Gedanken zu wählen". Diese Sätze sind von Jehuda Löw ben Bezalel ha-MaHaRal (d.h. unser Lehrer, ca. 1520-1609) überliefert, dem 'Hohen Rabbi Löw' von Prag: "Es ist nicht geziemend, daß ein Volk ein andres sich unterwerfe, ihm sein Joch aufzuladen." (M. Buber 1968, S. 83ff.)

Fragen wir Buber nach der Hoffnung dieser Stunde, so antwortet er: Der unmittelbare, rückhaltlose Dialog werde zwar immer schwerer; immer unbarmherziger drohten die Abgründe zwischen Mensch und Mensch unüberbrückbar zu werden: "Seither habe ich unablässig darauf hingewiesen, daß die Zukunft des Menschen als Menschen von einer Wiedergeburt des Dialogs abhängt." Dafür bestehe jedoch eine wesentliche Voraussetzung: Es gelte, das massive Mißtrauen im anderen zu überwinden, aber auch in uns selbst: "Ich meine das universale Mißtrauen unseres Zeitalters." Nichts stehe dem Aufstieg einer Kultur des Dialogs so sehr im Wege wie die dämonische Macht, die unsere Welt regiere, die Dämonie des grundsätzlichen Mißtrauens (vgl. M. Buber 1953, S. 291f.).

Das Leben wieder als ein Angesprochenwerden und Antworten, Ansprechen und Antwortempfangen zu verstehen, die Schöpfungssprache als dauernd im Leben aller Kreaturen wieder zu vernehmen, "das Leben jedes Geschöpfs als Zwiegespräch, die Welt als Wort" zu begreifen, diese dialogische Urbeziehung als ständige Grundbeziehung zwischen den Menschen, als Möglichkeit der Erneuerung von Mensch und Gesellschaft, als Chance der Erfüllung menschlichen Lebens in der Welt, dies hat Buber wieder bewußt und lebendig machen wollen: "Auf eins nur kommt es an: Daß ich mein Ohr für die Situation, wie sie sich mir dartut, als für das Wort an mich öffne bis auf den Grund, wo das Hören ins Sein verfließt, und vernehme, was zu vernehmen ist, und auf das Vernommene antworte." (M. Buber 1966, S. 236)

Vernehmen wir in diesem Zwiegespräch von Martin Buber noch einmal in seinen Worten, daß es etwas gibt, was wir nirgends in der Welt finden können, und daß es doch einen Ort gibt, wo wir es finden können: "Es ist ein großer Schatz, man kann ihn die Erfüllung des Daseins nennen. Und der Ort, an dem dieser Schatz zu finden ist, ist der Ort, wo man steht... Die Umwelt, die ich als die natürliche empfinde, die Situation, die mir schicksalhaft zugeteilt ist, was mir Tag um Tag begegnet, was mich Tag um Tag anfordert, hier ist meine wesentliche Aufgabe und hier die Erfüllung des Daseins, die mir offen steht!" (M. Buber 1977, S. 45)

Martin Buber hat verschiedentlich gesagt, er habe keine Lehre, vielmehr habe er die Funktion, auf Wirklichkeiten hinzuzeigen: "Es will mir jedoch scheinen, daß es in unserer Weltstunde überhaupt nicht darauf ankommt, feste Lehre zu besitzen, sondern darauf, ewige Wirklichkeit zu erkennen und aus ihrer Kraft gegenwärtiger Wirklichkeit standzuhalten. Es ist in dieser Wüstennacht kein Weg zu zeigen; es ist zu helfen, mit bereiter Seele zu beharren, bis der Morgen dämmert und ein Weg sichtbar wird, wo niemand ihn ahnte." (M. Buber 1957, S. 234; vgl.

H. Kohn 1961, S. 235) - Es sei kein Zufall, so hatte Margarete Susman gefunden, daß Max Weber die Frage seiner und vielleicht auch unserer Weltstunde in einer "entzauberten Welt" mit einem Wort des Propheten Jesaja formulierte "Es kommt ein Ruf aus Seir in Edom: Wächter, wie lange noch die Nacht?" Er habe ein biblisches Wort zur Bezeichnung der Not gewählt, in ihm habe er die Frage allen religiösen Harrens gesehen, auf sie habe er, der Wächter der Stunde, die Antwort erteilt: "Noch ist es Nacht: wenn ihr fragen wollt, kommt ein andermal wieder." (Jesaja 21,11f.; vgl. M. Susman 1965, S. 58)

"Noch ist es Nacht: wenn ihr fragen wollt, kommt ein andermal wieder." - "Ein furchtbares Wort", meint Margarete Susman: "das Wort der radikalen Verzweiflung. Ein andermal. Was soll das bedeuten? Wenn wir ein andermal wiederkommen - sind dann noch wir es, die wiederkommen? Sind wir nicht die, die nie wiederkommen, deren Leben ein Wind ist...? Wenn uns, uns selbst die Antwort auf die Frage nicht gegeben wird, so erhalten wir sie niemals - ... Es ist uns nicht freigestellt, die Hoffnung preiszugeben; in unserer Hoffnung besteht unsere Bewährung. Nicht nur im Inhalt der Hoffnung liegt für uns das Heil, sondern das Festhaltenkönnen an der Hoffnung ist der Prüfstein für unsere Erlösbarkeit. ... - Die Hoffnung ist zur absoluten Forderung selbst geworden." Und diese jüdische Hoffnung ist für Margarete Susman nicht wie eine andere, wie irgendeine rational begründete einzelne irdische Hoffnung: "Die messianische Hoffnung ist die grundlose Hoffnung; ...; sie ist - als was sie mit dem steigenden Elend des Exils, der Diaspora, des Ghetto, immer deutlicher sich enthüllt - eine aller Wirklichkeit entgegenstehende, eine vollkommen paradoxe." (M. Susman 1965, S. 58ff.)

Denn der Tag, auf den sich alle Hoffnung richtet, das wäre der Tag des Friedens: "Friede bedeutet Vollkommenheit, ist der Heilsbegriff der jüdischen Religion: ist als die messianische Idee der Vollendung zur Einen Menschheit, als Inhalt der paradoxen Hoffnung, selbst ein reines Paradox zu aller irdischen Existenz. - ... Die Eine geeinte Menschheit, in der allein die gottebenbildliche Gestalt des Menschen sich vollendet. - ... Diese Gestalt steht am Ende der Zeit: in der reinen Zukunft. Es ist nicht starre Ewigkeit, es ist an sich reißende Zukunft; es ist nicht ein in sich ruhendes Gestirn; es ist lebendige Hoffnung: Hoffnung, die allen Zeiten, aller irdischen Zeit überhaupt voranleuchtet. - ... - Einzig die Propheten konnten unter dem Angesicht des Einen die Eine Menschheit enthüllen. Und damit zeigt sich: wozu der Jude aufgerufen ist, ist nichts - absolut nichts als: Mensch zu werden." (M. Susman 1965, S. 59ff., 57, 116)

"Das Höre Israel! - ich bin der Einzige Dein Gott - bedeutet dasselbe wie: Werde Mensch!" - Die Verheißung der Propheten liege also, auch wenn Jahrtausende uns von ihr trennten, nicht hinter uns, sondern noch vor uns; denn ihre Forderung sei noch nicht erfüllt. Wir bedürften keiner neuen Propheten, die alten Propheten seien Antwort noch auf unsere Fragen, und zwar so, als ob erst gestern gesprochen. Margarete Susman betont zurecht die fundamentale Bedeutung des Gesetzes oder besser: der Weisung, der Thora: Genau darin liege "der Schlüssel für das seltsame Rätsel, daß der Jude als der Mensch der Gesetzestreue, der konservative Mensch schlechthin, zugleich der eigentlich revolutionäre, radikale, der reine Mensch der Zukunft ist. Alle Propheten waren revolutionäre Menschen in tiefstem Sinne, Menschen der Zukunft, der Idee, sprengende, vorwärtstreibende, erweckende Menschen." (M. Susman 1965, S. 116 u. 139)

In seiner Dankesrede zum 80. Geburtstag Gerschom Scholems von 1978 (unter dem Titel 'Die verkleidete Tora' veröffentlicht!) sagte kein geringerer als Jürgen Habermas: "Auf diese deutsch-jüdische Tradition erwerben wir, auch und gerade nach Auschwitz, in dem Maße ein Recht, wie es uns gelingt, sie produktiv fortzusetzen, sie so zu benützen, daß wir den an Marx, an Freud, an Kafka geschulten Blick der Exilierten auf uns selber richten, um die entfremdeten, die verdrängten, die erstarrten Anteile als etwas vom Leben Abgespaltenes zu identifizieren. Dies ist die Zukunft der zur Vergangenheit gewordenen Assimilation des deutsch-jüdischen Geistes." (J. Habermas 1981, S. 379) - Erbe und Auftrag auch der Soziologie?

"Es ist das Schicksal unserer Zeit, mit der ihr eigenen Rationalisierung und Intellektualisierung, vor allem: Entzauberung der Welt", bemerkt Max Weber zu Ende seiner Rede 'Vom inneren Beruf zur Wissenschaft', "daß gerade die letzten und sublimsten Werte zurückgetreten sind aus der Öffentlichkeit, entweder in das hinterweltliche Reich mystischen Lebens oder in die Brüderlichkeit unmittelbarer Beziehungen der Einzelnen zueinander." Aber die schlichte intellektuelle Rechtschaffenheit gebiete festzustellen, daß heute für alle jene vielen, die auf neue Propheten harrten, die Lage die gleiche sei, wie sie aus jenem schönen, unter die Jesaja-Orakel aufgenommenen edomitischen Wächterlied in der Exilszeit klinge: "'Es kommt ein Ruf aus Seir in Edom: Wächter, wie lange noch die Nacht? Der Wächter spricht: Es kommt der Morgen, aber noch ist es Nacht. Wenn ihr fragen wollt, kommt ein ander Mal wieder.' Das Volk, dem das gesagt wurde, hat gefragt und geharrt durch weit mehr als zwei Jahrtausende, und wir kennen sein erschütterndes Schicksal. Daraus wollen wir die Lehre ziehen: ... an unsere Arbeit gehen und der 'Forderung des Tages' gerecht werden - menschlich sowohl wie beruflich. Die aber ist schlicht und einfach, wenn jeder den Dämon findet und ihm gehorcht, der *seines* Lebens Fäden hält." (M. Weber 1956, S. 338f.)

Dies aber könnte auch bedeuten, wie Friedrich Georg Friedmann kürzlich schrieb: "Vielleicht noch wichtiger ist die Tatsache, daß wenigstens einige von uns, Juden und Christen" - womöglich auch Nicht-Juden und Nicht-Christen - "versuchen, in der Nachfolge der Opfer zu leben." (F.G. Friedmann 1989, S. 13) - Auch als Soziologen vielleicht.

## Nachbemerkungen*

In den Beiträgen des Sammelbandes 'Juden in der Soziologie' geht es um 'jüdische Spuren' in der Soziologie und Sozialphilosophie: Gibt es sie überhaupt, und wenn ja, wie lassen sie sich beschreiben und erklären? Daß sie in einem gewissen oberflächlichen, nämlich herkunftsbezogenen Sinne offensichtlich sind, war gewiß von vornherein klar. Die Frage muß sich also eher auf eine gewisse Tiefenstruktur richten, und wie bei jeder Spurenbestimmung ist man dabei stets auf Deutung angewiesen, die diesen Spuren erst ihre Bedeutung verleiht. Deutendes Verstehen hat nun aber nicht nur in der Soziologie die Eigenschaft, daß es seine Richtigkeit vielleicht erst im daraus folgen könnenden ursächlichen Erklären beweisen kann, ein bekanntes methodisches Problem, das auch in diesen eher skizzenhaften Nachbemerkungen deutlich genug zum Ausdruck kommen mag. Freilich geht es hier gar nicht um eine Methodendiskussion, sondern vor allem um den Versuch einer bislang vernachlässigten Würdigung, nämlich der des möglichen Beitrags des Judentums zur Soziologie.

Trotz aller grundsätzlicher Problematik einer Vergleichbarkeit von Judentum und Soziologie sollen nun wenigstens einige Elemente jüdischer Tradition bzw. des traditionellen Judentums hervorgehoben werden, die sich in der Soziologie und Sozialphilosohie der hier gesammelten Beiträge mehr oder weniger unverkennbar als Spuren jüdischer Werte identifizieren lassen. Dabei ist zu bedenken, daß manche dieser Werte natürlich schon früh und in mancherlei Form auch ins Christentum eingegangen und dadurch längst zum Gemeingut des Wertesystems der europäisch geprägten Welt geworden sind. Es mag jedoch deutlich werden,

---

* In: E.R. Wiehn (Hg.), Juden in der Soziologie. Konstanz 1989, S. 341-344.

warum die durch solche Werte primär geformte jüdische Weltanschauung und Lebensform einerseits sowie die damit verknüpften historischen Erfahrungen der Diskriminierung, Verfolgung und Vernichtung andererseits so außergewöhnlich adäquate Vorbedingungen der Möglichkeit soziologischen Denkens waren und sind. Was also heißt Judentum?

In der jüdischen Tradition ist zunächst die Gemeinschaft von besonderer Bedeutung, und zwar im engeren Sinne die Gemeinschaft der Familie, Großfamilie und Verwandtschaft, im weiteren Sinne die religiöse Gemeinde, deren hebräische Bezeichnung 'Kehilla (kedoscha)', '(heilige) Gemeinde', schon aus der Zeit vor der Zerstörung des zweiten Tempels bekannt ist. Die Funktion der Familie und Gemeinde für das Überleben des einzelnen sowie für die Pflege der Tradition bedarf hier keiner weiteren Begründung und wird für so wichtig gehalten, daß außerhalb der Gemeinschaft allenfalls nur ein sehr defizitäres jüdisches Leben geführt werden kann. "Lo tov... Es ist nicht gut, daß der Mensch alleine sei" (1 Mose 2,18; vgl. dazu auch 1 Mose 7,16) steht beispielsweise über dem traditionellen jüdischen Heiratsvertrag, und zur feierlichen Toralesung im Gottesdienst sowie zur Rezitation bestimmter wichtiger Gebete wie zum 'Kaddisch', dem jüdischen Totengebet, müssen wenigstens zehn ('Minjan') männliche jüdische Beter im Alter von mindestens dreizehn Jahren anwesend sein. Judentum ist umfassende Lebensgemeinschaft.

Im Zusammenhang des jahrhundertelangen Diasporalebens inmitten oder am Rande nichtjüdischer Reiche und Staaten ist natürlich auch die Sensibilität für andere Lebenswelten, für das Andere anderer Gesellschaften gewachsen, für das Soziale schlechthin, und zwar gerade wegen der oft genug aufgezwungenen, bisweilen sogar selbstgewollten Distanz. Aus der biblisch-prophetischen Tradition heraus, aber auch aufgrund generationenlanger, vielfach wiederholter Erfahrungen der Diskriminierung, Verfolgung und Vernichtung entwickelte sich wohl ein besonderer Sinn für Gerechtigkeit, für soziale Gerechtigkeit insbesondere gegenüber sozial Schwachen und Unterprivilegierten, zu denen man zumeist selbst gehörte. Jüdische Erfahrung ist Ungleichheitserfahrung. Soziale Gerechtigkeit beinhaltet im Kern die Vorstellung von der Gleichheit aller, die unschwer auf den Schöpfungsdialog zurückgeführt werden kann, in dem die Gleichheit aller Geschöpfe als solcher bereits begründet erscheint (vgl. auch 2 Mose 20,2). Im Schöpfungsdialog wie in zahlreichen anderen markanten biblischen Dialogen (z.B. 1 Mose 18,23-33), dem Ringen Abrahams mit Gott um die Rettung der Einwohner Sodoms und nicht zuletzt in dem fundamental wichtigen 'Dornbusch'-Dialog (2 Mose 3,1-17) ist nun das dialogische Prinzip zugleich auch als Sozialprinzip vorgegeben und damit das Grundprinzip sozialen Lebens und Wandels überhaupt. Die Erfahrung des Sozialen als des eigentlich Zwischenmenschlichen in Gemeinschaft und Gesellschaft gehört somit ebenso zur jüdischen Grundstruktur und Tradition wie die Einsicht in ihre Unvollkommenheit und ständige Verbesserungsfähigkeit. Judentum ist eine umfassende Lebensgemeinschaft im Streben nach sozialer Gerechtigkeit.

Das zu den jüdischen Grundpflichten gehörende möglichst frühe Erlernen des hebräischen Alefbeths sowie die lebenslange Beschäftigung mit den als Offenbarung Gottes verstandenen Schriften der Bibel haben zu einer besonderen Wertschätzung geistiger Arbeit und intellektuellen Strebens geführt, welche auch kritische Intelligenz miteinschließt. Da nun das traditionelle Judentum vor allem als eine alles umfassende Lebensform aufgefaßt werden muß, in der und durch die das Religiöse die Heiligung des Profanen in allen seinen Äußerungen verwirklichen will, ist erkenntnissuchende, intellektuelle Auseinandersetzung mit den Heiligen Schriften zugleich Beschäftigung mit dem Leben in der Welt, also mit sozialem Leben überhaupt. Auch deshalb dient der geschärfte Blick für die Buchstaben, Worte und Sätze der Tora zugleich immer der besseren Einsicht in die Elemente des Sozialen in Gemeinschaft und Gesellschaft, in Wirtschaft und Staat, die stets als verbesserungsfähige und daher veränderbare erfahren werden, ja eigentlich überhaupt nur da sind, um verbessert zu werden. Judentum als umfassende Lebensgemeinschaft im Streben sozialer Gerechtigkeit ist eine Lebensform, die idealiter in einer bestimmten Form von Verhalten, nämlich innovativem, wertrationalem, sozialen Handeln besteht.

Gutheit und Wahrheit und somit Einung und Einheit der Welt sind in einem Handlungsprozeß voranzubringen, bestärkt durch jene einzigartige jüdische Philosophie der Hoffnung, einem der Grundwerte des Judentums überhaupt, der Hoffnung und Glaubensgewißheit, daß die bessere Welt als in sich allseitig geeinte und versöhnte Welt noch vor uns liegt, sich in aller Diesseitigkeit der Geschichte auf dieser Erde verwirklichen wird, und zwar durch nichts anderes als durch die gerechteren Taten der Menschen selbst (vgl. 2 Mose 20). Das bedeutet die Berufung des Menschen zum Mitschöpfer als Mitvollender der Welt und damit auch zur globalen Verantwortung, nämlich im Bewußtsein der noch zu vollendenden Einung des Ganzen gemäß göttlicher Weisung eine friedlichere, gerechtere, mitmenschlichere, eine die Versöhnung auch mit der Natur einschließende Weltordnung herbeiführen zu helfen, die vielleicht kein Begriff besser bezeichnet als 'Schalom'. Judentum als Lebensgemeinschaft im Streben nach sozialer Gerechtigkeit erscheint also als Lebensform eines sozialen Handelns, das auf einen allumfassenden, ewigen Frieden gerichtet ist.

Nach jüdischer Auffassung ist die Welt also ausschließlich dazu da, durch ihre Veränderung geheiligt zu werden. Denn die Schöpfung ist nicht vollendet, die Menschheit mitnichten erlöst, die Welt noch weit von ihrer Vollkommenheit entfernt. Darum sind die Menschen aufgerufen, an der Vollendung dieser Welt entschieden und tatkräftig mitzuwirken (vgl. dazu 1 Mose 12,2). Diese Mitwirkung muß jedoch unweigerlich mit der eigenen Umkehr beginnen, mit der Einung zunächst jedes einzelnen Menschen selbst, der sich alsdann mit seinen Mitmenschen zu einen hat (der Sinn des Jom Kippur als höchstem jüdischem Feiertag), um in messianischer Zeit schließlich zur einen, geeinten und mit der Natur versöhnten Menschheit zu gelangen, worin sich überhaupt erst die Heiligung der Welt im Sinne ihrer dann verwirklichten gottesebenbildlichen Gestalt vollendet (vgl. etwa 1 Mose 9,7). Nicht zuletzt auch darin liegt die unvergleichliche Bedeutung des Einigungsappells des jüdischen Grundbekenntnisses: "Schmá Jisraél! Adonái Elohénu, Adonái echád. - Höre Jisrael! Der Ewige unser G'tt, der Ewige ist Einer." (5 Mose 6,4)

## Literatur

H.G. Adler, Die Juden in Deutschland. Von der Aufklärung bis zum Nationalsozialismus. (1960) München 1987.

Th.W. Adorno, Vorlesung zur Einleitung in die Soziologie. (1968) Frankfurt 1973.

R. Aron, Opium für Intellektuelle. Köln u. Berlin 1967.

L. Baeck, Das Wesen des Judentums. (1906) Wiesbaden o.J.

H.P. Bahrdt, "Soziologische Reflexionen über die gesellschaftlichen Voraussetzungen des Antisemitismus", in: W.E. Mosse (Hg.), Entscheidungsjahr 1932 - Zur Judenfrage in der Endphase der Weimarer Republik. Tübingen ²1966, S. 135-155.

A. Barzél, Die Struktur des Judentums - Die Struktur der jüdischen Weltanschauung. Kfar Hahoresch u. Haifa (nur teilweise in hebräisch veröffentlicht).

R.C. Baum, The Holocaust and the German Elite. Totowa u. London 1981.

A. Bein, Die Judenfrage. Biographie eines Weltproblems. Stuttgart 1980.

R. Bendix, "Emigration als Problem geistiger Identität", in: I. Srubar (Hg.), Exil, Wissenschaft, Identität. Die Emigration deutscher Sozialwissenschaftler 1933-1945. Frankfurt 1988, S.23-36.

N. Birnbaum, "Zur gegenwärtigen Situation der amerikanischen jüdischen Intellektuellen", in: D. Diner et al. (Hg.), Babylon. Beiträge zur jüdischen Gegenwart. Frankfurt 1986, S. 21-44.

A. von Borries (Hg.) , Selbstzeugnisse des deutschen Judentums 1861-1945. (1962) Frankfurt 1988.

M. Briegel u. W. Frühwald (Hg.), Die Erfahrung der Fremde. Weinheim 1988.

M. Buber, Hinweise. Zürich 1953.

M. Buber, Die Schriften über das dialogische Prinzip. Heidelberg 1954.

M. Buber, Gog und Magog. Eine Chronik. Frankfurt u. Hamburg 1957.

M. Buber, Werke, Erster Band, Schriften zur Philosophie. München u. Heidelberg 1962.

M. Buber, Werke, Dritter Band, Schriften zum Chassidismus. München u. Heidelberg 1963.

M. Buber, Werke, Zweiter Band, Schriften zur Bibel. München u. Heidelberg 1964.

M. Buber, Nachlese. Heidelberg 1966.

Buber, Israel und Palästina. (1950) München 1968.

M. Buber, Der Weg des Menschen nach der chassidischen Lehre. Heidelberg, 7. Auflage 1977.

M. Buber u. F. Rosenzweig, Die fünf Bücher der Weisung, fünf Bücher des Moses. Köln u. Olten 1954.

R. Dahrendorf, "Soziologie und Nationalsozialismus", in: A. Flitner (Hg.), Deutsches Geistesleben und Nationalsozialismus. Tübingen 1965, S. 108-124.

R. Dahrendorf, Gesellschaft und Demokratie in Deutschland. München 1965.

R. Dahrendorf, Über den Ursprung der Ungleichheit unter den Menschen. Tübingen 1966.

N. Einstein, "Aufsätze zum Wesen der Gesellschaft", in: Der Alltag, Nr. 4, Zürich 1984.

S.N. Eisenstadt, "The Format of Jewish History - Some Reflections on Weber's Ancient Judaism", in: Modern Judaism (The Johns Hopkins University Press), Vol. 1, 1981, S. 54-73 u. 217-234.

B. Engelmann, Deutschland ohne Juden. Eine Bilanz. (1979) München 1981.

Chr. von Ferber, Die Entwicklung des Lehrkörpers der deutschen Universitäten und Hochschulen 1864-1954. Göttingen 1956, S. 143-146.

A. Finkielkraut, Der eingebildete Jude. (1980) Frankfurt 1984.

G. Fohrer, Glaube und Leben im Judentum. (1979) Heidelberg u. Wiesbaden 1985.

F.G. Friedmann, Hannnah Arendt. Eine deutsche Jüdin im Zeitalter des Totalitarismus. München 1985.

F.G. Friedmann, "Vom Schicksal der deutsch-jüdischen Kultur. Betrachtungen eines Überlebenden", in: M. Treml et al.(Hg.), Geschichte und Kultur der Juden in Bayern. München 1988, S. 571-577.

G. Friedmann, Das Ende des jüdischen Volkes? (1965) München 1968.

K. Gassen u. M. Landmann (Hg.), Buch des Dankes an Georg Simmel. Berlin 1958.

P. Gay, Freud, Juden und andere Deutsche. Herren und Opfer in der modernen Kultur. (1978) München 1989.

Th. Geiger, Aufgaben und Stellung der Intelligenz in der Gesellschaft. Stuttgart 1949.

N. Goldmann et al., Deutsche und Juden. Frankfurt 1967.

M. Green, Else und Frieda, die Richthofen-Schwestern. (1974) München 1980.

E. Grünfeld, Die Peripheren. Ein Kapitel Soziologie. Amsterdam 1939.

J. Habermas, Philosophisch-politische Profile. Frankfurt, 3. Auflage 1981.

F. Heer, Gottes erste Liebe. Die Juden im Spannungsfeld der Geschichte. (1967) München 1981.

M. Heidegger, Die Frage nach dem Ding. Tübingen 1962.

Th. Heuss, An und über Juden. (Hg. v. H. Lamm) Düsseldorf 1964.

M. Horkheimer, "Die Juden und Europa", in: Studies in Philosophy and Social Science (formerly: Zeitschrift für Sozialforschung), Vol. VIII, (New York) 1939, S. 115-137.

I.L. Horowitz, "Zwischen der Charybdis des Kapitals und der Szylla des Kommunismus: Die Emigration deutscher Sozialwissenschaftler 1933-1945", in: I. Srubar (Hg.), Exil, Wissenschaft, Identität. Die Emigration deutscher Sozialwissenschaftler 1933-1945. Frankfurt 1988, S. 37-63.

D. Käsler, "Das 'Judentum' als zentrales Entstehungs-Milieu der frühen deutschen Soziologie", in: C. Klingemann (Hg.), Rassenmythos und Sozialwissenschaften in Deutschland. Opladen 1987, S. 50-79.

R. König, "Die Situation der emigrierten deutschen Soziologen in Europa", in: Kölner Zeitschrift für Soziologie und Sozialpsychologie. Köln u. Opladen 1959, S. 113-131.

R. König, "Die Freiheit der Distanz. Der Beitrag des Judentums zur Soziologie", in: Der Monat, Nr. 155, August 1961, S. 70-76.

R. König, "Die Juden und die Soziologie" (1959), in: Soziologie in Deutschland. München 1987, S. 329-342.

H. Kohn, Martin Buber, Sein Werk und seine Zeit. Köln, 3. Auflage 1961.

D. Krochmalnik, "Autobiographien von Juden der Nachkriegsgeneration in Deutschland und Österreich von 1979 bis 1988", in: M.Treml et al. (Hg.), Geschichte und Kultur der Juden in Bayern. München 1988, S. 579-591.

M.R. Lepsius, "Kritik als Beruf. Zur Soziologie der Intellektuellen", in: Kölner Zeitschrift für Soziologie und Sozialpsychologie. Opladen 1964, S. 75-91.

M.R. Lepsius (Hg.) , Soziologie in Deutschland und Österreich 1918-1945. Materialien zur Entwicklung, Emigration und Wirkungsgeschichte. Opladen 1981.

N.P. Levinson, "Einführung in die jüdische Religion" , in: M.Treml et al. (Hg.) , Geschichte und Kultur der Juden in Bayern. München 1988, S. 15-27.

K. Löwith, Mein Leben in Deutschland vor und nach 1933. Ein Bericht. (1961) Frankfurt 1989.

E.G. Lowenthal, "Die Juden im öffentlichen Leben", in: W.E. Mosse (Hg.), Entscheidungsjahr 1932 - Zur Judenfrage in der Endphase der Weimarer Republik. Tübingen 1966, S. 51-85.

K. Mannheim, Ideologie und Utopie. Frankfurt 1952.

A. von Martin, Mensch und Gesellschaft heute. Frankfurt 1965.

H. Maus, "Bericht über die Soziologie in Deutschland 1933 bis 1945", in: Kölner Zeitschrift für Soziologie und Sozialpsychologie. Köln u. Opladen 1959, S. 72-99.

P.M. Michel, "Die sprachlose Intelligenz III", in: Kursbuch 9. Frankfurt 1967, S. 200-226.

R. Michels, "Materialien zu einer Soziologie des Fremden", in: Jahrbuch für Soziologie. Erster Band, Karlsruhe 1925, S. 296-319.

W.E. Mosse (Hg.), Deutsches Judentum in Krieg und Revolution 1916-1923. Tübingen 1971 (darin: E. Reichmann, "Der Bewußtseinswandel der deutschen Juden", S. 511-612).

W.E. Mosse (Hg.), Juden im Wilhelminischen Deutschland 1890- 1914. Tübingen 1976 (darin: P. Gay, "Begegnung mit der Moderne - Deutsche Juden in der deutschen Kultur", S. 241-311).

J. Ortega y Gasset, "Ideen und Glaubensgewißheiten." (1934), in: Signale unserer Zeit. Stuttgart o.J., S. 307-343.

J. Ortega y Gasset, Betrachtungen über die Technik - Der Intellektuelle und der Andere. (1942) Stuttgart 1949.

J. Ortega y Gassett, Das Wesen geschichtlicher Krisen. (1942) Stuttgart 1955.

J. Ortega y Gassett, Über das römische Imperium. Stuttgart 1955.

G. Pflug (Hg.), Die jüdische Emigration aus Deutschland 1933-1941. Die Geschichte einer Austreibung. Frankfurt 1985.

H. Plessner, Diesseits der Utopie. (1966) Frankfurt 1974.

O. Rammstedt, Deutsche Soziologie 1933-1945. Die Normalität einer Anpassung. Frankfurt 1986.

O. Rammstedt, Simmel und die frühen Soziologen. Frankfurt 1988.

K.-S. Rehberg, "Das Bild des Judentums in der frühen deutschen Soziologie. 'Fremdheit' und 'Rationalität' als Typusmerkmale bei Werner Sombart, Max Weber und Georg Simmel", in: C. Klingemann (Hg.), Rassenmythos und Sozialwissenschaften in Deutschland. Opladen 1987, S. 80-127 sowie auch in H.O. Horch (Hg.), Judentum, Antisemitismus und europäische Kultur. Tübingen 1988, S. 151-186.

E.G. Reichmann, Größe und Verhängnis deutsch-jüdischer Existenz. Heidelberg 1974.

S. Riemer, "Die Emigration der deutschen Soziologen nach den Vereinigten Staaten", in: Kölner Zeitschrift für Soziologie und Sozialpsychologie. Köln u. Opladen 1959, S. 100-112.

H. Ritter, "Verrat der Intellektuellen? Schuldzuweisung", in: Frankfurter Allgemeine Zeitung, 1.2.1989, S. N3.

Z. Rudy, Soziologie des jüdischen Volkes. Reinbek 1965.

A. Ruppin, Soziologie der Juden. Bd. 2, Berlin 1931.

F. Schirrmacher, "Die Abschieds-Gesellschaft. - Zum hundertsten Geburtstag des Journalisten und Kulturkritikers Siegfried Kracauer", in: Frankfurter Allgemeine Zeitung, Nr. 33, 8.2.1989, S. 25.

W. Schivelbusch, Intellektuellendämmerung. Zur Lage der Frankfurter Intelligenz in den zwanziger Jahren. (1982) Frankfurt 1985.

H. Schlaffer, "Der lästige Schatten des Intellektuellen", in: Frankfurter Allgemeine Zeitung, 28.1.1989 (Beilage).

H.J. Schoeps (Hg.), Jüdische Geisteswelt. Wiesbaden 1980.

G. Scholem, "Zum Verständnis der messianischen Idee im Judentum", in: Judaica. (1963) Frankfurt 1968.

G. Scholem, Judaica 2. Frankfurt 1970.

G. Scholem, "Zur Sozialpsychologie der Juden in Deutschland 1900-1930", in: Judaica 4. Frankfurt 1984.

A. Schütz, Gesammelte Aufsätze II. Studien zur soziologischen Theorie. Den Haag 1972.

H.J. Schultz (Hg.), Mein Judentum. Stuttgart u. Berlin 1979.

A. Silbermann, "Geistige Prozesse im Judentum als der Öffentlichkeit vermittelbare Faktoren", in: Juden in Deutschland 1983 - Integriert oder diskriminiert? Ein Symposion. Landau 1983.

A. Silbermann, Was ist jüdischer Geist? Zur Identität der Juden. Zürich 1984.

G. Simmel, Das individuelle Gesetz. Philosophische Exkurse. Frankfurt 1968.

I. Srubar (Hg.), Exil, Wissenschaft, Identität. Die Emigration deutscher Sozialwissenschaftler 1933-1945. Frankfurt 1988.

W. Stegmüller, Metaphysik, Wissenschaft, Skepsis. Frankfurt 1954.

F. Stern u. H. Jonas, Reflexionen finsterer Zeit. Tübingen 1984.

H.A. Strauss (Ed.), Jewish Immigrants of the Nazi Period in the U.S.A. New York, München, London, Paris 1982.

H.A. Strauss et al. (Hg.), Emigration - Deutsche Wissenschaftler nach 1933. Entlassung und Vertreibung. (Technische Universität) Berlin 1987.

M. Susman, Die geistige Gestalt Georg Simmels. Tübingen 1959.

M. Susman, Vom Geheimnis der Freiheit. Darmstadt u. Zürich 1965.

S. Talmon u. G. Siefer (Hg.), Religion und Politik in der Gesellschaft des 20. Jahrhunderts. Bonn 1978.

M. Theunissen, Der Andere. (1965) Berlin 1977.

A. de Tocqueville, Der alte Staat und die Revolution. (1856) Reinbek 1963.

E. Topitsch, Mythos, Philosophie, Politik. Zur Naturgeschichte der Illusion. Freiburg 1969.

F. Watzlawick, Wie wirklich ist die Wirklichkeit? München u. Zürich 1976.

M. Weber, Das antike Judentum, Gesammelte Aufsätze zur Religionssoziologie III. Tübingen 1920.

M. Weber, "Die Objektivität sozialwissenschaftlicher und sozialpolitischer Erkenntnis" (1904), in: Gesammelte Aufsätze zur Wissenschaftslehre. Tübingen 1922.

M. Weber, Soziologie (hrsg. v. J. Winckelmann). Stuttgart 1956.

G. Wehr, Der deutsche Jude Martin Buber. München 1977.

E.R. Wiehn, Intellektuelle in Politik und Gesellschaft. Stuttgart 1971.

E.R. Wiehn, Gesammelte Schriften zur Soziologie I. Konstanz 1986.

E.R. Wiehn, "Martin Buber als Soziolog", in: W. von der Ohe (Hg.), Kulturanthropologie. Festgabe für Emerich K. Francis zum 80. Geburtstag. Berlin 1987, S. 283-298.

E.R. Wiehn, "Judenfeindschaft als soziologisches Problem", in: E.R. Wiehn (Hg.), Judenfeindschaft. Konstanz 1989, S. 223-299.

K.H. Wolff, "Die persönliche Geschichte eines Emigranten'", in: I. Srubar (Hg.), Exil, Wissenschaft, Identität. Die Emigration deutscher Sozialwissenschaftler 1933-1945. Frankfurt 1988, S. 13-22.

## Nachtrag

H. Abosch, "Deutsch-jüdisches Vermächtnis. Selbstzeugnisse des deutschen Judentums", in: Neue Zürcher Zeitung, 7.4.1989, S. 47.

D. Baecker, "Von Geld zum Leben. Georg Simmels 'Philosophie des Geldes'", in: Frankfurter Allgemeine Zeitung, Nr. 62, 14.3.1989, S. L 17.

D. Baecker, "Die ungemütliche Freiheit. Zur Wiederentdeckung der Soziologie Georg Simmels", in: Frankfurter Allgemeine Zeitung, Nr. 76. 30.3.1985 (Beilage).

F. Fellmann, "Zettels Alptraum. Die quellenkritische Edition und der Denkstil Georg Simmels", in: Frankfurter Allgemeine Zeitung, Nr. 270, 20.11.1986, S. NV.

I. Fetscher, "Raymond Aron - Erkenntnisse und Verantwortung", in: Die Zeit, Nr. 24, 7.6.1985, S. 51.

F. Fischer, Proflexion - Logik der Menschlichkeit. Hrsg. v. M. Benedikt u. W. Priglinger. Wien 1985.

F.G. Friedmann, "Deutsch-jüdische Symbiose: Fiktion oder Wirklichkeit? - Gedanken zu einem komplexen Verhältnis in der Nachfolge Franz Rosenzweigs", in: Frankfurter Allgemeine Zeitung, 20.3.1989, S. 12f.

D. Frisby, Fragmente der Moderne. Georg Simmel - Siegfried Kracauer - Walter Benjamin. Rheda-Wiedenbrück 1989.

U. Greiner, "Der Menschenwissenschaftler. Eine Begegnung mit dem Soziologen Norbert Elias", in: Die Zeit, Nr. 19, 1.5.1987, S. 45.

V. Haas, "Die Dämonisierung des Fremden und des Feindes im Alten Orient", in: Rocznik Orientalistyczny, Tom. XLI, Zeszyt 2, Warszawa 1980, S. 37-44.

M. Horkheimer, "Über die deutschen Juden" (1961), in: M. Horkheimer, Gesammelte Schriften, Bd. 8: Vorträge und Aufzeichnungen 1949-1973. Frankfurt 1985, S. 160-174.

M. Horkheimer, "Nachwort" (zu Porträts deutsch-jüdischer Geistesgeschichte (1961), in: M. Horkheimer, Gesammelte Schriften, Bd. 8: Vorträge und Aufzeichnungen 1949-1973. Frankfurt 1985, S. 175-193.

Chr. Graf von Krockow, "Das Ethos der engagierten Distanz. Ein deutsches Gelehrtenleben - Zum Tode von Helmuth Plessner", in: Die Zeit, Nr. 27, 28.6.1985, S. 40.

W. Licharz u. H. Schmidt (Hg.), Martin Buber (1878-1965). 2 Bde., Frankfurt 1989.

W. Lieth, Martin Buber und Jürgen Habermas. Krise, Dialog und Kommunikation. Konstanz 1988.

Q. Marquard, "Diesseits der Utopie. Zum Tode von Helmuth Plessner", in: Frankfurter Allgemeine Zeitung, Nr. 135, 14.6.1985, S. 25.

G. Maschke, "Soziologie als moralische Wissenschaft. Emile Durkheim: 'Über die Teilung der sozialen Arbeit'", in: Frankfurter Allgemeine Zeitung, Nr. 82, 22.4.1978, S. 10.

G. Mattenklott, "Das Exil ist zuallererst ein Zustand im Geist", in: Frankfurter Allgemeine Zeitung, 27.5.1989, S.27.

Chr. Menke-Eggers, "Sinnliche Erkenntnis. Ferdinand Fellmann über Ursprünge von Husserls Philosophie", in: Frankfurter Allgemeine Zeitung, Nr. 174, 31.7.1989, S. 23.

M. Mönninger, "Vertanes Erbe? Streit am Frankfurter 'Institut für Sozialforschung'", in: Frankfurter Allgemeine Zeitung, Nr. 167, 22.7.1989, S. 25.

G. Nonnenmacher, "Im Zwiespalt. Norbert Elias über Krieg und Frieden", in: Frankfurter Allgemeine Zeitung, Nr. 41, 18.2.1986, S. 25.

G. Nonnenmacher, "Menschenrechte gegen Messianismus", in: Frankfurter Allgemeine Zeitung, Nr. 198, 28.8.1989, S. 1.

M. Osten, "Der Frauen Zustand ist beklagenswert. Georg Simmel: 'Schriften zur Philosophie und Soziologie der Geschlechter'", in: FAZ, Nr. 40, 17.2.1986, S. 11.

F.J. Raddatz, "Fackeln im Wasser. 100 Jahre Ernst Bloch, 100 Jahre Georg Lukács und ein Briefwechsel...", in: Die Zeit, Nr. 27, 28.6.1985, S. 41.

M. Reich-Ranicki, Über Ruhestörer. Juden in der deutschen Literatur. Stuttgart 1989.

M. Rutschky, "Der Soziologe ... im Feuilleton. Über Georg Simmel anläßlich der neuen Gesamtausgabe", in: Die Zeit, Nr. 25, 16.6.1989, S. 65.

W. Schaber, "'Am absoluten Ende'. Siegfried Kracauers Existenzkampf", in: Aufbau (New York), 17.3.1989, S. 7.

J.H. Schoeps, "Alphons Silbermann zum 80. Geburtstag: Einer der Großen seines Faches", in: Allgemeine jüdische Wochenzeitung, 11.8.1989, S. 4.

T. von Stockhausen, "Streitbarer Empiriker. Alphons Silbermann wird achtzig", in: Frankfurter Allgemeine Zeitung, Nr. 184, 11.8.1989, S. 25.

U. Weinzierl, "Heimkehr gibt es nicht", in: Frankfurter Allgemeine Zeitung, 26.6.1989, S. 30.

E.R. Wiehn, "Martin Bubers dialogisches Prinzip als Sozialprinzip. Soziologische Analyse und Gesellschaftsethik", in: Norderstedter Hefte für Philosophie und Pädagogik, 4. Jg., Heft 1, 1989, S. 3-20.

H. Zaloscer, Eine Heimkehr gibt es nicht. Ein österreichisches Curriculum vitae. Wien 1988.

BESTELLZETTEL

*Ich bestelle hiermit aus dem Verlage der Literarischen Anstalt Rütten & Loening in Frankfurt a. Main bei der Buchhandlung*

*von* ............ *in* ............

DIE GESELLSCHAFT

| Kartoniert pro Band M. 1.50 | | In Leinwand geb. pro Bd. M. 2.— | |
|---|---|---|---|
| ....Bd. I. | Sombart, Das Proletariat | ....Bd. I. | Sombart, Das Proletariat |
| ....Bd. II. | Simmel, Die Religion | ....Bd. II. | Simmel, Die Religion |
| ....Bd. III. | Ular, Die Politik | ....Bd. III. | Ular, Die Politik |
| ....Bd. IV. | Bernstein, Der Streik | ....Bd. IV. | Bernstein, Der Streik |
| ....Bd. V. | David, Die Zeitung | ....Bd. V. | David, Die Zeitung |
| ....Bd. VI. | Wirth, Der Weltverkehr | ....Bd. VI. | Wirth, Der Weltverkehr |
| ....Bd. VII. | Schweninger, Der Arzt | ....Bd. VII. | Schweninger, Der Arzt |
| ....Bd. VIII. | Calwer, Der Handel | ....Bd. VIII. | Calwer, Der Handel |
| ....Bd. IX. | Mauthner, Die Sprache | ....Bd. IX. | Mauthner, Die Sprache |
| ....Bd. X. | Scheffler, Der Architekt | ....Bd. X. | Scheffler, Der Architekt |
| ....Bd. XI. | Hellpach, Die geist. Epidem. | ....Bd. XI. | Hellpach, Die geist. Epidem. |
| ....Bd. XII. | Göhre, Das Warenhaus | ....Bd. XII. | Göhre, Das Warenhaus |

*Ich bitte gleichzeitig mir alle weiteren Bände sofort nach Erscheinen zur Ansicht — für feste Rechnung — senden zu wollen.*

*Name:* ............ *Ort:* ............

*Wohnung:* ............

Nicht Zutreffendes bitte zu durchstreichen.

Druck von Oscar Brandstetter in Leipzig. 32694.

## Bücher der Edition Schoáh & Judaica aus den Jahren 2024 - 2026

**Erhard Roy Wiehn** (Hg.), . Gegen Vergessen III. Zehn neue Einführungen in unsere Edition Schoáh & Judaica. George Orwell 40 Jahre später. Special Postscript by Peter Kasdan. 2024. 216 Seiten, € 29,80. ISBN 978-3-86628-812-6

**Erhard Roy Wiehn** (Hg.), Jüdische Hommagen an Menschen und anderes. 2024, 122 Seiten. € 19,80. ISBN 978-3-86628-795-2

**Irene Gabriele Gill**, Ein Flüchtlingsleben. Erfahrungen einer dem Holocaust Entkommenen. Herausgegeben von Erhard Roy Wiehn. 2024. 276 Seiten. € 24.80. ISBN 978-3-86628-806-5

**Erhard Roy Wiehn** (Hg.), Jüdischkeit im Holocaust. Überlebensgeist und Überlebenskraft.2024. 216 Seiten, € 24,80. ISBN 978-3-86628-813-3

**Menachem Amitai**, „Ich nehme es Ihnen nicht übel, dass Sie Jude sind." Ein jüdischer Psychoanalytiker in Deutschland. Herausgeg. von Erhard Roy Wiehn. 2024. 138 Seiten; € 24,80. ISBN 978-3-86628-819-5

**Erhard Roy Wiehn** (Hg.), Jüdische Kinder im Holocaust. Erinnerungen. 2024, 226 Seiten; € 29,80. ISBN 978-3-86628-820-1

**Christel Wollmann-Fiedler**, Judaica und Israelia. Biographisches, Dichtung, Feste, Interviews, Kunst, Reiseberichte, Rezensionen. Herausgegeben von Erhard Roy Wiehn. 2024. 366 Seiten, € 39,80. ISBN 978-3-86628-817-1

**Erhard Roy Wiehn** (Hg.), Jüdische Hoffnungen im Holocaust - Erinnerungen der Edition Schoah & Judaica. 2024. 94 S., € 24,80. ISBN 978-3-86628-822-5

**Erhard Roy Wiehn** (Hg.), Pfadfinder in der deutschen Nachkriegszeit. Gesammelte Erinnerungen. Vorwort von Anton Markmiller. 2024. 148 Seiten. € 24,80. ISBN 978-3-86628-827-0

**Erhard Roy Wiehn** (Hg.), Pfaff-Lehrlinge erinnern sich an ihre Lehrzeit in Kaiserslautern 1951-1955. 2024. 132 Seiten. € 29,80. ISBN 978-3-86628-830-0

**Erhard Roy Wiehn** (Hg.), Jüdisches Jahresarchiv 2024. Zehn neue Einführungen in die Edition Schoáh & Judaica sowie Miszellen aus meinem Lebenskontext. 2025. 236 Seiten. 34,90 €. ISBN 978-3-86628-826-3

**Xenis Sachinis**, Meine Holocaust Kunst - My Holocaust Art - Η τέχνη μου στο Ολοκαύτωμα. Einführungen - Introductions – Εισαγωγές. Triandafillos Tranos & Titus Milech. Vorwort und herausgeg. von Erhard Roy Wiehn. 2025; 266 Seiten, € 49,80. ISBN 978-3-86628-842-3

**Erhard Roy Wiehn**, Nichtsdestotrotz. Mein Weg zu mir und zur Welt. Erinnerungen 1937-2025. 1. Aufl. 2025. 378 Seiten. 39,90 €, ISBN 978-3-86628-843-0

**Erhard Roy Wiehn (Hg.),** Gretel Baum Merom. Hommage an eine zionistische Pionierin 1913-2019. 1. Aufl. 2026. 118 Seiten. 19,80 €, ISBN 978-3-86628-800-3

**Geza Kornis,** Überlebt durch Solidarität. KZ Wapniarka, Ghetto Olgopol in Transnistrien, Arbeitslager in Rumänien. Ein Zeitzeugenbericht. Herausgegeben von Erhard Roy Wiehn 2. Aufl. 2026, 1. Aufl. 2004. 50 Seiten. € 19,80. ISBN 978-3-89649-918-9

**Erhard Roy Wiehn (Hg.),** Schlomo Marcus. Hommage an einen hebräischen Humanisten. 1910-2014. Mit Geschichten der Herkunftsfamilien Marcus und Eschelbacher sowie autobiographischen Notizen. 1. Aufl. 2026. 94 Seiten. 19,80 €, ISBN 978-3-86628-799-0